高质量发展背景下

高校立德育人的理论与实践研究

李社云 著

本书为湖南省教育厅科学研究重点课题（党的二十大精神专项研究）『育人的根本在于立德的理论和实践研究』（编号：23A0769）的结项成果。

湖南师范大学出版社
·长沙·

图书在版编目（CIP）数据

高质量发展背景下高校立德育人的理论与实践研究 / 李社云著.
--长沙：湖南师范大学出版社，2025.5. -- ISBN 978 - 7 - 5648 - 5680 - 9

Ⅰ. G641

中国国家版本馆 CIP 数据核字第 20244540XS 号

高质量发展背景下高校立德育人的理论与实践研究

Gaozhiliang Fazhan Beijing Xia Gaoxiao Lide Yuren de Lilun yu Shijian Yanjiu

李社云　著

◇出　版　人：吴真文
◇组稿编辑：李　阳
◇责任编辑：李永芳　李　阳
◇责任校对：谢兰梅
◇出版发行：湖南师范大学出版社
　　　　　　地址/长沙市岳麓区　邮编/410081
　　　　　　电话/0731 - 88873071　0731 - 88873070　0731 - 88872256
　　　　　　网址/https：//press. hunnu. edu. cn
◇经销：新华书店
◇印刷：长沙市宏发印刷有限公司
◇开本：710 mm × 1000 mm　1/16
◇印张：18. 75
◇字数：320 千字
◇版次：2025 年 5 月第 1 版
◇印次：2025 年 5 月第 1 次印刷
◇书号：ISBN 978 - 7 - 5648 - 5680 - 9
◇定价：69. 80 元

序　言

　　当前，我国正处于社会主要矛盾转化的关键时期，推动高质量发展已成为新时代的战略任务。在此背景下，高校肩负着培养德智体美劳全面发展的社会主义建设者和接班人的重任，如何在高质量发展中贯彻落实立德树人的根本任务，成为教育界关注的热点问题。

　　李社云同志的新著《高质量发展背景下高校立德育人的理论与实践研究》共五章，从一个全新视角建立了高校立德育人的体系。本书理论与实践相结合，全面系统地探讨了高质量发展背景下高校立德育人的内涵、模式、路径及评价等关键问题，为新时代高校立德育人工作提供了宝贵的理论指导和实践参考。

　　本书具有如下五个特点：

一、突出理论性和实践性相结合

　　本书在深入阐述立德育人的理论基础和教育模式的同时，大量分析了学校、家庭、社会等各层面的实践案例，理论与实践相结合，为高校立德育人工作提供了全面的指导。一方面，本书深入阐述了立德育人的理论基础。它系统梳理了哲学、教育学、心理学等多个学科领域的相关理论，对立德育人的本质、内涵、目标及其价值进行了深入剖析。同时，书中还全面比较了传统教育模式与创新教育模式，呈现出一幅丰富且完整的理论图景。另一方面，本书大量分析了学校、家庭、社会等各层面的立德育人实践案例。通过生动具体的实践探索，展现了立德育人在实际操作中的多样性和复杂性。本书不仅关注学校课程设置、教学方法等，而且关注家庭环境、社会文化对学生品德养成的影响，为高校立德育人工作提供了宝贵的经验和启示。

二、注重问题导向和对策创新

在本书中，作者对当前高校立德育人工作中存在的现实问题给予了高度关注，并以问题为导向展开了系统而深入的研究。现今，高校立德育人工作面临着诸多挑战，如教育政策不够完善、传统教学方式缺乏针对性、家校社协同机制不健全等。针对这些问题，本书进行了深入系统的分析。首先是准确把握问题的本质。通过广泛调研和案例剖析，作者深入探讨了问题的根源所在，在此基础上，再提出切实可行的对策建议。在教育政策方面，作者主张进一步优化和完善相关政策，明确立德育人的具体要求和标准，为高校提供更有针对性的指导。在教学方式上，倡导创新，引入情景模拟、小组讨论等现代化方法，增强学生的体验感和参与度。对于家校社协同机制，作者建议构建更紧密有效的合作模式，明确各方的职责分工，建立常态化沟通机制，共同营造有利于学生品德发展的环境。这些对策建议针对性强，并具有较强的可操作性，有助于引导高校立德育人工作的改革创新，为新时代高校立德育人事业的发展提供了有价值的理论支持和实践指引。

三、兼顾宏观与微观视角

本书融贯了宏观与微观的视角，展现出全面而深入的研究角度。从宏观层面来看，本书以前瞻性的视野，对立德育人的发展趋势进行了深入剖析。通过对国内外教育政策、社会文化演变、科技进步等多方面因素的分析，作者精准预测了立德育人在未来的发展走向，并对其总体路径进行了高屋建瓴的规划设计，为教育领域的宏观决策提供了理论支撑。在微观层面，本书深入具体的学校、家庭、社区等环境中进行实践探索。作者细致研究了课程德育渗透、校园文化建设、教师个体教育方法等在学校层面的影响；关注了亲子关系、家庭教育方式、家庭价值观在家庭层面的作用；探讨了社区环境、邻里关系、社区活动在社区层面的潜在影响。宏观战略思考与微观实践观察的有机融合，使得本书呈现出立体化的研究视角。这让读者既能全面把握立德育人的大局和方向，又能深入了解具体场景中的实际操作与细微变化，从而形成了一个全方位、多层次的立德育人研究体系，为推动高校立德育人工作的有效开展和持续优化提供了理论支撑和实践指引。

四、融合中国特色与国际视野

在总结中国立德育人优秀传统的基础上，本书还广泛吸收了国外品行教育的成功经验，为构建中国特色高质量立德育人新模式提供了有益参考。一方面，本书深入挖掘和总结了中国悠久丰富的立德育人优秀传统。从古代儒家的道德教诲，到近代教育先驱的育人理念，再到当代教育实践的独特经验，作者全面梳理和阐释了这些传统，彰显了中国立德育人理念在历史长河中的传承与发展。另一方面，本书也具有广阔的国际视野，广泛吸收了世界各国在品德教育方面的创新模式、先进方法和有效策略。无论是欧美国家注重培养学生自主思考和社会责任感的方式，还是亚洲国家在传统文化与现代价值融合方面的尝试，都得到了全面的研究和探讨。通过将中国传统与国际经验相融合，本书为构建中国特色高质量立德育人新模式提供了极具价值的参考。这种新模式既扎根于本土深厚文化，承续了优秀传统，又能积极借鉴国际先进理念，实现了本土特色与国际视野的有机统一。这在培养具有高尚品德、全球视野和创新精神的新时代人才与推动中国教育事业和社会进步等方面贡献了重要的智慧和力量。

五、注重创新性与系统性

本书在研究立德育人这一重要课题时，在多个关键领域展现出了显著的创新性与系统性。在理论创新方面，本书突破了传统思维模式，融合了跨学科的前沿成果，提出了一系列具有开创性的观点和理论假设，为学术发展开辟了新路径。在实践探索方面，本书大胆创新，不满足于现有方式，积极探索新的教育手段：如运用信息技术开展虚拟实践教学、创设沉浸式德育体验环境、开展跨文化实践交流、拓宽学生道德视野等。这些创新实践为解决教育问题提供了新颖有效的方式。在质量评价方面，本书构建了全新的多维度、多主体评价体系，综合考量学生的认知、情感、行为表现，使评价结果更加客观全面。此外，本书注重构建一个系统完整的立德育人工作体系，从目标设定、内容选择、方法运用到效果评估，各环节相互关联、相互支持，为高校工作实践提供了全方位指导。这种创新性与系统性的研究视角，对于推动高校立德育人工作的理论发展和实践创新具有重要价值，为新时代人才培养、社会进步提供了有力支撑。

总之，这部专著立足于新时代的大背景，紧密聚焦高质量发展这一核心主题，展现出了多维度的创新与突破，将理论创新、实践创新、质量创新完美融合为一个有机的整体——此书必将为新时代高校立德育人事业注入新动力！

邓集文

2025 年 1 月于中南林业科技大学

目 录

绪　论

一、研究背景

党的二十大擘画了全面建设社会主义现代化国家的宏伟蓝图，确立了以中国式现代化全面推进强国建设、民族复兴伟业的中心任务。习近平总书记在党的二十大报告中指出："加快构建新发展格局，着力助推高质量发展。"① 高质量发展是全面建设社会主义现代化国家的首要任务。面对新一轮世界科技革命和产业发展浪潮，我们尤其要抢抓机遇，革故鼎新，培育壮大新兴产业，以一流新技术高质量地改造提升传统产业，有效促进工农和服务业高端化、智能化、绿色化。运用高质量发展这个理念，我们要夯实新质战斗力，因地制宜地科学发展新质生产力。而教育、科技、人才是全面建设社会主义现代化国家的基础性、战略性支撑。"育人的根本在于立德"。② 培养什么人，是教育的首要问题，是立德的根本要求，是发展教育事业的立足点，是我国教育促进人的全面发展、满足经济社会发展需要、建设教育强国的必然要求。我们站在新时代的历史节点上，面对新的挑战和任务，需要全面深入理解和把握立德育人的内涵、路径与实践，为推进高质量发展、构建具有中国特色的人才培养体系提供理论支撑和实践指引。

（一）经济社会发展转型的需求

随着我国经济进入高质量发展的新阶段，社会各界对教育提出了新的

---

① 本书编写组．党的二十大报告辅导读本［M］．北京：人民出版社，2022：3.
② 本书编写组．党的二十大报告辅导读本［M］．北京：人民出版社，2022：30.

更高要求。经济增长从速度导向转向质量导向，产业结构优化升级和创新驱动发展成为主旋律。在这一过程中，高素质、创新型人才的培养至关重要。

过去，我国经济的高速增长主要依赖于资源投入和劳动力优势。然而，这种发展模式在当今时代已难以为继。随着全球经济竞争的加剧，科技创新能力和人才素质成为决定国家竞争力的关键因素。产业结构的优化升级意味着传统产业需要通过技术创新和管理创新实现转型升级，而新兴产业则需要大量具备创新思维和专业技能的人才来推动发展。

创新驱动发展战略的实施，更是对人才的创新能力和实践能力提出了极高的要求。高素质人才不仅要具备扎实的专业知识，还需要有敏锐的创新意识、良好的团队协作能力和较强的适应能力。

教育作为人才培养的基础工程，承担着为经济社会发展提供智力支持和人才保障的重要使命。我们必须紧密围绕经济社会发展的新需求，不断调整和优化教育结构，更新教育理念和教学方法。

在教育质量方面，教师要注重培养学生的综合素质，不仅要传授知识，更要培养学生的思维能力、创新能力和解决实际问题的能力。同时，要加强实践教学，提高学生的动手能力和实践操作水平，使学生能够更好地适应社会发展的需求。

在育人水平方面，教师要注重培养学生的社会责任感和职业道德，使学生具备良好的品德修养和团队合作精神，所以需要加强创新创业教育，激发学生的创新潜能和创业意识，为学生未来的职业发展打下坚实的基础。

（二）立德育人的时代要求

立德树人是教育的根本任务，是新时代中国特色社会主义教育事业的重要目标。习近平总书记多次强调："落实立德树人根本任务，培养德智体美劳全面发展的社会主义建设者和接班人。"① 这一重要指示为我国教育事业的发展指明了方向，也凸显了立德育人在新时代教育中的核心地位。

立德育人不仅是对学生知识和技能的传授，更是对其思想品德、价值观念和行为习惯的全方位培养。在当今社会，科技发展日新月异，信息传

---

① 本书编写组. 党的二十大报告辅导读本 [M]. 北京：人民出版社，2022：30–31.

播迅速便捷，各种思想文化相互交流、交融、交锋。在这样的背景下，青少年学生面临着众多的诱惑和挑战，如果没有正确的价值观和道德观的引导，他们很容易迷失方向。

因此，立德育人具有极其重要的现实意义。通过立德育人，可以帮助学生树立正确的世界观、人生观和价值观，培养他们的爱国主义情怀、集体主义精神和社会主义道德风尚，使他们成为有理想、有道德、有文化、有纪律的社会主义建设者和接班人。

立德育人这一理念与高质量发展的目标高度契合。高质量发展不仅要求经济的持续增长和科技的创新进步，更要求社会的文明和谐、人的全面发展。只有培养出具有高尚品德和良好素养的人才，才能为经济社会的高质量发展提供坚实的支撑。

在新时代教育改革发展中，立德育人成为核心任务。这要求教育工作者要将立德育人贯穿于教育教学的全过程，充分挖掘各门课程中的德育元素，将德育与智育、体育、美育、劳育有机结合起来，形成协同育人的合力。同时，要创新德育方法和手段，利用现代信息技术和多种教育资源，增强德育的吸引力和感染力。

（三）教育改革深化的现实需要

近年来，我国在教育改革方面确实取得了显著成效，然而，不可忽视的是，我们仍然面临着诸多突出问题和严峻挑战。其中，教育资源配置不均的现象尤为显著。在区域之间、城乡之间以及不同学校之间，教育资源的分配存在着较大的差距。优质教育资源往往集中在经济发达地区和重点学校，而一些经济欠发达地区和农村学校则面临着师资力量薄弱、教学设施陈旧、教育经费不足等困境。

教学质量参差不齐亦是当前教育领域亟待解决的难题。由于教育理念、教学方法、教师素养等方面的差异，不同学校和地区的教学效果存在明显差异。一些学校能够培养出具有创新精神和实践能力的高素质学生，而另一些学校的学生在基础知识掌握和综合能力发展上则相对滞后。

德育体系不完善也是教育改革中不容忽视的问题。在当今社会，价值观多元化，学生面临着各种各样的思想冲击。然而，现有的德育体系在内容、方法和实施效果上还存在诸多不足，未能有效地引导学生树立正确的价值观和道德观。

为了应对上述挑战，我们必须全方位、深层次地进一步深化教育改革。在体制机制方面，需要建立更加公平、高效、灵活的教育管理体制，打破部门之间的壁垒，促进教育资源的合理流动和优化配置。

（四）全球化与信息化的双重驱动

在全球化和信息化的双重驱动下，国际竞争日益激烈，知识更新速度加快，人才流动更加频繁，这给我国教育体系带来了新的挑战和机遇。一方面，必须积极吸收国际先进教育理念和经验，提升教育国际化水平；另一方面，要利用信息技术手段，推动教育教学模式的创新，实现教育资源的共享和教育质量的提升。

随着第四次工业革命的深入推进，大数据、人工智能等新兴技术深刻地影响着社会经济发展以及国家治理，以数据驱动和数字治理为核心特征的政府数字化转型成为全球治理转型的核心议题。数字技术的快速迭代与普及推广为政府数字化转型提供了强大的科技驱动力，通过技术赋能和技术赋权双重机制，我们积极推动政府治理模式的创新和变革。

自1990年左右起，由于信息和通信技术（ICT）的出现，一种新的套利手段得以实现：建立跨国界工厂。这种技术使得G7公司能够在保持整个生产过程顺利、可靠运行的前提下，将某些生产步骤交由发展中国家承担，其中巨大的工资差距使得这种生产模式变得极其有利可图。在这种全球化的背景下，我国教育体系需要更加注重培养具有国际视野和跨文化交流能力的人才，以适应国际竞争的需要。

同时，信息技术的快速发展也为教育教学模式的创新提供了机遇。通过利用云计算、人工智能、虚拟现实等技术，我们可以打造高灵活度、高资源利用率的"智能工厂"，实现教育资源的共享和教育质量的提升。例如，通过在线教育平台，可以让学生随时随地获取优质的教育资源，打破时间和空间的限制；通过虚拟现实技术，可以让学生身临其境地学习，从而提高学习效果。

（五）社会多元化发展的影响

随着社会的多元化发展，学生的价值观念、行为方式和生活环境也在发生深刻变化。教育工作者面临着如何在多元化背景下引导学生树立正确价值观和形成健康人格的挑战。立德树人的教育理念在这一背景下显得尤为重要，需要我们通过理论和实践的不断探索，找到有效的育人路径和方法。

在全球化的大背景下，世界各国之间逐渐打破地域壁垒，挣脱体制束缚，不断实现文化与思想的交融。全球范围内思想和文化的多元化发展，使得青少年也随之产生多元化的追求。无论国度、种族、文化，全球青少年的价值观念的差异正在缩小甚至逐渐消失。

新时代我国社会主要矛盾已经转化为人民日益增长的美好生活需要和不平衡不充分的发展之间的矛盾。人民日益增长的美好生活需要既包括物质生活需要，也包括精神生活需要。在这种社会多元化的背景下，教育工作者需要更加注重培养学生的综合素质和创新能力，以使其适应社会发展的需要。

同时，社会多元化也带来了一些隐忧，如价值观念的相对主义、文化冲突等。这些问题需要教育工作者通过引导学生树立正确的价值观、培养学生的文化认同感和包容性等方式来解决。

（六）新时代育人目标的要求

新时代对人才培养提出了新的目标要求，即培养具有家国情怀、全球视野、创新精神和实践能力的高素质人才。这就要求教育必须在培养目标、课程设置、教学方法等方面进行全方位的调整和优化，以适应新时代人才培养的新需求。

在中央人才工作会议上，习近平总书记明确提出了我国人才工作的宏伟战略目标——"加快建设世界重要人才中心和创新高地"[①]，并擘画了清晰的路线图：到 2025 年，全社会研发经费投入大幅增长，科技创新主力军队伍建设取得重要进展，顶尖科学家集聚水平明显提高。

习近平总书记在全国教育大会上旗帜鲜明地提出"培养什么人，是教育的首要问题"[②] 的新论断，特别强调培养人要在坚定理想信念上下功夫，要在厚植爱国主义情怀上下功夫，要在加强品德修养上下功夫，要在增长知识见识上下功夫，要在培养奋斗精神上下功夫，要在增强综合素质上下功夫。

---

① 　本书编写组. 党的二十大报告辅导读本［M］. 北京：人民出版社，2022：30 – 31.
② 　本书编写组. 党的二十大报告辅导读本［M］. 北京：人民出版社，2022：30.

要坚持党的领导，坚持马克思主义指导地位，坚持为党和人民事业服务，落实立德树人根本任务，传承红色基因，扎根中国大地办大学，走出一条建设中国特色、世界一流大学的新路。

二、研究目的

深入探讨高质量发展与教育之间的内在关系，明确高质量发展背景下社会对教育提出的新要求，梳理高质量发展理念对教育质量、教育公平和教育创新等方面的影响，为构建符合新时代需求的教育体系提供理论支持。通过对立德树人理论的系统研究，明确其核心内涵和目标，结合高质量发展的要求，阐明立德树人在新时代教育中的重要性和必然性；通过梳理立德树人的历史沿革、理论基础和实践路径，为教育工作者提供清晰的指导方向；通过案例分析、实践调查等方法，挖掘和推广成功的立德树人经验和做法，形成可复制、可推广的育人模式和机制，提升德育工作的实效性；通过探索如何在课程设置、教学方法、教育评价等方面落实立德树人的理念，提出具体的改革建议和措施，推动教育教学模式的创新，确保教育质量和育人效果的全面提升；通过政策分析和实证研究，提出保障教育公平的策略和路径，确保每个学生都能享有平等的教育机会和优质的教育资源，推动教育的均衡发展；通过构建系统化、科学化的德育体系，为实现学生全面发展和终身发展提供保障。

三、研究意义

高质量发展不仅是经济领域的要求，也是社会各个方面的共同追求。教育作为国民素质提升的重要途径，必须紧密围绕高质量发展的目标，不断提升教育质量、实现教育公平、推动教育创新，培养出符合新时代需求的高素质人才。立德树人作为教育的核心任务，必须在新时代背景下进一步深化和发展。开展本研究在以下方面具有重要的理论意义和实践意义。

（一）理论意义

1. 丰富和发展立德育人的理论体系

习近平总书记在党的二十大报告强调："育人的根本在于立德。"① 这是

---

① 习近平. 论教育 [M]. 北京：中央文献出版社，2024：219.

以习近平同志为核心的党中央继承、丰富和发展党的教育方针的集中体现，是党的教育理论创新的最新成果，是中国特色社会主义教育理论的精髓，是推进我国教育现代化的行动指南。因此，探讨高质量发展背景下立德育人的理论和实践，可为立德育人理论体系提供理论依据，丰富立德育人理论体系。

2. 为教育政策的制定提供理论依据

越来越多的研究强调立德育人在教育中的核心地位，它被视为培养全面发展的个体、促进社会和谐以及推动可持续发展的关键。但对高质量发展与立德育人的关系还没有做深入的研究。本研究从高质量发展对教育发展的要求入手，在教育观念、教育方法、教育评价体系、家庭教育、社会环境、教师素质等方面加强研究，为教育政策制定提供理论依据。

3. 促进教育理论的创新和完善

在高质量发展的背景下，教育所面临的挑战和机遇变得更加复杂多样，这促使教育学科从多个维度进行深入研究和探索。本研究在高质量发展背景下重新审视和界定教育的本质、目的、功能等核心概念，抽取丰富的教育实践案例和经验，与心理学、社会学、经济学、管理学等多个学科的交叉研究融合，形成更具综合性和创新性的教育理论。

（二）实践意义

1. 为教育工作者提供实践指导

本研究以学生的全面发展为出发点和落脚点，将立德育人作为教育的核心使命。深入分析立德育人的发展现状和原因，探讨高校教师发展立德育人的教育策略。把握立德育人的各个维度，为学生提供全面而有针对性的培养方案。本研究的成果必将显著提升教育工作者在立德育人方面的素养与能力，使其熟练掌握有效的教育规律和方法。

2. 促使学校和教育机构加强德育工作

本研究从多个维度规划德育工作，为学生提供丰富多元且富有深度的德育培养方案。深入剖析德育工作的现状和存在的问题，诸如德育方法单一、与学科教学融合不够紧密、评价体系不完善等不足之处，探究导致这些问题的原因，在此基础上有针对性地改进和优化德育工作，强化德育工作的实效性和针对性。

3. 推动全员全过程全方位育人格局的形成

本研究清晰界定课程思政建设的具体范畴，在各类学科课程中融入思想政治教育元素。审视当前课程思政建设中存在的诸如思政元素融入生硬、教师思政能力不足、协同育人机制不完善等问题，并找出根源，提出切实可行的实践路径，有针对性地改进和优化课程思政建设。通过高质量发展理念的指引，规划课程思政建设的各个维度，为学生打造系统且连贯的育人环节，推动全员全过程全方位育人格局的形成。

四、研究方法

本课题以马克思主义的辩证唯物主义和历史唯物主义为指导，综合运用文献研究法、案例研究法、问卷调查法、比较研究法、专家访谈法和实证研究法，坚持历史与逻辑相结合、共性与个性相结合、定量和定性相结合，对"高质量发展背景下立德育人理论和实践研究"问题进行深入研究。

（一）历史与逻辑相结合

首先，梳理中国传统教育思想中关于"德育"的理论脉络，了解其形成发展的历史根源和内在逻辑。如关注儒家、道家等思想中的"修身齐家"思想，以及传统的"以德治国"理念。分析改革开放以来我国立德育人教育实践的历史变迁，重点关注各个时期国家的政策导向、社会需求、教育目标的变化。对比分析不同历史时期立德育人实践中的成功经验和教训，总结规律性认识。其次，在梳理历史脉络的基础上，系统阐述高质量发展背景下立德育人的内在逻辑和理论基础。分析立德育人工作的目标定位、价值取向、原则要求、实施路径等方面，厘清其内在联系和运行机制，以探讨高质量发展对立德育人工作提出的新要求，分析其合理性和必然性，并通过理论推演，预测立德育人实践发展的逻辑走向和趋势。此外，运用历史研究法，梳理中国传统教育思想和近现代立德育人实践的发展历程，寻找其内在价值取向和逻辑基础。运用逻辑研究法，分析高质量发展对立德育人提出的新期望，阐明其理论依归和发展必然性。在历史与逻辑的交互中，深入探讨新时代背景下立德育人的理论创新和实践创新，提出符合时代特征的理论模型和实施路径。

（二）共性与个性相结合

首先，从宏观层面分析高质量发展背景下立德育人的共同特点和普遍规律。一则梳理不同地区、不同学校在立德育人实践中的共同经验和共性问题，找出其中的理论基础和制度保障。二则总结立德育人实践中普遍适用的原则、方法和路径，为推广立德育人提供理论依据。其次，深入分析不同区域、不同类型高校在立德育人实践中的特色做法和独特经验，关注不同学生群体的个体差异，探讨针对性的立德育人策略。一方面要重视教师个体在立德育人中的主体作用，分析教师个人品德修养、专业素养等对实践的影响。另一方面要注重学校文化、家庭环境等个性化因素对立德育人的影响，提出针对性的对策建议。此外，在共性研究的基础上，我们还需要深入探讨个性因素对立德育人实践的影响机制。

分析共性规律与个性特点的辩证关系，提出"因地制宜、因材施教"的实施路径。提炼共性经验，同时注重个性差异，构建富有弹性和针对性的立德育人理论模型。在实践中坚持共性引导与个性发展并重，确保立德育人工作取得预期成效。

（三）定量和定性相结合

首先，通过问卷调查、数据统计等方式，收集师生、家长等利益相关方对立德育人工作的认知、态度和需求等量化数据。运用统计分析方法，如频数分析、相关性分析、回归分析等，探究影响立德育人效果的各种因素。利用大数据技术，分析全国或区域范围内立德育人实践的总体态势，发现普遍性问题和趋势。构建量化评估指标体系，测量不同学校、地区立德育人工作的绩效水平。其次，开展案例研究，深入剖析典型学校或地区在立德育人实践中的成功经验和问题。通过访谈、观察等方式，了解教师、学生在立德育人中的主观感受、行为动机和价值取向。运用解释性、探索性的研究方法，发现立德育人实践中的内在规律和影响因素。结合理论分析，提出优化立德育人工作的对策建议。此外，在定量研究的基础上，采用定性研究方法对数据进行深入解释和分析，形成更丰富的认知。通过定性研究发现问题的线索，设计针对性的定量测量指标，进一步验证研究假设。将定量分析与定性分析的结果相互对照、交叉验证，提升研究结论的可靠性和有效性。在研究的全过程中，动态平衡定量分析与定性探讨，实现理论与实践的有机结合。

五、研究综述

在当今社会高质量发展的时代浪潮中，教育作为推动社会进步和培养未来人才的关键领域，肩负着重要的使命。立德树人作为教育的根本任务，在高质量发展的背景下，其理论与实践面临着新的机遇和挑战。随着社会环境的变化、教育理念的更新以及技术手段的进步，对于如何在高质量发展的大格局中实现立德育人的目标，已经成为教育界乃至全社会广泛关注的重要议题。

众多学者和教育工作者从不同的角度对这一课题展开了深入的研究和探索。对这些研究成果进行系统的梳理和分析，不仅有助于我们清晰地把握当前研究的现状和趋势，更能为进一步深化立德育人的理论和实践提供有价值的参考和借鉴。本研究综述旨在整合相关研究，剖析其中的核心观点和重要发现，为后续研究奠定坚实的基础。

（一）国内研究综述

1. 关于思想政治教育高质量发展的研究

随着国内外社会环境的不断变化以及教育理念的持续更新，对于思想政治教育高质量发展的研究呈现出多元化和深入化的态势。深入剖析这一研究领域的国内外趋势，不仅有助于我们把握思想政治教育发展的前沿动态，更能为进一步提升思想政治教育的质量和效果提供理论支持与实践指导。通过对国内相关研究的梳理和分析，我们可以发现一些共同的关注点和差异之处，为探索适合我国国情和时代需求的思想政治教育高质量发展路径提供有益的参考和借鉴。希望通过对国内研究趋势的探讨，能够为思想政治教育的研究者和实践者提供新的思路和方向，从而共同推动思想政治教育在新时代实现高质量发展，为培养具有高尚道德情操、坚定理想信念和强烈社会责任感的新一代人才发挥更大的作用。

（1）新时代思想政治教育高质量发展的提出

考察思想政治教育高质量发展的提出过程可以发现，高质量发展原本是经济领域的重要概念，这一概念历经酝酿准备、正式提出、扩展使用的发展过程，直至党中央明确提出"十四五"时期经济社会发展要以推动高质量发展为主题，才正式进入思想政治教育的论域。展开而言，习近平总书记在党的十八大后作出我国经济发展进入新常态的重大判断，为高质量发展的出场作好了充足的准备工作。其后，根据我国发展阶段、发展环境及发展条件的变化，党的十九大明确提出，我国经济发展已由高速增长阶段转向高质量发展阶段，"高质量发展"这一全新表述在经济领域被首次提出。直至党的十九届五中全会作出我国已进入高质量发展阶段的科学判断，明确这一时期我国经济、社会、文化、生态等各领域都要体现高质量发展的要求，"高质量发展"概念的使用由此突破了经济领域，延展至国家发展的各领域和全过程。其后，教育部部长陈宝生发表署名文章《建设高质量教育体系　加快建成教育强国》，明确提出要构建高质量教育体系，全面提升思想政治工作质量。

　　高质量发展对思想政治教育提出了新的要求，大学生志愿服务的高质量发展也成为研究的焦点。志愿服务不仅能够培养学生的社会责任感，还能促进他们的全面成长。研究表明，通过完善志愿服务体系，加强组织管理，提高志愿服务的质量和影响力，可以更好地发挥思想政治教育的作用。罗藏才让、旦知吉指出，大学生志愿服务是大学生思想政治教育的重要载体，辅导员作为开展大学生思想政治教育的骨干力量，应充分发挥其思政育人功能。辅导员可通过主动参与志愿服务培训及活动、宣传推广典型案例、分学期在班级层面开展志愿服务评比表彰活动等方式，激发大学生志愿者的工作热情，引领大学生更加积极主动地参与志愿服务活动，践行社会主义核心价值观，助推大学生志愿服务高质量发展。① 周禄涛认为，志愿服务是体现"奉献、友爱、互助、进步"志愿精神的利他性实践，具有目的的公益性、意志的自觉性、主体的广泛性和方式的多样性特征。新时代的大学生志愿服务，是高校在培育时代新人过程中，为服务高质量发展而提供的一种重要"实践产品"，具有"实践育人"和"服务社会"的双重价值。新时代大学生志愿服务的发展，必须是由规模扩张向内涵创新转向、由行政推动向以人为本转向、由单兵推进向系统协同转向的高质量发展；必须在赓续共产党人精神血脉中发挥作用，在服务中华民族伟大复兴战略

　　① 本书编写组. 党的二十大报告辅导读本［M］. 北京：人民出版社，2022：30－31.

全局和世界百年未有之大变局中找准定位，提升常态化专业化品牌化建设水平。①

（2）思想政治教育高质量发展的理论内涵

随着我国进入新发展阶段，高质量发展成为思想政治教育新的发展目标。这既取决于经济社会发展新阶段的主要矛盾变化，也源于全面建设社会主义现代化的形势变化。刘建军、邱安琪认为思想政治教育的高质量发展包含三层理论内涵，即思想政治教育不仅要"简单再生产"还要实现"扩大再生产"，既要关注发展的规模和数量，也要注重发展的质量和效益，还应在保证质量要求的基础上有更高的质量追求。② 王玉认为，基于理论导向这一层次来展开分析，实现高质量发展，主要是指思想政治教育工作可以实现创新，并融合协同理念、高效理念和开放理念，保障内在体系和外在体系的有机平衡；而基于过程展开分析，高质量发展主要指的是思想政治教育工作需要实现教育领域的全面优化，以保障思想政治教育工作可以走向现代化的发展之路，进一步回应群众、个体思想意识需求的动态过程；基于效果进行分析，高质量发展主要是指高校的思想政治教育工作可以在教育内容上实现精准供给，在教学方法上可以选择，并积极融合多方力量，产生最为可观的教学效益。③

（3）思想政治教育高质量发展的实践路径研究

杨振斌指出，加快构建高质量思想政治工作体系，寻找有力推动高质量发展的实践路径，形成一系列可复制、可推广的思想政治工作经验方法，才能在实施科教兴国战略、加快建设教育强国、培养担当民族复兴大任的时代新人新征程上，迈出高校思想政治工作的坚实步伐。主要是三条路径：一是把解决思想问题和解决现实问题相结合；二是把解决个性问题和解决普遍问题相结合；三是把解决眼前问题和解决前沿问题相结合。④ 王海亮、

---

① 本书编写组. 党的二十大报告辅导读本［M］. 北京：人民出版社，2022：30.

② 刘建军，邱安琪. 论新时代思想政治教育的高质量发展［J］. 思想理论教育，2021（4）：49.

③ 王玉. 思想政治教育高质量发展的理论内涵与实现路径探究［J］. 佳木斯大学社会科学学报，2024（3）：155.

④ 杨振斌. 以新时代高校思想政治工作高质量发展推动时代新人培育［J］. 思想教育研究，2023（12）：24－25.

周雨婷、张淑丽认为，我国大学生志愿服务经历了孕育—萌芽、形成—巩固、提升—飞跃等三个阶段的发展历程。当下，在完善制度监管、资源保障、平台维护、品牌建设、大学生参与内生动力等方面，仍然存在一些制约大学生志愿服务高质量发展的问题。新时代，要通过优化志愿服务条例细则、落实监管机制、提供条件保障，建立健全网络信息平台、打造志愿服务团队、发挥大学生志愿者主观能动性等途径，推进大学生志愿服务高质量发展。① 张国启、刘亚敏指出，思想政治教育高质量发展是落实立德树人根本任务的必然选择。科学把握新时代思想政治教育高质量发展的逻辑内涵，应当注重强化政治方向为主导的基本内容，描绘思想政治教育发展的"精神图谱"；② 应当注重深化价值导向为标志的发展意图，构建思想政治教育发展的"精神秩序"；应当注重凸显发展路向为结构的外化策略，涵养思想政治教育发展的"精神动力"。同时，促进思想政治教育高质量发展，必须客观分析思想政治教育理论创新与实践发展之间的矛盾、协调解决思想政治教育内生动力与外在动力之间的张力、系统缓解思想政治教育"有效"供给与"个性"需求之间的张力等问题。沈壮海、刘灿认为，新时代、新征程赋予了思想政治教育发展新使命，对思想政治教育内容、方法、质量、效益等提出了新要求。新时代思想政治教育高质量发展应以效率、效益、效期为出发点，以创新、协同、精准、开放、高效为关键词，进一步强化党的领导、人民中心、问题导向，凝聚质量、动力、效率变革的强大合力，展现思想政治教育回应现实、应对挑战的高质量解题能力。③

（4）思想政治教育学科青年人才高质量发展研究

人才培养是现代大学的核心功能，是学科发展的中心任务。新时代人才培养肩负新使命，承载落实立德树人、培育时代新人的历史重任。新时代人才培养焕发新生机，恰逢育人育才、服务大局的发展机遇。在党的二十大报

---

① 王海亮，周雨婷，张淑丽. 刍议新时代大学生志愿服务高质量发展［J］. 佳木斯大学社会科学学报，2024（1）：61.

② 张国启，刘亚敏. 新时代思想政治教育高质量发展的逻辑内涵与实践理路［J］. 思想理论教育，2021（5）：53.

③ 沈壮海，刘灿. 论新时代思想政治教育的高质量发展［J］. 思想理论教育，2021（3）：4－5.

告中，习近平总书记指出，"教育、科技、人才是全面建设社会主义现代化国家的基础性、战略性支撑。必须坚持科技是第一生产力、人才是第一资源、创新是第一动力，深入实施科教兴国战略、人才强国战略、创新驱动发展战略"①，充分彰显了人才在现代化建设和国家发展战略中的突出地位，深刻阐明了加快人才培养步伐、提高人才培养质量的必要性和紧迫性，为新时代人才培养指明了发展方向，提供了基本遵循。李萍认为，在追求协同与融合的意义上，推进学科人才培养高质量发展的方式革新。重视全员参与，采用产学研合作方式培养思政应用型人才，通过丰富合作培养内容和合作方式、建立合作培养战略和培养机制促成培养主体协同；强调全程贯通，实施本硕博一体化培养思政高层次人才，通过统筹一体化专业教材、贯通专业课程、制定递进式培养方案、保证学科专业发展政策连续性促成培养层次协同；推进全面融合，运用跨学科培养思政创新型复合人才，通过融会贯通跨学科知识、增添跨学科课程、鼓励跨学科科研、联合跨学科导师团队促成学科间的协同；促进全域协同，实行国际交流合作培养思政现代化国际人才，通过畅通国际交流渠道、搭建合作平台、创新培养模式、参与合作课题促成国际国内协同。② 寇创认为，青年教师是新时代高校落实立德树人根本任务的主力军和中坚力量。推进新时代高校青年教师思想政治工作的高质量发展具有重大的理论意义和现实意义。当前，高校青年教师思想政治工作还存在工作机制未形成强大合力、青年教师参与的自主性积极性受挫和青年教师"教书"与"育人"平衡不够等内在困境。进入新时代，应注重强化思想引领，不断激发高校青年教师参与思想政治工作的主体性积极性；坚持制度建设与人文关怀并重，推动高校青年教师自觉努力践行"四个统一"；坚持多层次立体化协同推进，打通高校青年教师思想政治工作机制性壁垒障碍；切实提升高校青年教师思想政治工作的高质量发展。③ 冯刚指出，推动新时代思想政治工作守正创新，促进新时代思想政治教育学科高质量发展，必须把握和遵循新时代思想政治教育学科发展规律。增强学科发展的理论蕴涵，需要加强基础理论研究，

---

① 本书编写组. 党的二十大报告辅导读本［M］. 北京：人民出版社，2022：30.
② 李萍. 新时代思想政治教育学科人才培养高质量发展研究［D］. 长春：吉林大学，2023.
③ 寇创. 新时代高校青年教师思想政治工作高质量发展探析［J］. 中共福建省委党校（福建行政学院）学报，2020（4）：148.

全面认识学科发展现实,主动探索新研究领域;坚持学科发展的实践导向,需要突出应用意识,重视应用研究和经验研究,强化关于历史实践和现实实践的研究;顺应多学科交叉融合的发展趋势,需要整合相关学科的理论与实践资源,借鉴多学科研究范式,探索思想政治教育学科体系的新论域。①

2. 关于立德育人的发展演进、重要价值、教育目标和培养目标的研究

在当今社会,教育的使命不仅仅是传授知识和技能,更在于培养具备高尚品德和全面素养的人才。立德育人,作为教育的核心理念,承载着塑造个体品格、引领社会风尚、推动社会进步的重任。立德育人的核心价值观、教育目标和培养目标,是教育领域中至关重要的研究课题。其不仅关系到个体的成长与发展,更关乎国家和民族的未来。随着时代的变迁和社会的发展,对于立德育人的理解和实践也在不断深化和拓展。

深入探究立德育人的重要价值,有助于明确教育的根本导向和价值追求;明晰其教育目标,能够为教育活动提供清晰的方向和标准;而准确把握培养目标,则可以使教育更加有的放矢,切实提升育人效果。通过对这一研究领域的系统梳理和深入分析,我们期望能够揭示立德育人的内在规律和发展趋势,为教育实践提供有益的理论支持和实践指导,从而推动教育事业向着更高质量、更符合时代需求的方向发展。

(1)关于立德育人思想的发展演进研究

党的十八大以来,习近平总书记在多次重要讲话中强调了"立德树人",坚持"把立德树人作为教育的根本任务","高校立身之本在于立德树人","坚持把立德树人作为中心环节","落实立德树人根本任务"②,凸显了党中央对立德树人工作的高度关切和极度重视。当前,系统梳理立德树人思想的发展演进,科学分析新时代立德树人的理论内涵及价值意蕴,探索建立科学有效的立德树人工作评价机制,对于落实立德树人根本任务,健全立德树人工作机制,推动中国特色教育现代化进程,培养全面发展的堪当民族复兴大任的时代新人,协调推进"四个全面"战略布局,实现社会主义现代化与中华民族伟大复兴具有重要意义。

---

① 冯刚. 推动新时代思想政治教育学科高质量发展 [J]. 学校党建与思想教育, 2022 (7):1.
② 习近平. 论教育 [M]. 北京:中央文献出版社, 2022:3-18.

冯刚、史宏月指出，在中华民族悠久的历史发展中，立德树人思想一直发挥着重要作用。随着社会历史的发展，中国共产党赋予其更加丰富和先进的时代内涵。立德树人思想是中华优秀传统文化蕴含的重要思想观念，立德树人思想在党的建设发展进程中不断传承与发展。新时代的立德树人，以立德为根本，以树人为核心，紧紧围绕"立什么德，树什么人"的重大问题，深刻阐释了在中国特色社会主义的新时代，塑造民族文化传承人、培养社会主义建设者和接班人、培育全面发展的时代新人、造就中国特色追梦人的理论内涵和时代价值，实现了历史性与未来性、个体性与社会性、教育性与价值性、民族性与世界性的有机统一。① 陈明明认为，教育的初心和使命是立德树人，这一思想既是对高校育人目标的科学界定，也是对中国特色社会主义人才培养模式的再深化。根据历史阶段的演进特点，中国共产党立德树人理论发展可以分三个阶段考察。新民主主义时期、社会主义革命和建设时期（1921—1978）：我国为了巩固政权，进行社会主义改造和建设，高校立德树人围绕此任务，开展包括马克思主义理论教育，新民主主义和社会主义的国情教育，社会主义和共产主义的道德教育等相关教育，在坚持党的领导下，通过对高校教师开展思想改造运动，建立实践性优先的育人方式，开展学校教育及高等院校建设等方式，培养有社会主义觉悟的有文化的劳动者。改革开放时期（1978—2012）：我国以经济建设为工作中心，高校立德树人围绕此任务，注重党的基本路线与伟大成就教育，"公民道德"与社会主义道德教育，思想道德素质与科学文化素质教育。在完善党的领导下，通过加强教师队伍的思想水平与业务水平建设，推动思想政治教育科学化与学科化建设，优化思想政治理论课课程体系等方式，培养社会主义的建设者和接班人。新时代（2012 年至今）：为了调动全国积极性，形成全国性的合力，实现中华民族伟大复兴，高校立德树人围绕此任务，致力于培养堪当民族复兴重任的时代新人，注重理想信念教育、品德修养教育、爱国主义教育。在全面完善党的领导下采用构建高校立德树人"十大育人体系"，细化培育好老师的具体标准，做好高校思想政治生命线工作等更为多样的教育形式，培养堪当民族复

---

① 冯刚，史宏月. 新时代立德树人的理论内涵及其价值意蕴 [J]. 社会主义核心价值观研究，2019（5）：41.

兴重任的时代新人。①

（2）关于立德育人的重要价值研究

立德育人的重要价值以社会主义核心价值观为基础，强调爱国、敬业、诚信、友善等基本要求。近年来，研究者逐渐关注如何将这些价值观融入教育实践中。

陈蒙、雷家昂认为，社会主义核心价值观是中华民族精神的时代凝练和现实表达，与中华民族共同体意识紧密关联。在铸牢中华民族共同体意识的视域下，社会主义核心价值观入法入规是推进中华民族共同体建设的必然选择，为建设中华民族共有精神家园提供方向指引；通过树牢法律信仰、型构法律原则和融入法律规则，弘扬国家与民族的整体价值导向、概括指引全社会的价值认同，并具体设定微观的行为模式和制度指示，实现对铸牢中华民族共同体意识之法治实施的指引和推进。新时代新征程，要关注宪法中重要价值条款的完善、民族工作中基本法律的重要价值融入等问题，在规律、技术与价值相互交融的视域下促进重要价值入法入规的路径优化。推进入法理念的升华和入法技术的完善，在对各族人民现实生活场景的科学指引与能动改造中推动全社会铸牢中华民族共同体意识。②

董雅华认为，铸牢中华民族共同体意识需要加强政治认同和文化认同的双重建构。由于中华民族共同体的文化认同与政治认同发育不同步，中华民族共同体意识的生成经历了很长的历史过程，直到建立主权独立、政治统一的现代新型民族国家之后，国家和民族意义的政治认同以及中华民族共同体的自觉意识才真正得以形成。新时代为铸牢中华民族共同体意识确定了历史方位，"两个结合"为铸牢中华民族共同体意识明确了理论定位。应通过加强历史教育和理论教育，提升对中华民族共同体的文化认同和政治认同，坚持铸牢中华民族共同体意识的政治方向，以社会主义核心价值观教育聚合价值

① 陈明明. 中国共产党关于高校立德树人理论的演进历程及经验研究 [D]. 郑州：河南工业大学，2024.

② 陈蒙，雷家昂. 铸牢中华民族共同体意识视域下社会主义核心价值观入法入规探究 [J]. 西南交通大学学报（社会科学版），2024（5）：136.

共识，共筑中华民族精神家园。①

张帅帅指出，面对世界秩序与国际环境的深刻变化，中国高等教育与中国青年必须在变局中开创符合自身历史定位与时代担当的新局，与国家并肩扛起弘扬全人类共同价值的大旗。于是，将全人类共同价值融入高校立德树人教育正当其时，这不仅是"教育面向现代化，面向世界，面向未来"的重要体现与有效途径，更能够引导学生主动吸收全人类优秀文明成果，以"国之大者"与"胸怀天下"的情怀与远见为中华民族与人类世界作出积极贡献。因此，将全人类共同价值与高校立德树人教育进行有机融合，对大学生进行全人类共同价值教育，已成为新时代高校思想政治教育的一项重要任务。②

姜波、王立仁指出，做好青年社会主义核心价值观自信培育工作是党和国家事业应对"两个大局"挑战的现实需要，是落实立德树人根本任务的现实要求，是培养新时代好青年的重要环节。青年社会主义核心价值观自信培育工作应坚持以理性认知为前提、以情感体验为基础、以思想认同为关键和以实践转化为旨归的内在逻辑。新时代做好青年社会主义核心价值观自信培育工作，要用好课堂教学主渠道，夯实青年社会主义核心价值观自信培育的理论基础；守好日常生活主阵地，丰富青年社会主义核心价值观自信培育的方式方法；巧用网络媒体，营造青年社会主义核心价值观自信培育的舆论氛围。③

（3）关于立德育人的教育目标研究

国内对立德树人教育目标的研究主要集中在教育理论、教育实践和教育政策等方面。研究者们认为，立德树人是教育的根本任务，是培养德智体美劳全面发展的社会主义建设者和接班人的必然要求。在教育实践中，学校和教师应该注重培养学生的道德品质、社会责任感和创新精神，通过课程设置、教学方法和评价体系等方面的改革，实现立德树人的教育目标。

李长泰认为，立德树人是新时代的思想理念，立德树人教育目标可以通

---

① 董雅华. 铸牢中华民族共同体意识的内在逻辑与教育理路 [J]. 思想理论教育，2024（8）：53.

② 张帅帅. 全人类共同价值视域下高校立德树人教育研究 [D]. 赣州：江西理工大学，2024.

③ 姜波，王立仁. 新时代青年社会主义核心价值观自信培育的进路探究 [J]. 学校党建与思想教育，2024（14）：58.

过制度伦理的规范来实现，主要包括国家立礼、天下行礼、个人示礼和本心美礼的四层逻辑路径。国家立礼的路径是国家树立国家和民族的根本道德观念，尊重礼之理，才能在国家层面以德树立时代新人。天下行礼的路径是以天下大道树立社会的根本价值观，使人以新时代人与人之间的礼仪准则来为人处世。个人示礼的路径是以规范的行为展示礼仪，个人行为与制度相结合，内外相合而成为新时代表里如一的人。本心美礼的路径是以礼的美善为目标，提升本心之礼的理想和超越境界，达到内心至善的美礼目标，内心趋向美善而内化成为新时代理想崇高的人。从哲学逻辑上分析，新时代立德树人目标实现的制度伦理四层路径体现了体、用、合、美的哲学逻辑。①

丁彩霞、齐砚奎认为，高校"思政课建设内涵式发展"是新时期加强思政课建设的行动指南，"思政课建设内涵式发展"应服务于"立德树人"的育人目标，以体现思想性、理论性和亲和力、针对性的统一，打造过硬的师资队伍，并加强顶层设计。他们所在学校推行的思政课"活力课堂"教学改革不是教学方法的简单变革，而是涵括教学理念、教学设计和教学评价贯穿到教学全过程的深化变革，这既符合新时代高校思政课教育教学目标，又符合学生全面发展的要求，从而与"思政课建设内涵式发展"要求相契合。②

赵立莹、刘晓君指出，基于目标导向、协同育人、问责改进的思路，为研究生教育落实立德树人根本任务提出三点建议：一是分层落实立德树人目标，通过公民素质教育、学术道德教育、理想信念教育培育德才兼备的社会精英；二是利益相关者全程协同参与，通过导师示范、课堂德育、文化引领等多元路径推进实施；三是建立问责机制，保障育人效果，基于多维标准，建立信任激励机制，形成具有监督约束作用的质量保障体系。③

（4）关于立德育人的培养目标研究

国内研究主要集中在教育理论、教育实践和教育政策等方面。研究者们认为，立德树人是教育的根本任务，是培养德智体美劳全面发展的社会主义

---

① 李长泰. 新时代立德树人教育目标实现的制度伦理路径［J］. 伦理学研究，2021（5）：86.

② 丁彩霞，齐砚奎. 内涵式发展要求下高校思政课教学改革研究［J］. 高教学刊，2021（7）：144.

③ 赵立莹，刘晓君. 研究生教育立德树人：目标体系、实施路径、问责改进［J］. 学位与研究生教育，2018（8）：58.

建设者和接班人的必然要求。立德育人作为研究热点的出现，与党的十八大论述有关；道德与法治的研究与党的十八大依法治国的方略及《青少年法治教育大纲》等文件的出台有关。十多年来，研究者围绕"立德树人"在各级各类教育中的价值意蕴、实施难点、实践策略等方面开展研究，拓展了"立德树人"的内涵和外延，为其落实机制提供可供参考的方案。

魏宝宝、席海容、王庆霞认为，立德树人是根植于中华优秀传统文化的教育话语，可在对传统文化的追溯中获得对立德树人内涵的认识与实践的启发。结合新时代特征准确把握立德树人的当下任务，即在于：培养能肩负民族复兴重任的"有理想"的人，使其成为自信而坚定的实践者；培育学生的和谐品质与自主精神，使其成为可应对当下时代挑战的"有本领"的人；培养学生的责任感与合作精神，使其成为推动当前社会发展的"有担当"的人。基于系统视角探索落实立德树人的实践进路，即在于：增强主体动能，融通"道""德"提升教师育人本领；活化载体功用，立足"校本"高质量使用教材；坚守核心阵地，锚定"素养"提高课堂质量；优化育人环境，以"德"领航建设学校氛围。①

解芳、蔡广宇、马新波认为，持续改进是专业认证三大核心理念之一，也是专业认证的精髓所在；立德树人是我国新时代教育的根本任务。如何将立德树人融入专业认证的全过程，是专业进行持续改进过程中必须关注的核心问题。南阳理工学院的机械设计制造及其自动化专业以持续改进为契机，将立德树人要求全面融入专业培养目标、毕业要求和课程体系，重构了面向产出的人才培养方案，为实现育人与育才的有机统一奠定了坚实的基础。②

周昶、方国华认为，提升研究生管理育人能力，是保障和提高研究生教育质量的重要一环。深入学习习近平立德树人思想体系，充分发挥管理育人在研究生培养工作中的协同作用，各高校应通过厘清工作内涵、更新工作理念，提升工作能力、重塑工作习惯，划分工作职责、推进协同创新和完善评价机制、凸显工作价值四个方面，提升高校研究生管理育人能力，使研究生

---

① 魏宝宝，席海容，王庆霞. 守本开新：学校落实立德树人根本任务的实践进路研究［J］. 教育与教学研究，2024（4）：1.

② 解芳，蔡广宇，马新波. 融入立德树人要素的人才培养方案的重构：以专业认证持续改进为背景［J］. 教育教学论坛，2023（22）：176.

管理人员更好地坚持使命担当，协力推进研究生育人效果，最终实现立德树人的根本任务，培育堪当时代重任的拔尖创新人才。①

3. 关于教育技术与数字化学习在立德育人中的应用研究

杨宗凯认为，教育部实施国家教育数字化战略行动，是对数字时代创新人才需求的战略应答，也是我国加快建设教育强国的重要举措。在教育数字化转型进程中，我国主动识变、应变、求变，高度重视数字技术尤其是人工智能技术对基础教育的深刻影响，将其作为推进基础教育教学创新的战略重点，积极推动技术与教育的深度融合，在这方面我们已取得一系列显著进展。以数字化夯实教育强国基点，需要我们在实践中不断推进、革故鼎新、与时俱进，具体路径可从以下三方面考量：其一，培养德育为先、知识为基、能力为重的大批创新人才；其二，推进 AI 赋能、人机协同的教学模式；其三，构建全面、公平、开放、可持续的教育体系。②

高盛楠认为，纵观整个世界教育史，人类媒介技术的发展对于知识的传播、教育活动的助力、教育体系的变革发挥了巨大作用。新一代数字技术的日益普及，对我国建构教育新形态、学习型社会、学习型大国等都提出了新任务、提供了新支持，为实现教育强国设定了新目标、提出了新要求。然而，在当前的高等教育中，建构与数字化时代相适应的教育理念、教育内容、教育手段和教育效果还存在不少的问题，难点、堵点、痛点还有待进一步解决。因此，强化铸魂育人工作，改进高校思想政治工作，事关党的前途命运，事关国家长治久安，事关民族凝聚力和向心力。加快推进高校思想政治教育数字化，用数字技术为思想政治教育赋力、赋能，必将有助于我国高校思想政治教育的高质量发展。对此，我们必须从战略高度、政治高度深刻认识高校思想政治教育数字化发展的重大意义。③

刘亮认为，数字化时代，科技赋能教育，能够构建虚实结合的学习实践场域、营造个性化的学习空间、打造高度智能的人机交互场景、促进教育方式和教育形态变革，给思想政治教育带来全新的成长空间。由于数字化时代

---

① 周昶，方国华. 立德树人视角下研究生管理育人能力提升研究 [J]. 教育教学论坛，2022
(9)：17.

② 杨宗凯. 以数字化夯实教育强国基点 [J]. 中国教育学刊，2024 (2)：1.

③ 高盛楠. 高校思想政治教育数字化发展研究 [D]. 成都：电子科技大学，2024.

思政方法论创新是思政方法论的学科范式革命，是思政方法论的重大变革，因此可能在思想认知、技术条件、数据壁垒、法律制度、伦理道德上面临一系列新问题，我们必须进行警惕性预防。在变革思想认知、突破技术门槛、打破技术壁垒、提供法律保护、重构伦理道德上进行主动应对，从而推动数字化时代思想政治教育方法论的创新发展。数字化时代，万物重构，人们不仅可以设计、编辑、运行、体验和把握超现实世界，甚至能够关联、干预、创造和操作我们生存的物理世界。①

4. 立德树人和高质量发展的关系研究

李飞、汤颖指出，文化是赋能高等教育高质量发展的重要条件，高等教育高质量发展的文化意蕴主要表现在关注发展中的"人"，诉诸"全面"、"长远"、"创新"的建设取向，具有"适应性＋超越性"的时代内涵和建设过程。高等教育高质量发展有赖于理性的观念理解、有效的制度条件建设、共生的师生日常教育生活以及社会舆论力等文化条件。新时期推进高等教育高质量发展的文化建设，可以围绕大学精神的新时代内涵挖掘、关系型教育理念的主体践行、多元化文化资源的教育融合以及评价体系的平等有差别式构建等路径展开。②

肖贵清认为，高校思政课是全面贯彻党的教育方针、落实立德树人根本任务的关键课程。在全面建设社会主义现代化国家新征程中，高校思政课的高质量发展，是实施科教兴国战略、加快建设教育强国的必然要求。首先要推动新时代高校思政课教师队伍高质量发展，关键是培育好新时代高校思政课的"经师"和"人师"，不断完善新时代高校思政课教师队伍保障体系；其次是深化新时代高校思政课教学改革创新，要求树立高质量发展教学理念，逐步建构高质量发展教学体系和"大思政课"协同育人格局；最后是提升新时代高校思政课高质量科研水平，重点要加强相关理论问题研究和经典理论著作研读，在教学体系的转化研究中理直气壮地开好新时代高校思政课。③

---

① 刘亮. 数字化时代思想政治教育方法论创新研究 ［D］. 南昌：江西财经大学，2023.
② 李飞，汤颖. 高等教育高质量发展的文化意蕴、文化条件及建设路径 ［J］. 教育理论与实践，2024（24）：9.
③ 肖贵清. 新时代高校思想政治理论课的高质量发展 ［J］. 吉首大学学报（社会科学版），2024（3）：13.

高亮、林洁琼、秦喜文认为，"双一流"建设进入高质量发展新阶段，更加突出培养一流人才，服务国家战略需求，鼓励探索自主特色发展新模式，给予更多高校立足"特色"追求"一流"的难得机遇。"创新、协调、绿色、开放、共享"理念在不断实践中成为助力高等教育学科建设高质量发展的重要引领，是高校加快推进"双一流"建设和创新改革发展的根本遵循。①

骆郁廷、靳文静认为，高校思想政治教育事关高校培养什么人、怎样培养人以及为谁培养人这个根本问题，事关高校的改革发展，事关党和国家的前途命运。高校思想政治教育质量评价是高校思想政治教育高质量发展的重要环节，对于加强和改进高校思想政治教育、提高高校思想政治教育质量具有重要意义。高校思想政治教育质量体现在立德树人质量、教职工队伍建设质量和学校改革发展质量等方面，而高校思想政治教育质量评价具体包括高校思想政治教育要素评价、过程评价和实效评价等方面。新时代深化高校思想政治教育质量评价，需要规范评价标准，扩展评价主体，优化评价方式，坚持以评促建，推动高校思想政治教育高质量发展。②

5. 高质量发展背景下立德育人理论研究和实践探索的趋势分析

当前，我国正处于社会转型期，步入经济建设、政治建设、文化建设、社会建设和生态文明建设协调推进的新时代，实现高质量发展已成为国家发展的重要目标。高质量发展强调以人民为中心，要求全面提升人的素质和社会文明程度，培养担当民族复兴大任的时代新人，这就对教育，特别是对立德育人工作提出了新的要求。

（1）理论研究趋势

第一，深化对马克思主义教育思想的研究，进一步阐释其时代价值。深入研究马克思主义教育思想的根源和理论基础，挖掘其蕴含的人本精神、解放思想、实践导向等核心理念；分析马克思主义教育思想如何指导我国新时代教育事业的改革创新，推动实现教育现代化；探讨马克思主义教育思想如何适应信息化时代教育发展的新需求，提升其对教育实践的指导力。

---

① 高亮，林洁琼，秦喜文."五大发展理念"助力学科建设高质量发展［J］.黑龙江教育（高教研究与评估），2024（4）：48.
② 骆郁廷，靳文静.深化高校思想政治教育质量评价的思考［J］.思想理论教育，2024（1）：49.

第二，创新德育理论体系研究，深入探讨新时代德育的目标定位、内容体系、方法路径等，推进德育理论创新发展。立足新时代价值取向，重新定位德育的目标所在和建构其内容体系，突出培养社会主义建设者和接班人的核心要求；研究新时代具有创新性的德育方法与路径，关注网络环境下的德育实践方式，推动线上线下融合发展；探索德育评价体系的优化路径，建立健全德育质量监测和反馈机制，提升德育工作的科学化水平。

第三，加强高校思政课建设研究，注重课程体系优化和教学方式改革，努力提高思政课的针对性和实效性。优化高校思政课程体系，注重政治性、理论性和实践性的有机统一；改革思政课教学方式，增强互动性、问题导向性和情感激发性，实现知行合一；加强思政课教师队伍建设，提高教师的政治素养、理论水平和教学能力。

第四，加强家庭、学校、社会德育协同育人理论研究，探索且完善育人体系，实现全过程、全方位育人。研究家庭、学校、社会三位一体的德育协同机制，理清各方主体职责和工作重点；探索跨界合作的德育实践模式，发挥各类资源的育人功能，让德育渗透到学习、生活的全过程；完善德育评价考核机制，建立健全家校社协同育人的督导、反馈和奖惩体系。

（2）实践探索趋势

第一，深化课程思政建设，推动各类课程与思政课程良性互动，实现全员、全程、全方位育人。将思政元素融入各类课程教学全过程，发挥各学科育人功能，让思政教育内化于心、外化于行；创新教学方法，激发学生的参与热情和主动性，增强课程思政的针对性和吸引力；建立健全教师培训机制，提高教师的思政意识和思政教学能力，确保课程思政落到实处。

第二，创新德育实践载体，拓展德育实践形式，运用信息技术手段，提高德育实效。运用信息技术手段，开发线上线下相结合的德育实践平台，拓展德育活动的广度和深度；创新德育实践形式，开展主题实践活动、社会实践、志愿服务等项目，增强学生的参与感和成就感；注重发挥学生组织活动的积极作用，引导学生自主开展丰富多彩的德育实践活动。

第三，强化学校德育特色建设，推动德育工作与学校文化、学校管理、学校活动有机融合。依托学校文化建设，塑造校园的育人氛围，营造有利于学生健康成长的环境；将德育理念融入学校管理各环节，树立以人为本的管理理念，增强学生的获得感；把德育实践嵌入学校各类活动中，推动学生全面发展，培养学生的综合素质。

第四，深化家校社协同育人，完善家校社联动的德育工作机制，增强德育的社会影响力。拓宽家校社沟通渠道，增进家校社之间的互信和配合，提高德育工作的社会认同度；发挥社会各界力量的育人优势，整合社会资源，完善德育全方位全过程的支持体系。

第五，注重评估反馈，建立健全德育工作质量标准和监测评价体系，推动德育工作持续改进，从而为德育工作诊断问题、明确方向。同时，加强德育工作信息化建设，实现数据采集、分析、应用的闭环，为决策提供依据。

总之，在高质量发展的大背景下，立德育人理论和实践研究将呈现出更加深入、系统、创新的趋势，为培养德智体美劳全面发展的社会主义建设者和接班人提供有力支撑。

（二）国外研究综述

我国一直高度重视德育研究。近年来，学者不仅深入探讨本土德育实践的内容，还积极关注国外德育的理论与经验。这种国内外比较研究，有助于我们吸收借鉴国外优秀做法，发现和解决国内德育建设中的不足，推动我国德育事业实现创新发展。总的来说，广泛开展国内外德育研究比较，对于提升我国德育工作整体水平具有重要意义。

1. 有关国外德育理论的研究

近年来，随着我国教育对外开放的不断深入，大量国外德育理论著作被陆续引进国内，为我们系统学习和借鉴这些理论提供了重要契机。其中，浙江教育出版社 2003 年出版了魏贤超主译的一套 20 世纪国际德育理论名著文库，其中包括柯尔伯格的《道德教育的哲学》、约翰·威尔逊的《道德教育新论》、路易斯·拉思斯的《价值与教学》、杜威的《道德教育原理》、霍尔和戴维斯的《道德教育的理论与实践》，以及彼得斯的《道德发展与道德教育》。此外，克里夫·贝克的《学会过美好生活：人的价值世界》（1997）和《优化学校教育：一种价值的观点》（2003）、内尔·诺丁斯的《学会关心：教育的另一种模式》（2003）等著作也进入了国内视野，给德育研究者带来了新的思想启迪。这些引进成果的出现，不仅丰富了我国德育理论的研究视野，也为我国德育事业的创新发展注入了新的活力。

近年来，大量引进和翻译国外德育理论著作，丰富了我国德育理论研究的视野，对于推动这一领域的整体发展产生了重要影响。一方面，这有助于国内学者全面系统地学习和吸收国外的优秀理论成果，并以此来反思和完善我国德育理论体系。另一方面，这种跨文化的理论交流，也拓展了国内学者思考德育问题的视角，给我国德育理论探索带来了很多有价值的思想启迪。总的来说，广泛引进国外德育理论，不仅推动了我国德育理论研究方法论的创新发展，也为我国德育事业的整体进步注入了新的动力。

引进与研究国外德育理论，不仅是为了拓展我们对相关理论知识的了解，更重要的是要在此基础上发现问题、获得启发，从而服务于我国德育事业的创新发展。值得注意的是，即使在国外德育理论译著尚未大量引进的 90 年代初期，国内也已经出现了一些专门研究和评价这些理论的著作，为当时的德育学者提供了重要的思路参考。① 从不同角度对国外德育理论进行了全面梳理和分析，为后来我国德育理论的发展奠定了基础。总的来说，引进国外理论只是第一步，关键在于我们能否以此为基础，深入探索和创新，从而推动我国德育事业的整体进步。

近年来，随着大量国外德育理论著作的引进，我国学者对这些理论的研究和评析也达到了新的深度，不再仅停留在简单介绍的层面。研究者们开始针对道德发展、道德教育等具体问题进行深入探讨，如钟启泉、黄志成的《西方德育原理》（1998）以及郭本禹的《道德认知发展与道德教育：科尔伯格的理论与实践》（1999）等著作。最近更出现了一些比较中外德育理论基础差异的宏观研究，如王玄武的相关成果，为我们全面认识和借鉴国外理论提供了重要参考。总的来说，国内学者对国外德育理论的研究已经呈现出不断深化的趋势，为推动我国德育理论和实践的创新发展奠定了坚实基础。

除了专著形式，我国学者对国外德育理论的研究型评价与介绍也广泛展现在各类教育期刊上。近年来，虽然这类研究性文章所占比重较小，但已经显示出学者们对相关理论的深入关注程度。特别值得注意的是，最近期刊上出现了更为全面和深入的回顾性研究趋向。有的学者从宏观角度分析了 20 世

---

① 冯增俊. 当代西方学校道德教育 [M]. 广州：广东教育出版社，1993.

纪西方道德教育理论的特点及其思想基础①，也有研究者探讨了这一理论领域的发展特征及其未来走向②。此外，还有学者专门针对当代西方德育视域中的道德认知观进行了专题研究③。总的来说，这些全面深入的理论梳理和思考，无疑有助于我们更加系统地认知和把握国外德育理论的整体发展脉络。

2. 关于国外德育实践的研究

关注和研究国外德育理论有助于我们深入思考和建构本土德育理论，而直接学习和借鉴国外学校德育实践更是一条便捷的策略，它能为改善我国学校德育工作提供有益启示。布鲁贝克倡导的大学自治、学术自由、教授治学等理念，引导了早期大学的健康发展，让大学成为引领社会发展的航标。他认为，大学"不仅是美国教育的中心，而且是美国生活的中心。它仅次于政府成为社会的主要服务者和社会变革的主要工具……"。④美国教育家亚伯拉罕·弗莱克斯纳对大学的描述也是如此，"在这动荡的世界里，除了大学，在哪里能产生理论，在哪里能够分析社会问题和经济问题，在哪里能够理论联系事实，在哪里能够传授真理而不顾是否受到欢迎，在哪里能够培养探究和讲授真理的人，在哪里根据我们的意愿改造世界的任务可以尽可能地赋予有意识、有目的和不考虑后果的思想者呢？人类的智慧至今尚未设计出任何可与大学相比的机构"⑤。

近年来，国内学者对国外的德育理论和实践研究都进行了大量努力。一方面，涌现出一批有关国外德育实践的翻译介绍和专题研究著作，如 R. 赫斯利普的《美国人的道德教育》（2003）、M. Murphy 的《美国"蓝带学校"的品性教育：应对挑战的最佳实践》（2002）、托马斯·里克纳的《美式课堂：品质教育学校方略》（2001）以及冯增俊的《当代西方学校道德教育》等，为我们全面了解国外的德育改革动态和经验提供了重要渠道。另一方面，

---

① 李太平. 当前教育研究中需要注意的几种倾向 [J]. 教育研究, 2006 (10)：22 – 26.

② 曹哲. 国外公民教育对我国道德教育的启示 [D]. 无锡：江南大学, 2012.

③ 郑航. 当代西方德育视野中的道德认知观及其启示 [J]. 比较教育研究, 2002 (12)：7 – 11.

④ 布鲁贝克. 高等教育哲学 [M]. 王承绪, 郑继伟, 张维平, 等译. 杭州：浙江教育出版社, 2001：14 – 19.

⑤ 亚伯拉罕·弗莱克斯纳. 现代大学论：美英德大学研究 [M]. 徐辉, 陈晓菲, 译. 杭州：浙江教育出版社, 2002：3.

朱永康的《中外学校道德教育比较研究》(1998)、董晓燕的《比较德育教育》、许桂清的《美国道德教育理念研究》(2002)、姜英敏的《日韩道德课理念比较》(2003)等一批研究性著作也对中外学校德育实践进行比较研究,为借鉴国外做法、改进我国德育工作提供了有价值的参考。总的来说,国内学者在这两方面的关注和努力,都为我们提供了重要的理论支撑和实践指导,对促进我国德育事业的发展发挥了积极作用。

(1)公民教育研究

近年来,在教育领域尤其是德育工作中,公民教育这一话题引发了广泛关注。为此,众多国内学者将视线瞄准了国外,希望通过深入剖析别国的公民教育实践,从中发现有益于推进我国公民教育的有效策略。从现有研究成果来看,这方面的研究主要集中在美国、英国、俄罗斯、加拿大等西方国家,以及日本、韩国、新加坡等亚洲国家,聚焦于公民教育的目标、内容和途径等关键方面。总的来说,各国公民教育的根本目标都是培养"好公民",在具体内容上包括知识、技能、情感价值观等方面的教育,而实践途径则主要体现在设置专门公民课程、渗透到各科教学中以及广泛开展实践活动等形式。近期,还出现了一些从历史发展视角对美国、日本等国公民教育变革的探究,以及对世界公民教育理念和取向的宏观考察。如有学者对美国二战后公民教育的嬗变进行了研究[1];也有学者对200多年中美两国公民教育发展的基本特征进行了分析[2];还有学者对战后日本现代化进程中的公民教育进行了研究。同时另有学者从宏观层面上对世界公民教育发展的理念进行了考察,为我们展示了公民教育发展的基本走向[3]。也有学者分析了世界上三种典型的公民教育价值取向[4],使我们对公民教育有了更深入和清晰的认识。这种趋向表明,这些深入细致的研究,为我们了解他国公民教育实践、认清公民教育的发展

---

① 高占莹,肖书恒,赵晓田. 二战后美国公民教育研究:科南特公民教育思想 [J]. 文教资料,2021(16):179-181.

② 余进军. 中国公民教育与美国公民教育之比较 [J]. 社科纵横,2017(6):79-83.

③ 赵晖. 民主与效率并行不悖:论我国公共行政改革的价值取向 [J]. 兰州学刊,2003(5):12-14.

④ 杨曦. 不同价值取向的公民教育观 [J]. 外国中小学教育,2004(3):11-16.

脉络提供了丰富信息，对于开展我国公民教育改革与创新具有重要参考价值。

（2）品德教育（Character Education）研究

近年来，品德教育（或称品格教育）这一主题日益成为我国学者研究国外德育实践的重点领域之一，这可能与美国这一传统教育形式在近期再次兴起有关。就研究的重点来看，一方面，学者们探讨了品德教育在美国的历史复兴过程及其背后的深层原因，多认为这与以往对道德认知过度强调而忽视情感培养的反思有关；另一方面，还有人从更为深刻的层面分析了品德教育复兴背后美国道德教育自由主义取向受到质疑①、社群主义取向兴起②等因素。此外，国内学者也关注并研究了品格教育在实践中的具体方略，这方面的研究除了 M. Murphy 的《美国"蓝带学校"的品性教育：应对挑战的最佳实践》和托马斯·里克纳的《美式课堂：品质教育学校方略》两部著作被翻译引进到国内外，众多学者也具体研究了品格教育的实践方略，包括品格教育的指导原则③和具体方式方法④。这些颇具深度和广度的研究成果，无疑为我们在德育领域汲取国外经验、改进本土实践提供了重要参考。

（3）具体德育实践特色研究

近年来，国内学者研究国外德育实践的趋势出现了明显转变，从过去笼统介绍多个国家的做法，转向针对具体国家或问题进行深入探讨。一方面，学者们专门针对美国的道德教育理念、日韩的道德课程等进行了系统研究，深入了解特定国家德育实践的面貌；另一方面，他们也开始关注具体的德育问题，如道德教育课程设置、教学方法以及德育领域的最新进展等，力求从微观层面掌握国外德育实践的细节。这种研究取向的变化，不仅有助于我们更加深入、全面地了解国外德育经验，也为我国德育的反思和改革提供了重要参考。与此同时，也有学者专门从比较的视角对不同国家的德育问题进行研究，总结其共性和差异，这进一步为我们分析比较、

———————

① 刘晨，康秀云. 美国新品格教育的复归背景、目标转向与理论超越 ［J］. 外国教育研究，2017（12）：90 – 102.

② 苏守波. 社群主义公民教育思想在美国的兴起与实践 ［J］. 外国教育研究，2010（4）：85 – 90.

③ 谢狂飞. 美国品格教育研究 ［D］. 上海：复旦大学，2012.

④ 宁芬芬. 美国品格教育实践研究 ［D］. 上海：华东师范大学，2011.

取长补短提供了依据。总的来说，国内德育实践研究的这些转型，必将为推动我国德育事业的创新发展奠定更加坚实的基础。

3. 国外德育理论与实践研究的趋势分析

前述我们从理论与实践两个方面依次分析了近年来我国学者对国外德育理论与实践开展研究的情况。从中我们可以看出，近年来有关国外德育理论与实践的研究呈现出如下趋势。

（1）对国外德育理论与实践的研究已逐步走向深入

近年来，我国学者在国外德育理论与实践研究领域取得了显著进展。一方面，相关专著和研究论文的数量大幅增加；另一方面，研究方式和侧重点也发生了明显变化。具体来说，就国外德育理论研究而言，已从最初的介绍性研究逐步过渡到更加深入系统的分析性探讨，不仅广泛涉及多个国家的理论，也开始针对特定理论展开更为细致的研究。在国外德育实践研究方面，也从最初的整体性概括，逐步向针对特定国家或具体问题的专项研究转变，包括单一国家实践的个案分析以及不同国家实践的比较研究。这些变化，反映出我国学者在这一领域的研究意识和取向正在发生转变，从单纯的学习借鉴，逐步向更具批判性和建设性的研究方式转变。总的来说，我国国外德育理论与实践研究的系统性和多样性不断增强，这必将大大促进我们更好地吸收国外经验，并推动自身德育事业的改革与发展。

（2）研究国外德育理论与实践的速度加快

近年来，我国学者获取和吸收国外德育理论与实践信息的渠道大为增多。一方面，随着我国对外交流的加强以及互联网技术的广泛应用，学者们能够更便捷地了解和研究国外相关动态；另一方面，国际竞争的加剧，也加大了国家对教育质量的重视程度，要求教育事业国际化发展，这也推动了学者们对国外德育理论与实践更加主动、深入地研究。在内外诸多有利因素的共同作用下，我国学者在这一领域的研究成果日益丰富，研究内容也不断更新。

（3）注重从我国德育发展需要出发

研究国外德育理论与实践，根本目的在于为我国自身教育实践服务。近年来，我国学者针对这一领域展开了广泛深入的研究，成果丰硕。这体现了他们在研究过程中更加注重考虑我国教育发展的实际需求，从实际出发，选择有针对性的研究对象和内容。比如，研究对象不再仅局限于西方主要国家，而是开始关注与我国文化传统相近的日韩等东亚国家，这有利于发现可直接借鉴的宝贵经验。同时，研究内容也更多地围绕符合我国当前教育改革方向的公民教育、德育课程建设等问题，体现了学者们主动性、目的性和服务意识的增强。可以预见，随着我国德育事业的持续改革，学者们这种具有强烈实践导向的研究意识将进一步提升，必将为我国德育事业的发展注入新的动力。

第一章
高质量发展背景下立德育人的渊源研究

随着我国进入新时代，高质量发展成为我国的发展主题，而立德育人在其中占据了重要的地位。立德育人是教育的根本任务，也是实现高质量发展的基础和保证。理解和把握立德育人理论，深入探讨在高质量发展背景下立德育人的理论内涵、目标、原则、方法等，对于深化教育改革、提高教育质量、培养社会主义建设者和接班人具有重要的价值和意义。

第一节　立德育人理念的历史演变

古代教育主要强调"德"，即道德品行，而忽视了科学知识的教育。到了近代，西方的启蒙运动和科学革命推动了知识教育的升级，但德育相对边缘化。在 21 世纪初，世界各国深感"科技冷酷"，开始重新审视和提升道德教育的地位，逐渐形成了立德育人的新理念，即立德与育人并重，此两者互相影响，相辅相成。立德育人理念是一个不断发展和完善的教育思想，它反映了教育在不同历史阶段的演变，同时也展现了教育面向未来的发展趋势。

一、古代教育的道德重点

穿越时空的隧道，探寻古代教育的奥秘，我们不难发现，道德的培养始终是其核心关注点，其中蕴含着深邃的智慧和价值。在古代，教育主要围绕着道德品行的培养来展开，强调个人品德的修养和社会责任感的建立。

儒家思想中的"仁、义、礼、智、信"等价值观，在古代教育中占据核心地位，指导人们如何成为有德之人。

（一）道德培养的核心地位

古往今来，道德教化是德政的重要手段，主张通过道德的内在约束力以求社会稳定、天下太平。孟子有云："善政不如善教之得民也。善政，民畏之；善教，民爱之。善政得民财，善教得民心。"道德不仅是个人修身立命、塑造良好品格的根本保障，更是个人得以在复杂多变的社会中稳健立足、游刃有余的关键所在。一个拥有高尚道德品行的人，在人际交往中能够展现出真诚、友善、宽容和正直的特质，从而赢得他人的尊重与信任，为自己积累深厚的人脉资源，搭建起广阔的发展平台。同时，道德对于社会稳定的维系发挥着不可或缺的作用。在古代社会，道德规范犹如无形的绳索，约束着人们的行为举止，以确保社会秩序的井然有序。当社会中的大多数成员都能够遵循道德准则，彼此之间相互尊重、关爱、互助，整个社会便能够呈现出和谐安宁的景象，从而有效地避免纷争与冲突的频繁发生。

在实现个人自身价值的漫长征程中，道德更是具有无可替代的关键意义。它赋予个人明确的人生方向和目标，使其在追求功名利禄的过程中不迷失自我，始终坚守内心的良知和正义。凭借着良好的道德修养，个人能够在面对困难与挫折时保持坚定的信念，勇于担当社会责任，为社会的进步与发展贡献自己的力量，从而实现个人的崇高价值。

（二）个人品德修养

在古代的教育理念中，自我约束被视为个人成长和品德塑造的基石。人们被谆谆教诲要学会克制自身过度的欲望和冲动，避免被欲望所驱使而偏离正道。这种自我约束不仅体现在对物质享受的适度控制上，更表现在对言行举止的严格规范上，从而确保自身的行为符合道德准则。

自律自省则是个人品德修养中不可或缺的环节。古代教育强调个体要时常审视自己的内心和行为，以一种冷静而客观的态度反思自己的所言所行是否得当。个体通过深入的自我反省，敏锐地察觉自身存在的缺点和错误，从而能够有针对性地进行调整和改正。这种不断的自我审视和反思，如同磨砺宝剑的过程，使个人的品德在一次次的自省中得以精进和升华。

宽以待人也是古代教育所推崇的重要品德。人们被教导要有一颗宽容和包容的心，理解他人的不足和过错，不轻易责备和苛求。以宽容的态度对待他人的失误，不仅能够营造和谐的人际关系，更能展现出个人的高尚胸怀和豁达气度。

古代的人们深知，要实现个人品德的完善，就必须时刻保持内心的平静和清明。在面对纷繁复杂的尘世诱惑和情绪波动时，个人要学会运用内心的定力和智慧，不为外界的干扰所动摇。不断地通过自我修炼和克制，驾驭自己的情绪，个人才能使其不成为行为的主宰，从而保持清醒的头脑和坚定的意志。

正是通过这种持续不断的自我约束、自律自省以及宽以待人的实践，古代的人们努力追求着品德的至善至美，这为个人的成长和社会的和谐发展奠定了坚实的基础。

（三）社会责任感的建立

古代教育的深邃理念，强调了个人对于社会所应承担的责任和义务。个体从来都不是孤立存在的，其发展不只局限于自身的成长与进步，更需紧密关联家族的荣誉、社会的秩序以及国家的繁荣昌盛。

对于个人而言，家族始终被视为生命的根基和精神的寄托。因此，尊敬长辈成了一种天经地义的责任，这不仅是对家族传统的尊重和传承，更是维护家族和睦、延续家族荣耀的关键之举。通过对长辈的孝敬与服从，个体能够汲取家族中的智慧和经验，将家族的优良品质发扬光大。

在邻里之间，友善互助的精神蔚然成风。古代教育教导人们与邻里相处时要心怀善意、主动关心他人的困难，在需要时伸出援手。这种邻里间的互助不仅能够营造温馨和谐的社区环境，更是社会稳定与团结的微观体现。

当国家面临困境或需要众人之力时，古代的教育理念教导个体挺身而出以展现无畏的担当精神。这种担当可能体现在保家卫国的战场上，将士们英勇无畏地抵御外敌入侵；也可能体现在国家建设的各个领域，人民以智慧和勤劳为国家的繁荣贡献力量。个体深知，国家的兴衰与个人的命运息息相关，只有国家昌盛，个人才能拥有安宁与幸福。

（四）儒家思想的精髓思想

在源远流长的儒家思想体系里，"仁、义、礼、智、信"等一系列深邃的价值观在古代教育中毋庸置疑地占据着核心要位。

"仁"这一价值观大力倡导人们要心怀关爱之情地对待他人，内心充盈着强烈的同情心和慈悲心。"仁"要求个体摒弃自私自利的狭隘观念，以宽容和友善的胸怀去接纳他人的存在，设身处地地为他人着想，主动关怀那些身处困境或需要帮助的人。这种对他人的关爱并非出于功利性的目的，而是源自内心深处的善良本能，是一种无私且纯粹的情感表达。

"义"则严格要求人们的行为务必合乎道义，坚定不移地坚守正义的原则。在面临道德抉择和利益冲突时，个体应当毫不犹豫地遵循正义的指引，不为个人私利而违背公平和良知。"义"赋予了人们在复杂社会情境中明辨是非的能力，促使其勇于担当责任，为维护社会的公正和公平贡献自己的力量。

"礼"作为一种外在的规范，细致入微地规范着人们的言行举止，使人们遵循社会既定的礼仪规范。从日常的人际交往礼仪到庄重的公共场合仪式，"礼"无处不在，它约束着人们的行为，使之符合社会的期待和传统的规范。通过遵循"礼"，个体能够展现出自身的修养和文明程度，从而促进社会的和谐有序运转。

"智"积极鼓励人们不懈地追求知识，不断增长智慧。在儒家观念中，知识的获取和智慧的积累不仅仅是为了满足个人的功利需求，更是为了提升个人的道德境界和社会责任感。通过学习和思考，个体能够洞察世事的本质，更好地理解人性和社会规律，从而做出明智且有益的决策。

"信"着重强调诚实守信，坚决主张言出必行。在人际交往和社会活动中，"信"是建立信任和维护良好关系的基石。一个诚实守信的人能够赢得他人的尊重和信赖，其所言所行都具有较高的可信度和可靠性。反之，缺乏诚信的人往往会被社会所唾弃，难以在社会中立足。

总之，古代教育以道德为重点，通过培养个人品德修养和建立社会责任感，并以儒家的精髓思想为指引，塑造了一代又一代具有高尚道德品质的人才，为社会的和谐稳定与发展奠定了基础。

二、近代教育的科学转向

在近代，世界经历了重大的变革，西方启蒙运动与科学革命如同一股强大的浪潮，冲击着传统的教育观念。在这股浪潮的推动下，教育发生了显著的科学转向。随着西方启蒙运动和科学革命的兴起，人们对自然界产生了极大的兴趣，关于科学知识的教育开始受到重视。这一时期对科学教育的重视导致了德育相对边缘化，人们开始更多地关注理性思维和实证知识。

（一）科学革命的影响

1. 启蒙运动的推动作用

西方启蒙运动在历史上发挥了关键作用，唤醒了人们内心对自由、平等、理性的热切追求：呼吁摆脱封建专制，维护个体自主权利；倡导每个人在法律和社会层面享有平等机会；引导人们用理性思维探索世界、追求真理，推动社会各领域的合理进步。启蒙运动以其深邃理念和广泛影响力，为人类文明发展注入了新的动力和方向。

2. 思维方式的变革

科学革命在人类认识世界的进程中引发了深远变革。其促使人们以更开放、创新、思辨的视角审视世界，摆脱传统思维模式束缚。革命性的研究方法强调以理性和实验为基础，通过逻辑推理和可验证的实践获取可靠知识，极大拓展了人类认知边界，推动各领域科学进步，为社会进步奠定基础。这种思维方式和研究方法的革新，标志着人类探索真理的道路发生了划时代的转变。

3. 对自然的好奇心

古今中外，人类对自然界的奥秘充满探索欲望。宇宙、地质、微观等领域蕴藏着无数未解之谜，激发着人类不懈的科学追求。科学探索者怀着对真理的执着，运用科学方法深入挖掘自然本质，不畏艰难险阻，不惧失败挫折，坚信每一次探索都是对人类认知边界的拓展，为满足内心永不熄灭的好奇之火贡献力量。这种源于内心的强烈好奇心，驱动着一代又一代科学家不懈探索，不断丰富人类对自然奥秘的认知与理解。

4. 教育领域的重视

科学革命深刻影响教育领域，促使教育系统高度重视科学知识的传授。革命催生大量科学发现和技术创新，使得教育意识到仅仅传授传统人文知识已不能满足学生需求，所以开始增加科学课程的比重，引入前沿成果和实践探究，培养学生理性思维、逻辑推理和实践能力。教育将科学知识传授与实际应用相结合，使学生亲身体验科学探究过程，从而使得科学知识逐渐成为衡量教育质量和人才素质的重要标准。这有利于培养具有创新精神和实践能力的人才，为社会发展注入新动力。

5. 科学热情的传播

科学在社会发展中如熊熊烈火，其迷人魅力激发广大人群的探索欲望和创新精神。从学校到研究机构，从青少年到长者，各界人士被科学热情所感染，从而积极参与其中。教师、科学家、媒体等群体都在传播科学知识，从而引发了公众的广泛兴趣。这种广泛的科学热情不仅引发了情感共鸣，更是推动社会进步的强大动力。它鼓舞人们勇于创新，将科学应用于实践，突破传统局限，加速知识传播，为应对全球性挑战提供智慧。科学热情成了社会发展的强大引擎，这必将推动人类文明的不断进步。

（二）科学教育的兴起

1. 科学教育的重要性提升

当前，科学研究的地位日益凸显，科学教育的效果也显著提升，使其成了教育体系重要组成部分。社会各界加大对科研的投入，对成果亦有更高期待。培养具备科学素养和创新能力的人才成了关键，而科学教育担负重任，是培养未来科技工作者的摇篮。

科学教育不再单纯传授知识，而是更注重培养学生的科学思维、探究能力和实践操作能力。通过完善课程、丰富实验、联系实际，激发学生对科学的兴趣与热爱，让他们掌握运用科学方法解决问题的能力。科学教育在教育体系中占据重要地位，与其他学科融合互促，为学生提供扎实的科学基础，从而培养学生的创新精神、批判性思维和合作能力，助其适应未来社会的发展需求，为科技进步和社会繁荣贡献力量。

2. 课程设置丰富

在现代教育中，物理、化学、生物等自然科学学科纷纷进入课程体系。物理学帮助学生理解宇宙万物的本质，化学则揭示物质组成和变化规律，生物学探索生命奥秘以培养学生尊重和保护生命的意识。这些学科为学生提供多元知识视野，培养他们的科学思维和实验探究能力。学生不仅积累丰富的科学知识，还掌握解决实际问题的方法，增强创新精神和实践能力。课程设置的丰富化，反映了社会对全面发展人才的需求，为学生未来专业和职业发展奠定坚实基础，使其更好适应科技飞速发展的现代社会。

3. 实验室与科学方法的引入

实验室和科学研究方法正融入教育教学中，成为知识探索与实践创新的重要场所和指引。实验室配备先进仪器，让学生亲身操作、观察验证，深入理解科学规律。科学研究方法的引入则赋予教学以系统性和逻辑性，让学生不再被动接受知识，而是主动参与其中。通过观察、测量、分析等手段，学生学会获取信息、处理数据、进行推理，从而掌握了严谨的思维习惯和解决实际问题的能力。实验室和科学研究方法的融入，改变了重理论轻实践的传统模式，激发了学生对科学的兴趣和探索欲望，为他们未来的学术和职业发展奠定坚实基础。

4. 学生能力培养

在今日的教育环境中，学生系统接受全面的科学训练，从而在观察、实验和分析问题上取得长足进步。培养学生的观察能力，引导他们细致观察细节，捕捉规律。在实验操作中，学生亲自动手，掌握技巧，保证准确性，培养自己面对失败的勇气。分析问题能力的训练也贯穿其中，让学生学会多角度思考问题，提出假设并不断验证。这一系统训练打造了学生坚实的能力基石，使他们以科学、严谨和创新的方式认识世界、解决问题，成为他们终生宝贵的财富，助其在各种挑战中游刃有余。

（三）德育的相对边缘化

1. 德育相对边缘化

随着科技发展，人们对科学知识和技术的需求增长，使得科学教育地位凸显。然而，在对学生科学素养和创新能力的培养中，德育却未得到足够重视。学校德育形式化使得教师更多关注学业成绩而忽视品德价值观培养，导致学生在道德认知、情感和行为方面发展不平衡。许多学生虽具备扎实的科学知识技能，却缺乏对他人的尊重和社会责任感，从而出现道德失范行为。这种德育相对边缘化的状况，不仅影响学生全面发展，也给社会和谐稳定、可持续发展带来潜在威胁。因此，我们必须重视德育，采取有效措施推动德育改革，以培养具有高尚品德和社会责任感的新一代人才。

2. 理性思维和实证知识的优先地位

在科学革命盛行的大环境下，理性思维和实证知识主导着人们解决问题的方式，科学发展给社会带来巨大进步。人们愈加相信理性和科学可解决一切，更关注可测量的事实，此观念在教育界尤为明显。但这种趋势虽提升了人们的科学素养，却也带来局限性，即道德、伦理等人文价值教育被忽视。过度依赖理性和科学，从而逐渐削弱了道德教育的影响力，使得人们把精力更多放在科技进步和物质发展上，忽略了道德伦理在人格塑造、社会稳定和人类幸福中的作用。

3. 道德教育的重要性被忽略

道德教育不仅传授伦理知识，更深刻影响个人行为规范、判断标准和生活态度。培养责任感、同情心等关键人格特质，对培养良好公民至关重要。它帮助人们理解和应对复杂的社会伦理问题，促进社会和谐公平，这既是个体发展的基础，也是影响社会稳定进步的因素。然而，社会过度依赖科技，常低估道德教育的重要性，导致一代人缺乏明确的道德方向，影响其应对复杂问题的判断和解决能力。尽管社会在技术和物质方面取得进步，但个体和社会价值观可能变得单一脆弱，也加剧不平等冲突。因此，道德教育的缺失成了现代教育的隐患，这要求我们必须对它给予重新关注和加强。

（四）对教育的全面影响

科学转向的确为现代社会带来了深远的影响。其推动了科学技术的飞速进步，改变了人们的生活方式，极大地促进了经济和社会的发展。从工业化到信息化，科学革命所带来的技术成果使人类在短短几个世纪内取得了前所未有的进步。然而，伴随着这些进步而来的，还有一些不容忽视的问题。

1. 科学转向导致了教育体系中对理性思维和知识技能的过度关注

这种倾向使得教育的重心更多地放在培养学生的逻辑分析和实际操作能力上，而忽视了对其情感、道德和人文关怀的教育。这种片面的教育模式虽然在一定程度上提升了社会的生产力和科技创新能力，却同时导致了人的片面发展。学生在追求知识和技术的同时，缺乏对伦理、情感以及社会责任感的关注。随着时间的推移，这种教育模式可能会培养出一代在技术上精通却在情感和道德上相对薄弱的群体，从而影响社会的整体和谐与发展。

2. 社会面临着越来越复杂的道德和伦理问题

人工智能、基因编辑等新技术的出现，尽管为社会带来了巨大的可能性，但也引发了关于隐私、权利和生命伦理的激烈讨论。科技的发展在提升生活质量的同时，也带来了巨大的道德风险和挑战。道德与伦理方面的教育的缺乏，使得社会在面对这些问题时往往陷入困境，难以达成共识或找到合理的解决方案。

因此，虽然科学转向促进了技术与社会的快速发展，但它也暴露出教育领域的不足，尤其是在平衡理性、知识与情感、道德的教育之间的关系方面。未来的教育改革需要在科技与人文之间找到新的平衡点，以应对科技发展带来的伦理挑战，同时促进全面而和谐的人类发展。

三、20 世纪的反思与调整

到了 20 世纪，随着科技的快速发展，人们开始意识到科技本身并非万能，科技的"冷酷"和道德的缺失引发了社会的担忧。教育界开始反思科技教育与道德教育的关系，寻求两者之间的平衡。

（一）科技发展带来的问题

科技进步大幅改善生活，但也暴露诸多弊端。工业化在提高生产力的同时，也造成了严重的环境污染；科技武器增加战争的杀伤力，使战争更加残酷；企业追求利润忽视社会责任，利用技术侵犯隐私、取代人力。这些都表明，科技虽带来便利与进步，但也有其"冷酷"的一面。在道德约束的缺失下，科技发展可能产生不可预测的负面后果。环保危机、战争暴力、商业伦理缺失等问题，迫使社会重新思考如何在追求技术进步中保持道德伦理底线。科技不应只是效率与成果，更需与道德责任并行发展，我们要确保其应用有利于社会可持续发展。

（二）教育界的反思

面对科技发展所带来的种种问题，教育界开始深入反思科技教育与道德教育的关系。人们逐渐认识到，单纯强调科技知识的传授而忽略道德教育，可能会培养出有能力但缺乏道德约束的个体，这对社会的发展并非有益。

（三）寻求平衡的努力

为实现科技教育之间的平衡，教育界采取多项措施。一方面在科技教育中融入道德伦理讨论，引导学生思考科技应用的后果和责任，培养学生的批判性思维和社会责任感；另一方面加强专门的道德教育课程建设，培养学生的道德判断能力和社会责任感。这些措施旨在培养既掌握科技前沿知识，又具有深刻道德判断力的全面发展的学生。科技教育与道德教育的融合，不仅让学生掌握复杂技术，还使他们学会以审慎负责的态度做出正确选择，从而让社会责任感和人文关怀成为其核心素质。这种寻求平衡的教育模式，既是对科技发展所带来的道德挑战的回应，也确保了科技长远发展与人类福祉紧密结合。只有在科技与道德教育之间找到平衡，学生才能在分析问题中做出符合道德原则的决定，从而为构建和谐社会、可持续发展铺平道路。

（四）新的教育理念与实践

新兴教育理念强调综合素质培养和可持续发展教育。前者注重培养学生知识、技能、情感、态度等方面，使其具备适应社会变化的灵活性。后者引导学生关注环境保护、资源利用、社会公平等全球性问题，培养他们的社会责任感和可持续发展意识，使其成为未来社会的建设者。

学校通过组织实践活动和案例分析，帮助学生深入理解科技应用及其影响，培养正确运用科技、遵循道德规范的意识。学生学会在追求创新的同时，兼顾道德伦理考量，以负责任的态度面对科技发展。这些新的理念和实践，为学生全面发展和社会可持续发展奠定基础。

四、立德育人理念的形成

进入 21 世纪，全球教育在不断演进的过程中迎来了新的思潮。在历经种种教育实践与探索后，世界各国开始重新审视道德教育的重要性，并将其与知识教育相结合，从而形成了立德育人的新理念。这一理念强调道德教育与知识教育并重，认为两者不是相互排斥的，而是可以相互促进和补充的。

（一）重新审视道德教育的背景

1. 社会发展与变化

随着社会的快速发展，各类问题不断涌现。在这个过程中，我们可以看到一些明显的趋势和变化。

（1）随着科技的飞速进步，人们的生活方式和工作方式发生了巨大的变化。互联网、人工智能、大数据等新技术的出现，改变了人们的信息获取方式、沟通方式和消费方式。同时，它也带来了一些新的问题：如网络安全、隐私保护、数字鸿沟等。

（2）随着经济全球化的深入发展，各国之间的联系越来越紧密。国际贸易、跨国投资、人员流动等方面日益频繁，这既带来了机遇，也带来了挑战。例如，贸易保护主义、环境污染、贫富差距等问题日益严峻，需要各国共同努力来解决。

（3）随着社会的进步，人们的价值观和生活观念也在发生变化，越来越注重个人的权利和自由，追求更高的生活质量和幸福感。同时，也对社会公平、正义、环境等问题提出了更高的要求。

2. 社会问题增多

在社会快速发展的同时，诚信缺失、道德滑坡等问题日益严重，成为社会面临的严峻挑战。诚信是社会交往的基石，然而，在现实生活中，我们经常看到一些人为了追求个人利益，不惜违背诚信原则，进行欺诈、虚假宣传等行为。这种行为不仅损害了他人的利益，也破坏了社会的公平竞争环境。

道德滑坡则表现为人们对道德规范的忽视和违反。一些人缺乏基本的道德素养，不尊重他人的权利和尊严，甚至实施违法犯罪的行为。这种现象不仅影响了社会的和谐稳定，也对人们的心灵造成了伤害。此外，诚信缺失和道德滑坡的问题日益严重，给社会带来了诸多负面影响。它破坏了社会的信任机制，使得人与人之间的关系变得冷漠和紧张。同时，它也影响了经济的发展和社会的进步，因为缺乏诚信和道德的社会环境不利于企业的发展和创新。

3. 知识教育的局限性

在当今社会，知识教育被广泛认为是培养人才的重要途径。然而，单纯重视知识教育也存在着一定的局限性。

（1）知识教育往往注重知识的传授，而忽视了学生的思维能力和创新能力的培养。学生在学习过程中，往往只是被动地接受知识，缺乏主动思考和探索的能力。这种教育方式容易导致学生的思维僵化，以至于缺乏创新意识和创新能力。

（2）知识教育往往注重知识的积累，而忽视了对学生的实践能力和解决问题的能力的培养。学生在学习过程中，往往只是学习理论知识，缺乏实践机会和实践经验。这种教育方式容易导致学生的实践能力不足，从而缺乏解决实际问题的能力。

（3）知识教育往往注重知识的传授，而忽视了对学生的情感教育和价值观教育塑造。学生在学习过程中，往往只是学习知识，缺乏情感体验和价值塑造。这种教育方式容易导致学生的情感冷漠，从而缺乏社会责任感和对价值观的认同感。

4. 道德教育的回归

随着社会的发展和进步，人们开始逐渐意识到道德教育的重要性，并呼吁将其重新纳入教育体系。道德教育是培养一个人良好品德和道德素养的重要途径，它不仅能够帮助人们树立正确的价值观和人生观，还能够促进社会的和谐与稳定。

在当今社会，人们面临着各种各样的道德问题和挑战。例如，诚信缺失、道德滑坡、自私自利等问题已经成为社会的普遍现象。这些问题的存在不仅影响了人们的生活质量和幸福感，也对社会的发展和进步造成了严重的阻碍。因此，人们开始呼吁将道德教育重新纳入教育体系，以培养人们的良好品德和道德素养。道德教育应该从儿童时期开始，通过家庭、学校和社会等多种途径进行。在家庭中，父母应该以身作则，教育孩子要诚实守信、尊重他人、关爱他人；在学校中，教师应该注重培养学生的道德品质和社会责任感，可以通过课堂教学和社会实践等多种方式进行；在社会中，党和国家应该加强道德宣传和教育，营造良好的社会氛围，引导人们树立正确的价值观和人生观。

（二）立德育人理念的内涵

1. 道德教育的核心地位

道德教育在教育体系中具有核心地位，它与知识教育同等重要，应该得到同等的对待和重视。道德教育不仅能够帮助学生树立正确的价值观和人生观，还能够培养学生的社会责任感和公民意识，使他们成为有道德、有责任感的社会成员。同时，道德教育也是培养学生综合素质的重要组成部分，它能够促进学生的全面发展，提高学生的综合素质和竞争力。因此，我们应该将道德教育与知识教育同等对待，强调其重要性，加强道德教育的实施，为学生的成长和发展提供更好的保障。

2. 道德教育的全面性

道德教育的全面性是指道德教育不仅要传授道德规范和价值观，还要培养学生的道德判断力、情感和行为习惯。

道德判断力是指学生能够根据道德原则和价值观，对言行举止进行正确的判断和评价的能力。

情感是指学生对道德行为的感受和体验，包括同情、羞愧、内疚等方面。

行为习惯是指学生在日常生活中表现出来的道德行为，包括诚实、守信、尊重他人等方面。

因此，道德教育的全面性要求学校和教师在教育过程中，不仅要注重知识的传授，还要注重对学生的情感体验和行为习惯的培养，使学生能够在实践中不断提高自己的道德水平。

3. 知识教育的支持作用

知识教育在道德教育中起着重要的支持作用，它为道德教育提供了视野和思考基础。知识教育能够帮助学生了解不同的文化、价值观和道德观念，从而拓宽他们的视野，使他们能够更好地理解和尊重不同的观点和行为。同时，知识教育也能够培养学生的思考能力和分析能力，使他们能够更加理性地思考道德问题，并做出正确的判断和决策。

4. 道德教育和知识教育相互促进

道德教育和知识教育是相互促进的关系。道德教育可以帮助学生树立正确的价值观和人生观，培养学生的社会责任感和公民意识，使学生成为有道德、有责任感的社会成员。知识教育可以帮助学生掌握科学文化知识，提高学生的综合素质和竞争力，为学生的未来发展打下坚实的基础。

立德育人强调将道德教育置于重要位置，与知识教育同等对待。它认为道德教育不仅仅传授道德规范和价值观，更培养学生的道德判断力、道德情感和道德行为习惯。同时，知识教育也为道德教育提供了更广阔的视野和思考基础，此两者相互交融、相辅相成。

（三）两者并重的意义

道德教育与知识教育的并重具有重要意义。

一方面，良好的道德品质是学生个人成长与社会责任感形成的基石。

道德教育不仅能够帮助学生树立正确的价值观和行为规范，还能激发他们的社会责任感。在未来的生活和工作中，具有良好道德修养的学生能够更好地运用他们所学的知识，始终以社会利益为重，作出对他人和社会有益的贡献。因此，道德教育在培养学生品德、塑造其人格方面发挥着重要作用，使他们不仅在学术领域有所成就，同时成为有责任感的公民。

另一方面，知识教育则为学生提供了解决问题的工具和视野。丰富的知识能够扩展学生的思维方式，帮助他们更全面地理解社会中的道德问题。例如，学生通过学习科学、历史、哲学等学科，可以更深入地认识到社会现象的复杂性，并在此基础上形成更加成熟和理性的道德判断。当面对现实中的道德困境时，知识教育赋予学生更广阔的思考空间和更牢固的方法论支持，使他们能够在各种复杂的情境中做出理性和合乎道德的选择。因此，道德教育与知识教育的并重可以实现对学生的全面培养。两者相辅相成，不仅帮助学生在学术上取得成功，也促使他们在社会生活中展现出良好的道德素养和判断力。最终，这种综合教育模式有助于塑造更具社会责任感和全局意识的现代公民，为社会的和谐发展做出积极贡献。

总之，立德育人理念的形成是对教育本质的深刻认识和回归，它为培养全面发展、具有社会责任感的人才提供了有力的理论支持和实践指导。

五、道德与知识的交融

在当今教育的广袤天地中，道德与知识的交融犹如一道璀璨的光芒，照亮了人才培养的前行之路。立德育人理念让我们清晰地看到，道德教育与知识教育不再是孤立的存在，而是相互交织、彼此促进的有机整体。立德育人理念认为，道德教育和知识教育是相辅相成的。道德教育可以为知识教育提供价值导向，而知识教育则可以增强道德教育的实践性和科学性。这种融合有助于培养出既有深厚道德修养又具备扎实科学知识的人才。

（一）道德教育为知识教育提供价值导向

道德教育为知识的获取和运用指明了方向。它使学生明白，知识的追求应当符合道德准则，不能为了个人私利而滥用知识。有了正确的价值导向，学生在学习知识时会更有责任感和使命感，将知识用于造福社会、服务他人。

道德教育以涵养共同体精神和公共道德为目标，为知识教育提供公共性的价值导向。它强调知识是德育资源，把道德知识以及其他学科知识纳入培育道德的路径中来，可以扩大道德教育的知识基础。同时，道德教育也倡导以共同体的方式，以多元主体的交互形式理解主体间的关系，为知识教育提供公共性的主体。

（二）知识教育增强道德教育的实践性和科学性

丰富的知识为道德教育提供了更多的实践途径和科学方法。例如，心理学、社会学等学科的知识有助于学生理解道德行为的产生机制，从而能够对其进行更有针对性的道德教育。同时，通过将道德原则运用到具体的学科知识中，学生能够在解决实际问题的过程中深化对道德的理解和实践。

思政课教学要坚持价值性和知识性相统一，实现价值教育与知识教育的双重目标，寓价值观于知识教育之中。一方面要强调思想政治理论课教学的知识性，用科学和学科的力量回应意识形态的要求，通过系统科学的知识，帮助学生建构世界观、人生观和价值观。另一方面要推动思政课改革创新，要坚持理论性和实践性相统一，在理论和实践的结合中发挥教育引导作用，不断提高学生的思想水平、政治觉悟、道德品质、文化素养，使个人成长与社会发展同向同行。

（三）两者融合培养出全面发展的人才

具有良好道德修养的人，在追求知识时更具毅力和耐心，能够克服困难，不断进取。而扎实的科学知识又能为道德行为提供更多的选择和可能，使道德实践更加有效和精准。

推进教育、科技、人才"三位一体"协同融合发展，党的二十大报告指出："教育、科技、人才是全面建设社会主义现代化国家的基础性、战略性支撑。必须坚持科技是第一生产力、人才是第一资源、创新是第一动力，深入实施科教兴国战略、人才强国战略、创新驱动发展战略，开辟发展新领域新赛道，不断塑造发展新动能新优势。"[①] 实现德智体美劳"五育融

---

① 习近平.高举中国特色社会主义伟大旗帜　为全面建设社会主义现代化国家而团结奋斗：在中国共产党第二十次全国代表大会上的报告［M］.北京：人民出版社，2022：30.

合"，形成全面的高水平人才培养体系，既是将党的教育方针政策向教育改革实践落实的有效方法，也是培育德智体美劳全面发展的时代新人的必由之路。

（四）两者融合的挑战与应对策略

实现道德与知识的融合并非一帆风顺，可能会面临教育资源分配不均、教师素质参差不齐等挑战。为应对这些挑战，需要加大教育投入，提升教师的综合素养，优化课程设置和教学方法，以确保融合的理念能够真正落地生根。

教育部印发《义务教育课程方案和课程标准（2022 年版)》，提出了核心素养的概念，即学生应具备的适应终身发展和社会发展需要的必备品格和关键能力。核心素养是 21 世纪人的现代化、人的现代素质的集中体现，也是贯彻党的教育方针、落实立德树人根本任务的具体体现。课程建设以核心素养为导向，也是深化教育综合改革、加快推进教育现代化的需要。

六、教育的多元化

在立德育人理念的指导下，教育内容变得更加多元化，不仅包括传统的道德教育和科学教育，还包括艺术、体育、社会实践等多个方面。这种多元化的教育有助于学生全面发展，形成更加全面和平衡的人格。在立德育人的旗帜引领下，教育的舞台正展现出前所未有的丰富与多元。教育不再局限于单一的领域和模式，而是向着更广阔的天地拓展，为学生的成长描绘出一幅绚丽多彩的画卷。

（一）多元化教育内容的构成

1. 艺术教育

通过如音乐、绘画、舞蹈等课程，教师可以培养学生的审美能力、创造力和情感表达。这不仅丰富了学生的精神世界，也为他们的个性发展和社会适应提供了重要支撑。

2. 体育教育

强健学生体魄，培养团队合作精神和竞争意识十分重要。在体育活动中，学生学会如何在团队中协作，从而提升沟通能力和集体荣誉感。同时，通过竞争环境的锻炼，学生能够培养面对挑战的心理素质，学会公平竞争和承受压力。这些素质的培养不仅有助于学生的全面发展，也为他们未来的社会生活和职业生涯奠定了坚实基础。

3. 社会实践

社会实践为学生提供了接触真实社会的机会，使他们能够将课堂所学应用于实际情境中，从而提升解决实际问题的能力。通过亲身参与社会事务，学生不仅加深了对社会的理解，还培养了应对复杂局面的应变能力和自主性。同时，社会实践强化了学生的社会责任感，促使他们关注社会问题，增强服务社会、回馈社会的意识，为未来的公民角色做好准备。

（二）多元化对学生全面发展的促进

1. 激发潜能

在不同领域的学习中，学生能够接触到多样化的知识和技能，这能激发他们对未知事物的好奇心。这种跨学科的学习方式不仅开阔了他们的视野，还为他们提供了探索新兴趣的机会。通过深入接触各种学科，学生可能会发现自己未曾发掘的潜能和兴趣点，从而明确未来的发展方向。这种多元学习有助于他们的全面成长，并为未来的职业选择和个人发展奠定基础。

2. 培养综合素养

培养综合素养旨在促进学生在多个维度的全面发展，不仅涵盖知识的获取与积累，还强调技能的提升和应用。在此过程中，学生的情感和态度也得到培养，这方面包括对学习的积极性、自信心以及与他人合作的能力。通过对综合素养进行培养，学生能够在面对复杂问题时展现出更强的适应力和创造力，最终形成全面的个人素质，为未来的学习、生活和职业发展提供有力支持。

3. 增强适应能力

在快速变化的社会环境中，具备灵活的思维和多样的技能至关重要。通过多方面的学习和实践，学生不仅能够更好地处理不同情境中的问题，还能在面对未知或突发挑战时保持冷静与自信。适应能力的提升使学生更具弹性，能够迅速调整策略，以应对未来学习、工作及生活中的多样化需求与变革。

（三）形成全面和平衡的人格

1. 情绪稳定

通过学习情绪管理技巧，学生能够更有效地调节内心状态，找到积极的解决方案，提升抗压能力。良好的情绪调节不仅有助于他们的心理健康，还能提高他们在学业和生活中的表现力，使他们在面对困难时更具韧性和应变能力。

2. 人际关系和谐

在日常交往中，学生通过学习倾听与沟通技巧，能够更好地理解他人的观点与感受，减少误解与冲突。同时，尊重他人的差异，学会共情和换位思考，这有助于建立起积极、健康的人际关系。良好的人际互动不仅提升了团队合作效率，还为学生的未来社会生活和职业发展奠定了坚实的社交基础。

3. 自我认同清晰

通过不断的学习和实践，学生逐渐了解自己的优势与不足，形成对自我能力和角色的清晰认知与定位。这种清晰的自我认同帮助他们更加坚定地设定人生目标，并为之努力奋斗。明确的目标感不仅增强了他们的动力和自信，还让他们在未来的学业、职业和生活规划中能够做出更加明智和符合自身发展的选择。

（四）实现多元化教育的挑战与策略

1. 实现多元化教育的挑战

（1）教育资源分配不均。其一，地区差异明显。经济发达地区往往拥有更优质的教育设施、先进的教学设备和丰富的课程资源，而经济欠发达地区在这些方面则相对匮乏。其二，城乡差距突出。城市学校能够吸引更多的优秀师资和获得更多的资金支持，乡村学校则常常面临师资短缺、教学条件简陋的困境。其三，校际不均衡。重点学校集中了大量的优质资源，普通学校则在资源获取上处于劣势，这进一步加剧了教育的不公平。

（2）师资力量不足。其一，数量短缺。尤其是在一些偏远地区和农村，教师岗位吸引力不足，导致师资数量无法满足教学需求。其二，专业结构不合理。某些学科的教师相对过剩，而艺术、体育、实践类等学科的专业教师严重缺乏。其三，素质参差不齐。部分教师的教育理念陈旧、教学方法单一，难以适应多元化教育的要求。

（3）传统教育观念的束缚。其一，唯分数论。家长和学校过度关注学生的考试成绩，忽视了学生在其他方面的发展，导致多元化教育难以推行。其二，对艺术、体育等学科的轻视。学校认为这些学科对升学和就业作用不大，从而在课程安排和资源投入上给予较少的重视。其三，人才评价标准单一。社会对人才的评价主要依据学历和成绩，使得学生和家长更倾向于追求传统的知识教育，而对多元化教育缺乏热情。

2. 实现多元化教育的策略

（1）加大教育投入。其一，政府增加财政拨款。确保教育经费在财政预算中的占比逐年提高，且重点向教育资源薄弱的地区和学校倾斜。其二，吸引社会资本。通过政策引导，政府鼓励企业、社会组织和个人投资教育，拓宽教育资金的来源渠道。其三，优化资源配置。建立教育资源共享平台，促进优质教育资源在城乡、区域和校际的流通和共享。

（2）加强教师培训。其一，丰富培训内容。培训内容应涵盖多元化教育的理念、方法、课程设计等方面，以提升教师的专业素养。其二，创新培训方式。采用线上线下相结合、集中培训与校本研修相结合的方式，增加培训的灵活性和针对性。其三，建立激励机制。对积极参与培训并在教学中取得良好效果的教师给予表彰和奖励，激发教师提升自身素质的积极性。

（3）转变社会对教育的认知。其一，宣传多元化教育的重要性。通过媒体、公益广告等多种渠道，向社会广泛宣传多元化教育对学生个人成长和社会发展的积极意义。其二，改革人才评价体系。企业和社会机构在招聘和用人时，应更加注重综合素质和实际能力，而不仅仅是学历和成绩。其三，树立成功案例榜样。宣传那些在多元化教育中取得突出成就的学生和学校，引导家长和社会形成正确的教育观念。

第二节　立德育人的理论依据

培养什么人，是教育的首要问题。古人云："国有贤良之士众，则国家之治厚；贤良之士寡，则国家之治薄。"在高质量发展的时代背景下，立德树人已成为教育的核心使命。要深入理解和有效实施立德育人这一理念，我们需要探究其背后坚实的理论依据。这些理论依据犹如灯塔，为立德树人的教育实践指明方向，提供科学的指导和有力的支撑。

一、西方经典伦理学说

（一）康德的道德哲学与品德伦理学

1. 以责任感和义务感为核心的道德教育

康德的道德哲学强调，人应该按照内在的道德法则行事，而这种法则就是一种普遍的伦理准则，即"你希望自己行为的准则成为普遍法则"。换句话说，人的行为应该是出于责任感和义务感，而不是为了个人利益。这种哲学为立德育人提供了理论依据，因为它强调教育应该培养学生的道德感，让他们能够在没有外部压力的情况下，自觉地遵循道德准则。

2. 以内在动机为核心的德育实践

康德的道德哲学不仅关注行为的外在表现，更关注行为的动机。他认为只有当行为出于对道德法则的尊重时，才能被视为真正的道德行为，这一观点对立德育人具有重要的启示意义。教育工作者应注重培养学生的内在道德动机，使其在面对复杂社会环境和多元价值观时，能够坚持正确的道德判断和行为。

3. 培养稳固的个人品德

康德的品德伦理学强调个人品德的培养。他指出，品德是指个体保持和发展道德品质的能力。教育应当通过系统的道德教育和实践，帮助学生形成稳固的道德品质，使其在各种情境下都能表现出道德的行为。通过这种方式，立德育人不仅关注学生的道德认知，更注重其道德行为的持久性和稳定性。

（二）亚里士多德的品德伦理学

1. 循序渐进地培养持久的道德品质

亚里士多德的品德伦理学强调品德的重要性，认为品德是人类幸福的基础。他提出品德是一种习惯，要通过反复的道德行为才能培养而成。亚里士多德认为，人只有在实践中不断体验和反思，才能形成持久的道德品质。这一理论为立德育人提供了实践性的指导，即教育过程中应当注重行为训练和反复实践。学校可以通过设计各种德育活动，如志愿服务、社会实践和道德情景剧等，帮助学生在实际情境中体验和遵循道德规范，并将之逐步内化为个人的道德品质。

2. 寻求个人与社会利益的平衡

亚里士多德还强调中庸之道，认为品德是一种适度的行为选择，既不是过度也不是不足。教育应当引导学生在个人利益和社会责任之间找到平衡，既要关注自身发展，也要关心他人和社会。这种平衡的观念对现代教育具有重要的现实意义，能帮助学生形成全面和谐的人格。

（三）杜威的道德教育理论

1. 将道德教育融入实际生活

美国教育家约翰·杜威提出，道德教育应当与学生的生活经验紧密结合，同时他强调教育的实践性和互动性。他认为，道德教育不仅是知识的传授，更是通过实际生活中的问题解决和合作学习来培养学生的社会责任感和道德判断力的方式。

2. 构建"微型社会"培养学生责任感

杜威的理论强调学校和社会的互动，认为学校应当是一个"微型社会"，学生在其中通过实际的社会交往和合作，学习和内化道德规范。立德育人应当借鉴这一观点，通过多样化的教育活动，如项目学习、社区服务和团队合作等，帮助学生在真实的社会情境中培养道德意识和责任感。

3. 通过反思性思维培养学生的道德素养

杜威还强调反思性思维的重要性，认为学生应当在行动中不断反思自己的行为和价值观，从而通过反思实现道德成长。教育工作者可以通过引导学生进行自我评价、同伴评价和教师评价，帮助学生在反思中不断提升道德素养。

（四）弗洛姆的人本主义伦理观

1. 以人为本、尊重学生主体性

社会心理学家艾瑞克·弗洛姆提出了人本主义伦理观，强调人的自主性和自我实现。他认为，人类的道德行为应当基于对自我和他人的深刻理解，而非简单地服从外部权威。这一观点对立德育人工作具有重要的启示，强调教育应当尊重学生的主体性，帮助他们在自我探索和社会互动中形成道德判断和行为。

2. 以同理心及人性尊重培养学生内在道德动机

弗洛姆认为，真正的道德行为是出于对生命和人性的尊重，教育应当帮助学生发展出对他人和社会的深刻共情和理解。学校可以通过心理辅导、情感教育和人际关系训练等方式，帮助学生在理解和尊重他人的基础上，形成内在的道德动机和行为规范。

康德的道德哲学强调内在道德动机的培养，亚里士多德的品德伦理学强调行为训练和中庸之道，杜威的道德教育理论强调实践性和反思性，弗洛姆的人本主义伦理观则强调自主性和共情教育。未来的德育实践可以在这些理论的基础上，不断创新和发展，从而推动教育工作高质量发展。

二、心理学理论依据

（一）科尔伯格的道德发展理论

劳伦斯·科尔伯格所提出的道德发展理论为我们理解个体道德判断能力的形成与发展提供了深刻的洞见。他的研究表明，道德发展并非一蹴而就的，而是有一个逐步演进的过程。

在科尔伯格的理论中，道德发展被划分为六个阶段。最初的阶段是"惩罚与服从"，这一阶段的儿童主要基于避免惩罚来做出道德决策。随着年龄和认知水平的增长，他们会进入"相对功利"阶段，开始考虑行为带来的个人利益。接下来是"寻求认可"阶段，个体会用他人的认可和赞扬来指导自己的行为。然后是"遵守法规"阶段，此时人们更加注重遵守社会规则和法律。再往后是"社会契约"阶段，个体认识到规则是可以通过协商和改变来适应社会的需求。最高阶段是"普遍伦理原则"，此时个体依据自己内心认定的普遍道德原则来进行判断，即使这些原则可能与社会法律和规范相冲突。

这一理论对于立德育人工作具有极其重要的意义。它提示我们，道德教育不能超越学生的认知发展水平。在教育过程中，我们需要根据学生所处的不同阶段，有针对性地引导和启发他们。对于处于较低阶段的学生，我们可以通过明确的规则和奖励机制来引导他们形成初步的道德意识。而对于那些处于较高阶段的学生，则应鼓励他们思考更深层次的道德问题，培养他们独立的道德判断能力。

此外，科尔伯格的理论也让我们明白，道德发展是一个持续的过程。学校和家庭应该为学生创造各种情境，促使他们不断思考和反思自己的道德选择，从而逐步提升其道德判断能力，实现从较低阶段向更高阶段的跨越。

（二）社会学习理论与角色模仿

社会学习理论由班杜拉等心理学家提出，强调了观察学习和榜样示范在个体行为和品德形成中的关键作用。个体在社会环境中，通过观察他人的行为及其后果来获取知识和技能。尤其是当观察到他人的行为得到了奖励或者认可时，个体更有可能去模仿这种行为。孩子们在成长过程中，对父母、教师、同伴等身边重要人物的行为会进行密切观察，并将其作为自己行为的参考模板。

这一理论对于立德育人工作具有显著的启示意义。首先，它提醒我们，成人在孩子面前的行为示范至关重要。家长和教师作为孩子最亲近的榜样，其一言一行都可能被孩子模仿。因此，成人需要时刻注意自己的言行举止，展现出积极的道德行为和价值观。其次，学校和家庭应该为孩子营造一个充满正能量的环境。在这个环境中，孩子们能够接触到各种良好的行为榜样，如英雄人物、优秀志愿者、杰出科学家等。通过对这些榜样的学习和模仿，孩子们能够逐渐形成自己的道德观念和行为模式。同时，社会学习理论也提示我们，在教育过程中，可以通过组织角色扮演、案例分析等活动，让孩子们更直观地观察和学习正确的道德行为。并且，及时给予孩子正面的反馈和鼓励，强化他们良好的道德表现，这有助于他们更坚定地形成良好的品德习惯。

（三）埃里克森的心理社会发展理论

埃里克森的心理社会发展理论将人的发展划分为八个阶段，每个阶段都有特定的发展任务和可能面临的冲突。

第一阶段：婴儿期（0～1.5岁），主要任务是建立信任感，克服不信任感。婴儿需要从照顾者那里获得稳定、持续的关爱和照顾，以形成对世界的基本信任，如果照顾不足，可能会产生不信任和焦虑。

第二阶段：儿童早期（1.5～3岁）的任务是获得自主感，克服羞怯和疑虑，开始学习控制自己的身体和动作。在这一阶段，如果家长过度保护或限制孩子，可能会使他们感到羞怯并对自己的能力产生怀疑。

第三阶段：学前期（3～6、7岁），发展任务是获得主动感，克服内疚感。这一阶段的孩子充满好奇心和探索欲，若他们的主动探索行为受到过多批评或指责，可能会产生内疚感。

第四阶段：学龄期（6、7～12岁），重点是获得勤奋感，克服自卑感。孩子通过在学校的学习和活动中取得成就来获得勤奋感，如果总是遭遇失败和批评，就容易产生自卑感。

第五阶段：青少年期（12～18岁）的任务是建立自我同一性，防止角色混乱。此时青少年开始思考"我是谁"、"我要成为什么样的人"等问题，如果不能成功整合自我的各个方面，就可能陷入角色混乱和自我认同危机。

第六阶段：成年早期（18～25岁），主要是获得亲密感，避免孤独感。个体开始寻求与他人建立亲密关系，如果无法建立，就可能会感到孤独。

第七阶段：成年中期（25～65岁）的发展任务是获得繁衍感，避免停滞感。这里的繁衍不仅指生育子女，还包括关心和指导下一代，以及对社会作出贡献，如果个体感觉自己无所作为，就可能会陷入停滞感。

第八阶段：成年晚期（65岁以上），要获得完善感，避免绝望感。回顾一生，如果觉得自己的生活是有意义和有价值的，就会产生完善感，否则可能陷入绝望。

埃里克森的理论强调了社会和文化因素对个体发展的影响，认为每个阶段里冲突的解决情况都会影响到下一个阶段的发展。这一理论为教育和心理咨询等领域提供了重要的指导，可以帮助教育者和家长更好地理解孩子在不同阶段的需求和挑战，从而采取适当的教育和引导方式，促进他们的健康发展和良好的人格形成。

三、我国传统文化中的德育思想

我国传统文化蕴含着丰富的德育思想，如儒家的"仁、义、礼、智、信"、道家的"道法自然"、墨家的"兼爱非攻"等。这些思想强调道德修养、人格塑造和社会责任，为立德育人提供了深厚的文化底蕴。

（一）儒家的德育思想

儒家的德育思想是中国传统文化的重要组成部分，其核心在于"仁、义、礼、智、信"五德。孔子提出的"仁"是儒家德育的最高原则，强调人与人之间的关爱和尊重。"仁"最基本的含义就是爱人，指的是人与人之间相互关心、爱护。子曰："知者不惑，仁者不忧，勇者不惧。"孟子进一步发展了这一思想，提出"义"，主张正义和道德行为。"礼"则是社会行为规范，要求通过礼仪体现个体对他人和社会的尊重。"克己复礼为仁。一日克己复礼，天下归仁焉。"孔子致力于恢复周朝的礼制，构建稳固的社会秩序，期望民众严格遵循等级制度，如此一来，天下便能达成仁的境界。"礼，务国家，定社稷，序人民，利后嗣者也。""智"和"信"分别强调智慧的运用和诚信的重要性。"务民之义，敬鬼神而远之，可谓知矣"，讲的是老百姓要遵从道德，远离鬼神，这就叫"智"；"与朋友交，言而有信"，"忠诚盛于内，贲于外，形于四海"，这就叫"信"。以上合起来就是先秦时期的道德观。

在立德育人过程中，儒家的这些精髓思想具有重要的指导意义。教育应当通过经典诵读、传统文化课程和道德教育活动，帮助学生理解和践行"仁、义、礼、智、信"的价值观，从而培养其高尚的道德品质和社会责任感。

（二）道家的德育思想

道家思想主要以"道法自然"为核心，强调人与自然的和谐共处和自我完善。老子在《道德经》中提出，"道"是宇宙的根本法则，主张顺应自然、无为而治。道家的德育思想注重个体内心的宁静和道德上的自我完善，强调人通过自省和修身，达到内外和谐的境界。道家精神注重谦逊退让，从不愿争做天下之先，即便立下功绩也绝不自居，与世无争。

在现代教育中，道家思想的这一理念可以帮助学生培养环保意识和自我管理能力。通过开设环境教育课程和心理健康教育活动，学校可以引导学生关注自然环境，尊重生命，养成良好的生活习惯和积极的心态，实现身心的全面发展。

（三）墨家的德育思想

墨家提出的"兼爱非攻"思想，主张普遍的爱和反对战争。墨子认为，人与人之间应当相互关爱、互助友爱，而不应通过战争和暴力解决问题。他强调社会和谐和公平正义，反对一切形式的侵略和压迫。

墨家的德育思想对现代教育具有重要的现实意义。教育工作者可以通过和平教育和人权教育，培养学生的同情心和正义感，使其树立"和而不同"的理念，倡导和平共处和公正公平的社会秩序。

（四）其他传统文化中的德育思想

除了儒、道、墨三家的思想，中国传统文化中还有许多其他的德育思想，例如法家的"法治精神"、禅宗的"顿悟修行"、兵家的"知己知彼"等。这些思想共同构成了丰富的德育资源，对现代教育具有重要的借鉴意义。

教育工作者可以通过挖掘和传承这些优秀传统文化，将其融入现代教育体系中。例如，通过法治教育和公民教育，培养学生的法律意识和公民责任感；通过禅修课程和心灵成长活动，帮助学生在竞争激烈的社会中保持内心的平静和坚定；通过战略规划和情景模拟的教学方式，提升学生的决策能力和应对挑战的智慧。

四、马克思主义相关理论

（一）马克思关于人的全面发展学说

实现人的自由全面发展是马克思主义追求的终极目标，是共产主义的根本特征。马克思在《德意志意识形态》里指出，个人的全面发展"正是共产主义者所向往的"[①]。在《共产党宣言》里指出，"每个人的自由发展是一切人的自由发展的条件"[②]。"人以一种全面的方式，也就是说，作为一个总体的人，占有自己的全面的本质。"[③]

马克思关于人的全面发展理论主要指的是"一是人的劳动能力的发展。包括个人的体力、智力、个性和交往能力的发展等方面；二是人的社会关

---

① 马克思，恩格斯. 马克思恩格斯全集：第三卷 [M]. 北京：人民出版社，1960：330.

② 中共中央马克思恩格斯列宁斯大林著作编译局. 马克思恩格斯选集：第一卷 [M]. 2 版. 北京：人民出版社，1995：422.

③ 中共中央马克思恩格斯列宁斯大林著作编译局. 马克思恩格斯选集：第三卷 [M]. 2 版. 北京：人民出版社，2002：303.

系的丰富；三是人的个性的全面发展"①。马克思强调，人的发展不应仅限于个别方面的进步，而应追求全面性和平衡性，这对立德育人工作具有重要的指导意义。首先，高校立德树人以学生的全面发展为目标，这就必须注重发展学生的多方面能力，促进学生身心素质的协调提升。其次，马克思认为人的全面发展需要丰富的社会关系，这对高校立德树人工作提出了拓展学生社会实践、增进师生互动等要求，以此来培养学生良好的社会交往能力。再次，马克思强调人的个性发展应是全面的，这提醒高校在立德育人中，要尊重每个学生的个体差异，激发他们的主体性，促进学生个性自由而全面的发展。最后，马克思反对单一或片面的发展，要求人的发展应该是全面的、平衡的，这对高校立德育人工作提出了协调发展的要求，以促进学生德智体美劳的协调发展。

（二）列宁关于立德树人的相关论述

十月革命胜利后，俄国国内仍然存在许多来自旧社会的思想残余，这些旧思想对共产主义新思想产生了冲击，导致一些俄国青年在革命中立场不坚定。为了防止青年受到旧社会剥削思想的影响，并适应共产主义社会建设的需求，列宁于1920年在《青年团的任务》这篇著名演讲中首次提出了"共产主义道德"的概念。他指出，现代青年的培养、教育和训练都应致力于塑造青年的共产主义道德。这一道德概念并非仅指共产主义社会中的道德行为或规范，而是指社会主义建设者为了实现共产主义事业所应具备的道德品质。他还提出社会主义意识必须"从外面灌输"。因此，列宁强调，共产主义的道德本质体现在群众的团结纪律和反对剥削者的自觉斗争中。

由此可见，在十月革命胜利后，列宁为了适应革命和建设的需要，提出青年在革命斗争和社会建设中应具有的道德特质，即共产主义道德。随着列宁的进一步阐述，共产主义道德的内涵逐渐明确和深化，主要体现在两个核心方面：团结互助和自觉劳动。

（三）马克思主义劳动价值论与教育实践

马克思主义的劳动价值论强调劳动是创造价值的源泉，是人类社会生

---

① 胡飒. 论马克思关于人的全面发展理论的基本内涵 [J]. 湖南科技大学学报（社会科学版），2011（1）：27–30.

存和发展的基础。这一理论在立德育人的教育实践中具有重要的指导意义和深远影响。

首先，学生认识到劳动的艰辛与价值，从而培养珍惜劳动成果、尊重劳动人民的优良品质。其次，通过劳动实践，学生能将理论知识应用于解决实际问题，从而锻炼操作能力和创新思维。再次，集体劳动促进学生团队合作精神、集体荣誉感和责任感的养成，提高其社会交往适应能力。此外，学生在克服劳动中的困难挑战中，培养坚韧不拔的意志品质和艰苦奋斗精神。最后，学生通过体验劳动对社会的贡献，增强了自己的社会责任感，积极参与社会事务，为社会进步贡献力量。

通过加强劳动教育，我们可以更好地实现立德育人目标，培养具有正确价值观、全面能力和高尚品质的社会主义建设者。

（四）马克思主义中国化的相关论述

党中央一直高度重视教育事业，将立德树人确立为教育的根本任务。从毛泽东、邓小平到江泽民、胡锦涛等几代领导人，都多次强调学校要培养德智体美劳全面发展的社会主义建设者和接班人。

1. 毛泽东思想关于高校立德树人的论述

毛泽东思想是马克思主义中国化第一次历史性飞跃的理论成果，是中国共产党和中国人民历尽艰辛获得的宝贵的精神财富，是中国革命和建设的科学指南，是中华民族的精神支柱。毛泽东同志高度重视思想道德建设，认为"思想主人之心，道德范人之行"[1]。新中国成立初期，他在《关于正确处理人民内部矛盾的问题》中明确提出："中国的教育方针，应该使受教育者在德育、智育、体育等方面全面发展，成为有社会主义觉悟的有文化的劳动者。"这一论述首次将德育摆在首位，赋予其社会主义觉悟的内涵。毛泽东的这一教育思想，明确了立德树人应追求学生的综合素质提升，培养社会主义觉悟，体现了立德树人的社会主义内涵，奠定了我国社会主义教育事业的根基，指明了其发展方向，产生了深远的影响。

2. 邓小平理论关于高校立德树人的论述

邓小平理论是中国特色社会主义理论体系的开篇之作，是对毛泽东思

---

[1]　中共中央文献研究室，中共湖南省委《毛泽东早期文稿》编辑组．毛泽东早期文稿［M］．长沙：湖南人民出版社，2008：84．

想的继承和发展。邓小平同志作为我国精神文明建设的奠基人，他强调公民道德素质的重要性，认为这关系到我们党和国家的前途。他提出"一定要坚持发展物质文明和精神文明，坚持五讲四美三热爱，教育全国人民做到有理想、有道德、有文化、有纪律"，① 从而为新时期教育改革发展指明了方向。邓小平同志强调要全面建设社会主义精神文明，做到"入脑、入心、做表率、见行动"。他对道德建设有着系统而全面的论述，既包括道德与经济、政治之间的关系，也涉及具体的道德建设路径，这不仅明确了道德建设的内容和方法，还强调以身作则的重要性。这些道德教育思想为我国道德建设开辟新路径，也为高校"立德树人"提供了重要指导。

3. "三个代表"重要思想关于高校立德树人的论述

"三个代表"重要思想是对马克思列宁主义、毛泽东思想特别是邓小平理论的全面丰富和发展。江泽民同志继承和发展了毛泽东、邓小平等领导人的道德建设思想，提出要"依法治国和以德治国相结合"②，建立与社会主义市场经济、法律规范和中华民族传统相协调的社会主义思想道德体系。他强调要加强青少年的爱国主义、集体主义等思想道德教育，使他们成为知行合一、德才兼备的人才。江泽民指出，只有重视全民族的道德素质提升，才能推动我国社会主义精神文明建设不断取得新进展。"三个代表"重要思想指明了德育和智育之间的关系，进一步强调了高校立德树人的重要价值和作用，推进了高校立德树人不断迈向深层次的发展，这一思想为我国新时期道德建设指明了方向。

4. 科学发展观关于高校立德树人的论述

科学发展观紧紧围绕实现什么样的发展、怎样发展的问题，作出一系列新的理论概括，实现了党的指导思想的又一次与时俱进。胡锦涛同志高度重视思想道德建设，认为加强这方面建设是人民的期盼、事业的要求、时代的呼唤。他强调："坚持育人为本，德育为先，把立德树人作为教育的根本任务，加强爱国主义教育，深入开展理想信念教育，加强和改进学生

---

① 邓小平. 邓小平文选：第四卷 [M]. 北京：人民出版社，1994：110.

② 人民出版社编. 中共中央关于党的百年奋斗重大成就和历史经验的决议 [M]. 北京：人民出版社，2021：19.

思想政治工作，把社会主义核心价值体系融入国民教育体系，引导学生树立正确的世界观、人生观、价值观、荣辱观，努力培养德智体美全面发展的社会主义建设者和接班人。"① 胡锦涛同志的这一教育理念，确立了立德树人在党和国家事业全局的重要地位，为高校育人工作提供了思想指导和强大的道德支撑，也为大学生的精神文化生活注入了丰富内涵。

五、习近平新时代中国特色社会主义思想关于立德树人的重要论述

习近平新时代中国特色社会主义思想是当代中国马克思主义、21 世纪马克思主义，是马克思主义中国化的最新成果，是中华文化和中国精神的时代精华。习近平总书记高度重视立德树人，多次发表重要讲话，强调要把立德树人作为教育的根本任务。他提出的"培养什么人、怎样培养人、为谁培养人"这一根本问题为新时代立德育人指明了方向。

（一）"培养什么人"的论述

习近平总书记强调："要努力构建德智体美劳全面发展的教育体系，形成更高水平的人才培养体系。"② 全面发展是社会主义教育的根本要求，不仅包括知识技能，更包括思想品德、身心素质、劳动实践等各方面的发展。这体现了教育的综合性和人才培养的全面性。他在 2018 年全国教育大会上指出，"我们的教育必须把培养社会主义建设者和接班人作为根本任务，培养一代又一代拥护中国共产党领导和我国社会主义制度、立志为中国特色社会主义奋斗终身的有用人才"。③ 这一论述体现了教育事业的政治性和导向性。教育要为社会主义现代化建设服务，培养拥护党的领导和社会主义制度的合格建设者，也明确了立德育人的核心目标，即培养具有高尚品德和全面素质的中国特色社会主义事业接班人。

（二）"怎样培养人"的论述

习近平总书记在 2018 年全国教育大会上提出要努力构建"德智体美劳

① 胡锦涛. 在全国优秀教师代表座谈会上的讲话［M］. 北京：人民出版社，2007：3.
② 习近平. 论教育［M］. 北京：中央文献出版社，2024：13.
③ 习近平. 论教育［M］. 北京：中央文献出版社，2024：6.

全面培养的教育体系"①。对于这一体系如何构建，他又强调了要将立德树人贯穿始终的总体要求，即"把立德树人融入各级各类教育及教育的各领域"②。

1. 坚持党对教育事业的全面领导

习近平总书记指出，"党是领导一切的，是最高的政治领导力量，各个领域、各个方面都必须坚定自觉坚持党的领导"。③ 只有坚持党对教育的全面领导，才能把握党对教育的正确方向，解决好教育的根本问题。习近平从适应时代发展、为党和国家培养合格建设者的视角总结中国实践，形成了新时代中国特色社会主义教育理论。学校作为坚持党对教育全面领导的重要阵地，肩负着传播党的先进理论、坚定民族信仰信念的重任。学校必须坚决拥护党的领导，将党的主张转化为师生的自觉行动，为社会培养出更多的合格接班人。

2. 坚持把立德树人作为根本任务

立德树人以优秀传统文化为依托，受优秀传统文化滋养，具有重要的价值引导作用。"要更加注重以文化人以文育人"④，学校思政理论课是实现立德树人目标的重要工具，它面临全新的机遇与挑战，肩负着重要的时代使命。新时代实现中华民族伟大复兴的目标，要求思政理论课进行变革创新，以更优秀的姿态为社会主义教育事业添砖加瓦。习近平总书记在党的十九大报告中指出，立德树人应贯穿教育教学全过程，从而"努力开创我国高等教育事业发展新局面"⑤，并有效推动立德树人与高校思政理论课实践的深度融合。立德树人的重要性前所未有地被提到教育工作的最中心位置。

3. 坚持优先发展教育事业

中国共产党是一个善于学习、重视教育的政党。优先发展教育一直是我们党的重要方针政策，是实现中华民族伟大复兴的必然要求。几代中共中央领导集体均坚持并贯彻了重视并优先发展教育事业的方针。党的十九

---

① 习近平. 论教育［M］. 北京：中央文献出版社，2024：13.

② 孙少军. 新中国德育五十年［M］. 福州：福建教育出版社，2002：14.

③ 中共中央宣传部. 习近平总书记系列重要讲话读本（2016 年版）［M］. 北京：学习出版社，人民出版社，2016：102.

④ 郑萼. 以文化人以文育人　增强师生文化自信［J］. 思想政治工作研究，2017（10）：27.

⑤ 习近平. 习近平谈治国理政：第二卷［M］. 北京：外文出版社，2017：376.

大报告指出："建设教育强国是实现中华民族伟大复兴的基础工程，必须把教育事业放在优先位置。"① 习近平总书记在 2018 年的全国教育大会上指出："要坚持把优先发展教育事业作为推动党和国家各项事业发展的重要先手棋。"② 从这些论述可以看出，习近平总书记高度重视教育事业的发展，将其置于国家发展的优先战略地位。这体现了党和国家对教育事业的高度重视，为新时代教育事业指明了前进方向。

4. 坚持社会主义办学方向与扎根中国大地办教育

习近平总书记指出："新时代贯彻党的教育方针，要坚持马克思主义指导地位，贯彻新时代中国特色社会主义思想，坚持社会主义办学方向，落实立德树人的根本任务，坚持教育为人民服务、为中国共产党治国理政服务、为巩固和发展中国特色社会主义制度服务、为改革开放和社会主义现代化建设服务，扎根中国大地办教育，同生产劳动和社会实践相结合，加快推进教育现代化、建设教育强国、办好人民满意的教育，努力培养担当民族复兴大任的时代新人，培养德智体美劳全面发展的社会主义建设者和接班人。"③ 坚持社会主义办学方向和扎根中国大地办教育涉及两个关键问题：一是方向问题。中国是社会主义国家，其教育必然具有社会主义性质，属于世界社会主义教育事业的一部分，因此在中国坚持社会主义的办学方向是理所当然的。二是基石问题。中国特色社会主义教育要解决的是作为一个发展中的社会主义国家的教育问题，这必然发生在中国本土，以解决中国本土的教育问题为目标。因此，解决中国教育发展问题，必须坚持社会主义办学方向，同时紧密结合中国的具体国情和变化的实际情况来制定教育方针政策。

5. 把教师队伍建设作为基础工作

教师是人类灵魂的建设者，是文明的传播者。未来建设的基建工程在教育，而教育的主体是教师。教育是传承和发展中国悠久文化的主要途径。

---

① 习近平. 决胜全面建成小康社会　夺取新时代中国特色社会主义伟大胜利［M］. 北京：人民出版社，2017：45.

② 习近平. 论教育［M］. 北京：中央文献出版社，2024：05.

③ 习近平. 思政课是落实立德树人根本任务的关键课程［M］. 北京：人民出版社，2020：13 - 14.

以习近平同志为核心的党中央高度重视教育事业发展，尤其重视教师自身的文化素养和职业道德建设，以及教师的长远发展。教师必须通过理论与实践的双重结合，才能促进整个教师队伍的高质量建设。"师德需要教育培养，更需要教师自我修养"①。在新时代，教师的作用越来越大，他们应在坚持马克思主义的前提下，坚持"四个引路人"的原则，汲取世界各国优良文化，以全新视角审视教育模式。

（三）"为谁培养人"的论述

人民是国家的主体，毛泽东同志曾指出，"为什么人的问题，是一个根本的问题、原则的问题"②。习近平曾指出"为谁培养人"的丰富内涵，即要"为人民服务、为中国共产党治国理政服务、为巩固和发展中国特色社会主义制度服务、为改革开放和社会主义现代化建设服务"③。这一论述回答了教育的根本方向和培养目标的问题，即教育要培养为国家、为民族、为人民服务的高素质人才。在这一指导思想下，具体体现于"三为"服务中。

1. 为党育人的价值指向

中国共产党始终坚持以人民为中心，代表最广大人民的根本利益。自成立以来，党就把为人民服务作为根本宗旨，带领人民推翻了三座大山，走上了社会主义道路。党的十九大进一步明确了"为中国人民谋幸福、为中华民族谋复兴"的初心使命，这体现了中国共产党百年奋斗的目标。这种从群众中来、到群众中去的先进性和人民性，决定了中国特色社会主义教育必然是为人民服务的。习近平总书记在党的二十大报告上又提出："要坚持教育优先发展，建设教育强国，坚持为党育人，为国育才，立德树人是根本。"④"为党育人"方针，蕴含了中国共产党为人民发展教育的历史逻辑、马克思主义反对资产阶级教育的理论逻辑以及将其贯彻实践的实践逻辑。因此，我们必须坚持中国共产党作为国家一切事业的领导核心，高

---

① 教育部思想政治工作司. 习近平总书记关于青年学生成长成才和教师思想政治工作重要论述摘编 [M]. 北京：知识产权出版社，2018：23.

② 毛泽东. 毛泽东选集：第三卷 [M]. 北京：人民出版社，1991：857.

③ 习近平. 思政课是落实立德树人根本任务的关键课程 [M]. 北京：人民出版社，2020：13 - 14.

④ 习近平. 高举中国特色社会主义伟大旗帜 为全面建设社会主义现代化国家而团结奋斗：在中国共产党第二十次全国代表大会上的报告 [M]. 北京：人民出版社，2022：34.

校的立德育人工作也不例外。当前，加强学生党史和国史教育、批判历史虚无主义、树立和坚定文化自信，是高校立德育人工作义不容辞的责任。

2. 为国育才的价值企盼

习近平总书记在谈及教育价值时，常将"为党育人"和"为国育才"两个层面统一提及。其中，"为党育人"和"为国育才"虽然相互统一，但又有所区别。"为党育人"是基础，体现了教育服务于党的事业，实现中华民族伟大复兴的根本目标。"为国育才"则更侧重教育服务于中国特色社会主义国家治理，是在前者基础上的进一步要求。二者缺一不可，共同指向实现中华民族伟大复兴的梦想。习近平总书记关于"为国育才"的重要论断，建立在深入理解马克思主义国家理论的基础之上，结合中华民族革命、建设、改革的伟大实践，总结出的重要历史经验。这一论断丰富和发展了马克思主义理论，是马克思主义中国化的重要成果，对中国特色社会主义国家建设具有重要的指导作用。它彰显了马克思主义理论的科学性和生命力，为党和国家事业发展提供了重要理论支撑。为国育才也是对"为巩固和发展中国特色社会主义制度、为改革开放和社会主义现代化建设服务"① 的高度概括。

3. 以人民为中心发展教育的价值归宿

坚持以人民为中心的发展思想，是以习近平同志为主要代表的中国共产党人在长期坚持人民主体思想的基础上，结合中国革命、建设与改革实践逐步形成的重要思想。这一思想涵盖政治、经济、文化、教育等多个领域。其中，以人民为中心发展教育，是坚持以人民为中心的发展思想的重要组成部分，也是新时代教育发展的根本指针和重要动力。教育既是国计，也是民生，以人民为中心发展教育，内在体现了教育发展为了人民、依靠人民、造福人民的理念。坚持以人民为中心的发展教育是要实现教育高质量发展。高校在落实立德树人的实践中，必须时刻牢记以学生为中心，促进学生的全面发展。这样，立德育人的工作才能真正赢得高校师生乃至社会大众的认同和拥护。

教育工作者应当坚定信念，勇于创新，努力培养德智体美劳全面发展的社会主义建设者和接班人，为实现中华民族伟大复兴的中国梦提供坚实

① 习近平. 习近平谈治国理政：第二卷［M］. 北京：外文出版社，2017：376.

的人才保障和智力支持。

毛泽东、邓小平、江泽民、胡锦涛等几代党的领导人，都高度重视德育工作，为我国德育事业的发展奠定了坚实基础。他们提出的重要思想，如"四有"新人、社会主义思想道德体系、立德树人等，为高校育人工作指明了方向。

只有把立德树人作为高校的根本任务，高校才能真正回归育人之道，排除各种干扰，确保沿着正确方向前进。这就要求高校时刻坚持德育为先，切实加强学生的思想道德建设，培养德智体美全面发展的社会主义建设者和接班人。

第三节　高质量发展对教育的影响

在全球化和科技迅猛发展的背景下，高质量发展已成为各国经济和社会发展的核心目标。高质量发展的概念不局限于经济增长的数量和速度，更强调增长的质量、效益和可持续性。教育作为社会发展的重要组成部分，在推动高质量发展中扮演着不可或缺的角色。随着经济结构的升级和社会需求的变化，教育系统需要不断调整和优化，以培养适应新经济形态的人才。这不仅涉及教育内容和形式的变化，还涉及教育理念、教育资源分配、教育公平性等多个方面的深刻变革。

一、高质量发展对教育的要求

教育作为社会进步的基石和民族振兴的关键，在高质量发展的时代背景下肩负着尤为重要的使命。高质量发展不仅对经济、科技等方面提出了新的挑战和机遇，也为教育带来了深刻的变革和更高的要求。

（一）高质量发展的内涵

高质量发展是新时代我国经济社会发展的主线，也为高校立德育人提出了新的要求。只有准确把握高质量发展的内涵，深刻理解其对高校育人工作的影响，才能更好地推动高校落实立德树人的根本任务。

1. 高质量发展的内涵

2017 年 12 月 18 日召开的中央经济工作会议对高质量发展的科学内涵进行了明确界定："高质量发展，就是能够很好满足人民日益增长的美好生活需要的发展，是体现新发展理念的发展，是创新成为第一动力、协调成为内生特点、绿色成为普遍形态、开放成为必由之路、共享成为根本目的的发展。"①

（1）坚持以人民为中心的发展思想。始终把人民利益放在首位，促进人的全面发展。人民是国家的主人，是历史的创造者，也是推动社会发展的根本力量。习近平总书记一直牢记一切为了人民的宗旨，在推动经济高质量发展的实践中牢记全心全意为人民服务的使命。经济高质量发展是"能够很好满足人民日益增长的美好生活需要的发展"②，这充分体现了党对发展的最新诠释，即将实现人的全面发展作为根本目标。

（2）不断满足人民日益增长的美好生活需要。经济高质量发展的根本目标，就是以人民为中心，提升人民的获得感、安全感和幸福感。这不仅要满足人民对物质财富的需求，更要关注生活质量的提升和福利水平的改善，满足人民精神上和心理上更高层次的需求。只有实现物质与精神、客观与主观等多维度需求的融合，才能全面提高经济发展质量，促进人的全面发展，最终实现社会的和谐稳定。

2. 追求经济社会的全面发展

（1）注重经济发展质量，实现更高水平的供给。过去单纯追求 GDP 增长已经不能满足人民的美好生活需要，必须推动经济结构优化升级，提高产品和服务的质量水平，满足人民日益增长的需求。这需要深化供给侧结构性改革，淘汰落后产能，培育新产业新动能，不断增强经济发展的内生动力。

（2）要促进经济、社会、生态等多方面的平衡发展。经济发展不能以牺牲社会公平正义和生态环境为代价，必须协调推进经济建设、政治建设、文化建设、社会建设、生态文明建设，促进人与自然和谐共生，使发展成果惠及全体人民。

---

① 习近平. 习近平谈治国理政：第三卷［M］. 北京：外文出版社，2020：238 - 239.
② 习近平. 习近平谈治国理政：第三卷［M］. 北京：外文出版社，2020：238.

3. 推动创新驱动发展

（1）坚持科技创新，推动经济社会高质量发展。推进经济向高质量发展的转变，要"不断推进理论创新、实践创新、制度创新、文化创新以及其他各方面创新"①。科技创新是推动经济社会高质量发展的根本动力。要实现经济高质量发展，就必须坚持创新驱动发展战略，持续加大对基础研究、前沿技术的投入，提升自主创新能力。通过关键核心技术的攻关，突破一批关键共性技术，不断推动新兴产业发展，增强产业链、供应链的韧性和竞争力。同时，要注重将科技创新成果转化于应用，推动技术、产品、服务、商业模式等全方位创新，推动各行各业数字化、智能化、绿色化转型，提高经济运行的质量和效率。

（2）培养具有创新精神和实践能力的人才。人才是创新发展的根本。我们要深入实施科教兴国战略和人才强国战略，完善创新人才培养体系，激发广大科技工作者的创新热情和创业活力。要加强对基础研究人才、应用技术人才的培养，鼓励青年人勇于创新、勇于实践，为新时代经济社会的发展注入强大动力。同时，要完善人才激励机制，为各类人才创新创业提供良好环境和政策支持，让更多创新人才脱颖而出。

4. 坚持绿色发展理念

（1）注重节约资源、保护环境。绿色发展是实现高质量发展的关键。我们必须牢固树立节约资源和保护环境的理念，大力推动能源革命，全面提高资源的利用效率，大幅减少污染排放。要大力发展清洁能源，加快淘汰落后产能，切实遏制"两高一剩"行业的无序扩张。同时，要全面实行最严格的环境保护制度，严格执行排放标准，坚决打好污染防治攻坚战，还人民以蓝天白云、绿水青山。

（2）实现经济社会发展与生态文明建设的协调统一。绿色发展不能是牺牲经济发展的结果，而必须与经济社会发展相协调。要注重将生态文明建设融入经济社会发展全过程，推动绿色技术创新，发展绿色产业，培育绿色消费模式，让绿色成为经济社会发展的新常态。只有把生态环境建设

---

① 习近平. 习近平关于社会主义经济建设论述摘编［M］. 北京：中央文献出版社，2017：36.

摆在更加突出的位置，经济社会才能持续健康发展，人民群众的生活质量才能真正得到提升。

5. 注重共同富裕

（1）着力缩小区域差距、收入差距。缩小区域差距和收入差距，实现共同富裕，是新时代高质量发展的重要目标之一。习近平总书记多次谈及"木桶效应"，强调要"深入实施区域协调发展战略、区域重大战略、主体功能区战略、新型城镇化战略，优化重大生产力布局，构建优势互补、高质量发展的区域经济布局和国土空间体系"①。要坚持区域协调发展战略，加大对欠发达地区的投入，缩小城乡发展差距和区域发展差距。同时，要建立更加公平合理的收入分配机制，完善再分配调节制度，大幅提高城乡低收入群体的收入水平，防止贫富差距加剧。要为各类劳动者创造公平就业机会，健全社会保障体系，让发展成果更多更公平地惠及全体人民。

（2）促进全体人民共同富裕。共同富裕是社会主义的本质要求，是中国特色社会主义的战略目标。我们要坚持以人民为中心的发展思想，实施更加积极有为的再分配政策，缩小贫富差距，不断增加低收入群体的收入，扩大中等收入群体，让全体人民过上美好生活。这需要完善收入分配制度，发挥税收、社会保障等再分配政策的作用，增加城乡居民可支配收入，促进公共资源合理配置，让发展成果惠及全体人民，让人民群众的获得感、幸福感、安全感不断增强。

（二）高质量发展在不同经济和社会背景下的表现形式

1. 高质量发展在经济领域的表现形式

（1）经济结构优化升级。高质量发展要求经济结构不断优化升级，摆脱过去粗放式发展的模式。这意味着要推动第二、三产业比重提升，加快传统产业改造升级，大力发展战略性新兴产业，提高产业链水平和附加值。同时，要优化产业布局，促进区域经济协调发展。

（2）产业转型升级。高质量发展要求产业加快由"大而不强"向"强而优"转变，推动从要素驱动向创新驱动转变，从规模扩张向提质增效转变。这就需要产业结构调整，淘汰落后产能，培育壮大新动能，提高产业

---

① 本书编写组. 党的二十大报告辅导读本［M］. 北京：人民出版社，2022：28 - 29.

竞争力和抗风险能力。

（3）科技创新驱动。高质量发展要求把科技创新摆在更加突出的位置，通过持续不断的科技创新改造提升传统产业，培育发展战略性新兴产业。这需要加大对基础研究、应用研究的投入，营造有利于创新的制度环境，培养高水平创新人才队伍。

（4）区域协调发展。高质量发展要求各地区发展更加协调，缩小地区差距。这需要遵循区域发展规律，发挥比较优势，科学编制区域发展战略，优化区域产业布局，加快基础设施互联互通，促进人口、资金、技术等要素合理流动。

2. 高质量发展在社会领域的表现形式

（1）人民生活质量提高。高质量发展要求不断提高人民群众的生活质量，让发展成果更多更公平地惠及人民。这需要提高居民收入水平，改善就业结构，健全社会保障制度，丰富文化生活，不断满足人民日益增长的美好生活需要。

（2）社会公平正义增强。高质量发展要求社会公平正义得到切实保障，缩小不同群体之间的收入差距，增进社会成员之间的相互理解和尊重。这需要加强基本公共服务供给，健全再分配调节机制，确保机会公平，增强人民群众的获得感和幸福感。

（3）生态环境持续改善。高质量发展要求人与自然和谐共生，走绿色发展之路，推动生态环境持续改善。这需要大力实施可持续发展战略，严格控制污染物排放，加强生态系统保护修复，促进经济社会发展与环境保护相协调。

（4）文化事业繁荣发展。高质量发展要求文化事业不断繁荣发展，以满足人民群众日益增长的精神文化需求。这需要加强社会主义核心价值观建设，丰富群众性文化活动，提高公共文化服务水平，推动文化事业和文化产业协同发展。

3. 高质量发展在教育领域的表现形式

（1）教育质量全面提升。高质量发展要求教育质量不断提高，培养德智体美劳全面发展的社会主义建设者和接班人。这需要深化教育教学改革，提高课程设置、教学方法、考核评价的科学性，培养学生的创新精神和实践能力。同时也需要加强教师队伍建设，提升教师的专业水平和培养他们教书育人的责任心。

（2）教育公平持续改善。高质量发展要求教育公平程度不断提升，让每个人都能享有公平而有质量的教育机会。这需要完善城乡、区域间教育资源配置机制，缩小不同群体间的教育机会差距。同时也要加大对贫困地区、薄弱学校的政策倾斜和投入力度，确保义务教育阶段学生就近入学。

（3）教育体系不断完善。高质量发展要求构建更加完善的教育体系，促进各类教育协调发展。这需要优化学前教育、义务教育、高等教育、职业教育等各个层次教育，健全终身教育体系，实现学历教育与技能培训的有机衔接。同时，加强教育管理体制改革，提高教育资源配置效率。

（4）教育现代化水平提高。高质量发展要求教育现代化水平不断提高，增强教育对经济社会发展的支撑能力。这需要深入实施教育信息化战略，广泛应用现代技术手段，促进线上线下教育深度融合，优化教育资源配置。同时也要加快培养适应新技术新业态需求的高素质人才，为高质量发展提供有力支撑。

4. **高质量发展在政治领域的表现形式**

（1）民主法治深入推进。高质量发展要求在政治领域不断健全民主制度，完善依法治国基本方略。这需要坚持和完善人民代表大会制度，拓宽人民有序政治参与的渠道。同时，健全中国特色社会主义法治体系，提高公共决策的透明度和公众参与度，建设法治国家。

（2）国家治理效能增强。高质量发展要求不断提高国家治理体系和治理能力的现代化水平，增强政府公信力和执行力。这需要深化行政体制改革，优化政府职能，提高决策的科学性和执行力。同时，健全权力运行制约和监督体系，促进各方面工作高效协同，提升国家治理效能。

（3）社会主义核心价值观深入人心。"核心价值观，其实就是一种德，既是个人的德，也是一种大德，就是国家的德、社会的德。"[①] 高质量发展要求进一步弘扬社会主义核心价值观，增强全体人民的精神价值认同。我们必须以培育、践行社会主义核心价值观为着眼点，加强"立德树人"根

---

① 习近平. 习近平谈治国理政：第一卷［M］. 北京：外文出版社，2014：168.

本任务的灵魂根基。把社会主义核心价值观融入国民教育、文化建设、社会治理等各方面，引导人们树立正确的世界观、人生观、价值观。同时，发挥道德教化和舆论引导作用，引导全社会形成向上向善的价值取向。

（4）人民当家作主地位坚定。高质量发展要求坚持党的领导、人民当家作主、依法治国有机统一，确保人民群众当家作主的地位不可动摇。这需要不断健全各种民主形式，确保人民当家作主不是一句空话，而是生动实践。同时，增强人民群众的获得感、幸福感、安全感，不断巩固工人阶级和广大人民群众的执政基础。

（三）高质量发展对教育的新要求

1. 提高人才培养质量

（1）深化教育教学改革，优化课程设置、教学方法。高质量发展要求我们必须深入推进教育教学改革，着力优化课程体系和教学方法，注重培养学生的创新精神、实践能力和综合素质。首先，我们要坚持以习近平新时代中国特色社会主义思想为指导，围绕立德树人这一根本任务，不断完善学科体系、课程设置和教学内容。要注重学生的全面发展，加大思想政治教育、文化素养教育、科技创新教育等教育领域的投入，使学生具备扎实的知识基础、富有创新思维和实践能力。其次，我们要积极推进教学方法改革，鼓励教师采用启发式、讨论式、实践操作等多种教学方式，让学生成为教学的主体，提高他们的主动参与度和学习兴趣。同时也要注重培养学生分析问题、解决问题的能力，增强他们的创新意识和创新精神。

（2）加强教师队伍建设。教师是教书育人的主力军，是提高人才培养质量的关键。我们要坚持以习近平新时代中国特色社会主义思想武装头脑，不断加强教师队伍建设，提高教师的专业素养和责任心。一方面，要大力培养高素质教师队伍，完善教师职业发展通道，为教师提供持续的培训和发展机会，使他们始终保持饱满的工作热情和教书育人的责任感。另一方面，要健全教师评价机制，把教书育人作为第一标准，充分发挥教师在传播知识、传承文化、塑造学生品格中的关键作用，不断提高教师的社会地位和获得感。

（3）坚持德智体美劳全面发展。高质量发展要求我们必须坚持德智体美劳全面发展，从而更好地培养社会主义建设者和接班人。一方面，要把思想政治教育放在首位，引导学生树立正确的世界观、人生观和价值观，培养高尚的道德品质。教育部文件明确规定，思政本科专业要培育"具备良好的政治理论素养、思想道德素质和科学文化素质……的复合型人才"①。另一方面，要注重对学生创新精神和实践能力的培养，使他们具备扎实的知识基础和丰富的实践经验，从而更好地为社会主义现代化建设贡献力量。教育部文件要求马克思主义理论学科人才培养应妥善处理好理论学习与实践的关系、提升思想政治素质与增强业务素质的关系②。同时，还要重视学生身心健康，促进他们德智体美劳全面发展，使他们成为有理想、有本领、有担当的社会主义建设者和接班人。

2. 增强创新能力

（1）大力推进产教融合，探索科研院所、高校、企业协同育人的新模式。高质量发展对教育提出了增强创新能力的新要求。我们必须大力推进产教融合，积极探索科研院所、高校、企业之间协同育人的新模式，为经济社会发展提供持续的人才动力。一方面，要充分发挥企业在实践创新、技术应用等方面的优势，鼓励企业参与人才培养全过程。我们要通过校企合作，组建联合培养基地，让学生深入企业实践，培养与产业需求对接的专业技能。同时，企业也可派遣专业技术人员进入学校授课，为学生提供前沿技术和实践指导。另一方面，要促进科研院所、高校与企业之间的深度融合。支持高校与企业共建联合实验室、产业技术研究院等平台，打通基础研究、应用研究和成果转化的通道，增强科技创新成果的产业化能力。建立健全校企合作机制，让科研成果更好地服务于实体经济发展。

（2）发挥高校在基础研究、应用研究及成果转化中的关键作用。高校是科技创新的重要阵地，在基础研究、应用研究以及成果转化中发挥着关键作用。我们要充分发挥高校在这些领域的优势，为经济社会高质量发展注入持续动力。一方面，要支持高校开展基础研究，保持对基础科学和前沿技术的持续投入，为未来发展积累源头创新力量。另一方面，要鼓励高

---

① 中华人民共和国教育部高等教育司. 普通高等学校本科专业目录和专业介绍（2012）[M]. 北京：高等教育出版社，2012：73.

② 教育部思想政治工作司. 加强和改进大学生思想政治教育重要文献选编（1978—2014）[M]. 北京：知识产权出版社，2015：370-551.

校加强应用研究，聚焦国家重大需求和产业关键技术，推动科技成果更好地转化为现实生产力。同时，要健全高校科技成果转化机制，为创新成果的产业化提供制度和政策支持，增强科技创新对经济社会发展的贡献度。

（3）培养学生的创新思维和实践能力。人才是科技创新的根本保证。我们必须坚持把学生培养作为教育的根本任务，着力培养他们的创新思维和实践能力，为经济社会高质量发展提供持久动力。一方面，要加强对学生创新意识和创新精神的培养，注重培养他们敢于质疑、勇于探索的创新思维。我们要通过启发式教学、实践操作等方式，激发学生的创新潜能，培养他们善于发现问题、分析问题和解决问题的能力。另一方面，要重视将创新教育贯穿人才培养全过程，丰富学生的实践机会，培养他们动手能力和解决实际问题的技能。要依托校内外创新创业平台，鼓励学生参与科技竞赛、项目研究、社会实践等活动，增强他们的创新实践经验。

3. 促进教育公平

促进教育公平是实现高质量教育发展的重要任务。具体来说：

（1）缩小城乡、区域教育差距。持续加大对经济欠发达地区和农村地区的教育投入，完善乡村教师支持政策，缩小城乡教育资源差距，保障公平的受教育机会。

（2）提升困难家庭学生受教育机会。健全家庭经济困难学生资助政策体系，确保家庭经济困难学生接受良好教育，实现教育机会公平。

（3）保障特殊群体受教育权利。加大对残疾学生、少数民族学生等特殊群体的教育投入和支持力度，消除教育机会不公平现象。

（4）注重教育过程公平。建立健全教育质量评价机制，确保教育教学过程公平公正，消除各种形式的歧视和不公平现象。

4. 提升教育现代化水平

（1）加强教育信息化，推动线上线下教育融合。建设教育基础设施，完善数字化平台，促进信息技术与教学融合。鼓励采用智能化教学管理系统，提升服务水平。拓展在线教学，让优质资源惠及更多学生。注重线下教学的价值，以多元教学培养学生的创新与实践能力。通过深度融合来优化资源配置，提高教育质量和效率。

（2）提升教育资源配置效率，增强教育对经济社会发展的支持能力。

利用信息技术优化资源配置，建立资源共享机制，解决教育资源短缺和碎片化问题。调整教育投入，与经济社会发展相适应。提升教育体系适应性，根据新技术发展需求调整专业设置，培养符合社会需求的人才。推进教育现代化，为高质量发展提供支持。

（3）培养适应新技术新业态需求的高素质人才。"'两个一百年'奋斗目标的实现、中华民族伟大复兴中国梦的实现，归根到底靠人才、靠教育。"[①]人才培养是教育现代化的核心任务。关注新技术新业态需求，培养适应时代要求的高素质人才，推动经济社会高质量发展。把握新技术趋势，优化培养方案，提升学生创新、实践能力和终身学习意识。鼓励开设新兴学科，与产业需求对接。重视跨界融合能力，培养批判性思维、提高问题解决能力和培养团队合作精神。推进产教融合，提供实践机会，增强就业创业能力。

二、高质量发展背景下的教育转型

随着我国经济社会发展进入新阶段，高质量发展已成为新的发展目标。高质量发展不仅要求提高生产效率和创新能力，还必须注重可持续发展、社会公平正义等方面。在这一背景下，教育作为培养人才、传播知识的关键领域，必然面临着新的转型需求。教育转型的方向包括教育内容的升级、教学方法的创新和教育模式的多样化。同时，高质量发展也必将推动教育体制改革，使教育体制更好地适应经济社会的发展需求。只有顺应这些转型趋势，教育才能更好地支撑和引领高质量发展。

（一）教育在高质量发展背景下的转型趋势

1. 教育内容的升级

（1）顺应经济社会发展新需求，不断优化教育内容

在高质量发展背景下，教育内容必须顺应经济社会发展的新需求，不断进行优化和创新。一方面，要密切关注新技术、新业态的发展趋势，及时调整专业设置和课程内容，确保教育培养的人才能够适应经济社会的转型需求。另一方面，要注重培养学生的综合素质，注重培养他们的创新意识、

---

① 习近平. 做党和人民满意的好老师: 同北京师范大学师生代表座谈时的讲话 [M]. 北京: 人民出版社, 2014: 3.

批判性思维、解决问题的能力等方面，从而为未来的持续发展奠定基础。

（2）加强对学生创新思维、实践能力和跨界融合能力的培养

教育内容的升级，还要着力培养学生的创新思维、实践能力和跨界融合能力。一是要注重启发式、探究式教学，激发学生的探索欲望和创新潜能。二是要增加学生的实践环节，让他们在实践中积累经验、锤炼技能。三是要注重培养学生的跨学科整合能力，增强他们对复杂问题的理解和解决能力。

（3）注重培养学生的可持续发展能力和社会责任担当

在优化教育内容的同时，我们还要注重培养学生的可持续发展能力和社会责任担当。一方面，要引导学生树立可持续发展理念，增强他们对生态环境、资源利用等方面的责任意识。另一方面，要加强学生的社会责任教育，培养他们关心国家、关心社会的情怀，为构建更加公平正义的社会贡献力量。

2. 教学方法的创新

（1）充分利用现代信息技术，推动线上线下教育深度融合

在高质量发展背景下，充分利用现代信息技术是教学方法创新的重要途径。一方面，要积极推动在线教育平台和资源的建设，利用大数据、人工智能等技术为学生提供个性化、智能化的学习服务。另一方面，要促进线上线下教育的深度融合，将传统课堂教学与在线学习有机结合，打造混合式、翻转式等新型教学模式，充分发挥信息技术的优势，提高教学质量和效率。

（2）采用探究式、体验式等多样化教学方法

除了利用信息技术，教学方法的创新还要注重采用探究式、体验式等多样化的教学方法。一方面，要鼓励学生主动探索、动手实践，培养他们解决问题的能力。另一方面，要注重体验式学习，让学生沉浸其中，增强学生学习的兴趣和参与度。同时，还要注重启发式教学，激发学生的思维潜能，培养他们的批判性思维和创新意识。

（3）注重培养学生的自主学习能力和终身学习意识

教学方法创新的根本目标，是培养学生的自主学习能力和终身学习意识。一方面，要为学生提供丰富的学习资源和自主学习的机会，培养他们主动探索、自主管理的习惯。另一方面，教师不仅要关注学生的当前学业

表现，更要引导他们树立终身学习的理念，增强他们在未来不断学习、更新知识的能力。终身学习不仅仅是为了获取职业上的成功，更是一种应对复杂多变社会的关键生存技能。因此，教师可以通过实例分享、讨论未来职业发展趋势和展示成功案例等方式，帮助学生认识到终身学习的重要性。

3. 教育模式的多样化

（1）大力推进产教融合，形成校企协同人才培养新模式

在高质量发展的背景下，教育模式需要与时俱进，大力推进产教融合是关键。一方面，要鼓励学校与企业深度合作，共同制定人才培养方案，充分发挥各自的优势资源。另一方面，要建立校企联动的实践教学体系，让学生在实际工作中锻炼技能，为未来就业做好充分准备。通过产教深度融合，我们可以培养出更加符合行业需求的高素质人才。

（2）丰富学校、家庭、社会三方育人模式

教育模式的多样化，还要体现在全社会的共同参与上。一是要加强学校、家庭、社会三方的协同育人，发挥各自的优势，为学生提供全方位的教育支持。二是要注重家庭教育的作用，引导家长参与孩子的成长，以培养他们健康向上的价值观。三是要充分发挥社会各界力量的作用，为学生提供多元化的实践机会和成长渠道。

（3）推动教育公平，缩小不同群体间的教育机会差距

在教育模式多样化的同时，我们还要坚持教育公平，缩小不同群体间的教育机会差距。一方面，要加大对贫困地区和弱势群体的教育投入，为他们提供更多的教育资源和机会。另一方面，要创新教育服务模式，利用信息技术等手段，为偏远地区和特殊群体提供优质的教育服务。只有做到教育公平，才能确保教育真正成为促进社会公平正义的重要力量。

（二）高质量发展如何推动教育体制改革

1. 教育体制改革的必要性

（1）满足经济社会发展对人才的新需求是教育体制改革的关键驱动力。现代社会需要具备创新思维、跨学科能力和实践能力的高素质人才，而传统教育模式难以适应这一需求，因此改革教育体制势在必行，以培养新时代所需人才。

（2）提升教育对高质量发展的支撑能力是教育体制改革的核心目标之

一。高质量发展需要教育在创新人才培养、产学研结合、知识创新等方面发挥更强大的引领和支撑作用，这要求通过教育体制改革优化教育资源配置，增强教育的针对性和实效性。

（3）增强教育公平性和包容性是教育体制改革的重要使命。当前教育资源分配不均、特殊群体受教育机会受限等问题突出，教育体制改革旨在打破壁垒，构建更加公平、包容的教育体系，让每个孩子都能享有优质教育资源和发展机会。

2. 教育体制改革的重点领域

（1）完善教育投入和资源配置机制是教育体制改革的关键环节。当前，教育投入总量和结构存在不合理的地方，资源分配不均。一些地区和学校资源充裕，而其他地区和学校则资源匮乏。为实现公平与优质教育，应建立科学的教育投入机制，逐步增加财政支持，确保教育经费稳步增长。优化资源配置，根据地区、学校需求和学生特点，精准配置师资、设施，提高资源利用效率，确保广泛覆盖，为每个学生提供优质教育。

（2）健全教育质量保证和监管体系是教育体制改革的重要任务。教育质量关乎教育生命线。当前监管体系存在标准不一、评估方法不科学、监督不足等问题。提升教育质量需明确标准、统一要求，并确保这些标准符合时代的发展趋势，其中包括课程、教学、学生发展等方面。建立多元评估机制，引入专业机构和社会参与，确保客观公正。加强实时监督，及时解决问题，建立反馈机制，持续提高质量，满足社会期望。

（3）推动教育治理体系和治理能力现代化是教育体制改革的必然要求。传统教育治理模式在复杂需求下存在局限。要实现现代化教育治理，需转变政府职能，明确各主体角色与责任，构建协同治理格局。运用信息技术提升治理能力，实现信息化、智能化管理。加强制度建设，完善法规，提高治理效能，推动科学发展。

3. 教育体制如何适应经济社会发展需求

（1）加强教育与经济社会发展的深度融合是关键之举。经济社会的发展离不开高素质的人才和创新的知识技术，而教育正是提供这些要素的重要源泉。当前，教育与经济社会之间存在一定程度的脱节，导致教育培养出的人才不能完全满足市场需求。为了改变这一现状，教育体制应当鼓励学校与企业建立紧密的合作关系，共同开展实践教学、实习实训和科研项目。推动产学研一体化，促进知识和技术在教育与产业之间的快速流动和转化。根据经济社会发展的趋势和需求，及时调整学科专业设置和课程内容，使教育更加贴近实际应用，从而培养具有实践能力和创新精神的人才。

（2）促进教育供给侧结构性改革是必要途径。教育供给侧结构性改革旨在优化教育资源的供给结构，提高教育供给的质量和效率。教育体制需要打破传统的供给模式，减少无效和低端的教育供给，增加优质和特色的教育供给。加大对新兴领域和关键产业相关专业的支持力度，培养紧缺型人才。创新教育服务模式，利用在线教育、远程教育等手段，扩大优质教育资源的覆盖面。同时，关注不同群体的教育需求，提供多样化、个性化的教育服务，以满足经济社会发展对各类人才的多样化需求。

（3）构建人才培养与创新驱动发展的良性互动机制是重要策略。创新是经济社会发展的核心驱动力，而人才是创新的主体。教育体制应注重培养学生的创新思维和创新能力，营造鼓励创新的教育环境。建立以创新为导向的评价体系，激发学生的创新潜力。加强高校、科研机构与企业之间在创新领域的合作，促进人才在创新实践中成长和发展。通过人才培养推动创新驱动发展，同时以创新驱动发展为导向优化人才培养模式，形成相互促进、协同发展的良好局面，为经济社会的持续发展注入强大动力。

三、高质量发展对教育资源配置的影响

在当前高质量发展的背景下，教育作为国家发展的基石，其资源配置必须与时俱进、优化升级。只有充分发挥教育在人才培养、科技创新、社会建设等方面的关键作用，才能为高质量发展提供有力支撑。因此，探讨高质量发展对教育资源配置的影响，对于推动教育现代化、实现教育公平正义具有重要意义。

（一）高质量发展背景下教育资源在经济发达地区和欠发达地区之间的分配

教育资源的公平分配对于促进区域协调发展、提升整体教育水平和推动社会公平具有至关重要的意义。然而，经济发达地区和欠发达地区之间在教育资源的获取和配置上存在显著差异，这不仅影响了教育公平，也制

约了经济社会的可持续发展。

1. 经济发达地区与欠发达地区的教育资源分配现状

（1）硬件设施方面。经济发达地区的学校通常拥有先进的教学设备、宽敞明亮的教室和完善的体育场馆等优质资源。而欠发达地区往往面临教学设备短缺、基础设施有待改善的困境。

（2）师资力量。发达地区能够吸引和留住高素质的教师，他们具备更高的学历、更丰富的教学经验和更先进的教学理念。而欠发达地区往往面临师资短缺、教师队伍整体素质有待提高的困境。

（3）教育经费。经济发达地区拥有更充裕的财政资金投入教育，能够为学校提供更多的支持。欠发达地区的教育经费相对有限，制约了教育事业的发展。

2. 资源分配不均带来的影响

（1）对欠发达地区而言，这限制了当地人才的培养，导致人才外流，进一步加剧地区发展的不平衡。

（2）对发达地区而言，这可能导致教育资源的浪费和过度竞争，不利于教育的健康发展。

（3）对整体社会而言，这加剧了社会阶层固化，影响社会的公平正义和和谐稳定。

（二）合理配置资源促进教育公平，实现教育机会均等化

1. 增加总体教育投入，为教育发展提供有力支撑

随着社会经济的快速发展和对人才需求的日益旺盛，教育在国家发展中的地位愈发关键。为了满足人们不断增长的对优质教育的需求，以及适应知识经济时代的挑战，必须加大对教育的投入。这不仅包括政府财政资金的持续增加，还应鼓励社会资本的积极参与。足够的教育投入能够改善学校的硬件设施，提升教师的待遇，丰富教学资源，为教育事业的蓬勃发展奠定坚实的物质基础。

2. 优化区域教育资源配置，缩小地区差距

我国地域辽阔，不同地区之间的经济发展水平和教育资源状况存在显著差异。在一些经济发达地区，教育资源丰富，教学质量较高；而在一些欠发达地区，教育资源匮乏，教育水平相对滞后。为了实现教育公平，促

进区域协调发展，需要优化教育资源的区域配置。这意味着要向教育薄弱地区倾斜资源，通过政策引导和资金支持，加强这些地区的学校建设、师资培养和提高教育信息化水平，逐步缩小地区之间在教育条件和教育质量上的差距。

3. 提高教育资源利用效率，推动教育公平正义

在有限的资源条件下，提高利用效率至关重要。这需要创新教育管理体制和运行机制，避免资源的浪费和闲置。合理规划学校布局，整合、优化教育资源，实现规模效益。同时，要加强教育资源的共享和流通，利用现代信息技术手段，打破学校之间的壁垒，让优质教育资源能够惠及更广泛的学生群体。提高教育资源利用效率能够在更大程度上保障教育公平正义，使每个学生都有机会享受到高质量的教育。

四、高质量发展中的教育公平与社会公平

教育作为国家发展的基石，在实现社会公平正义中发挥着关键作用。然而当前我国教育公平仍存在一些问题，影响了社会公平的实现。在高质量发展的背景下，如何通过完善教育公平来促进社会公平，已成为亟待解决的重要课题。因此，深入探讨高质量发展中的教育公平与社会公平的关系，对于推动我国教育事业高质量发展、建设更加公平正义的社会具有重要意义。

（一）教育公平在高质量发展中的地位和作用

1. 教育公平是高质量发展的基础

教育公平在高质量发展中占据核心地位，作为一种基础性原则，它直接关系到社会整体发展水平的提升。高质量发展不仅指经济增长，更强调社会各个层面的均衡与和谐，其中教育的公平性是不可或缺的组成部分。教育公平意味着所有社会成员，无论其出身、性别、种族或经济背景，都应享有平等的受教育机会。这种平等不仅是形式上的，更应体现在教育资源的分配、教育质量的提升和教育成果的普遍受惠上。唯有实现教育公平，才能确保社会各阶层都有机会通过教育实现个人发展，从而为高质量发展奠定坚实的基础。

2. 教育公平是实现社会公平正义的关键

社会公平正义是现代社会的重要目标，而教育公平则是实现这一目标的关键途径。教育是社会资源分配的一种形式，它直接影响到个人的社会地位、经济收入和生活质量。因此，教育公平不仅仅是教育领域内的议题，它更是与整个社会的公平正义紧密相连。如果社会无法在教育领域实现公平，那么贫富差距、社会分层将进一步加剧，社会矛盾也会日益突出。反之，通过推进教育公平，可以在较大程度上缩小社会不平等，促进社会的和谐与稳定，最终实现社会的公平正义。

3. 教育公平是推动社会流动的重要支点

教育公平在社会流动中的作用不可忽视，它是个体改变社会地位和命运的有力工具。社会流动性体现了一个社会成员从一个阶层流动到另一个阶层的可能性，这种流动性是社会活力和创新力的重要来源。教育公平保证了所有人，尤其是弱势群体，能够通过教育获得技能和知识，从而有机会改变自己的社会经济地位。通过公平的教育体系，社会能够激励个体通过努力和才智获得成功，从而保持社会结构的动态平衡与进步。因此，教育公平不仅是社会流动的重要支点，更是社会进步和发展的动力源泉。

（二）政策层面对教育公平的支持及其实际效果

1. 政策支持对教育公平的重要性

（1）政策是实现教育公平的关键抓手

教育公平的实现离不开政策的有力支持。作为国家调控和引导社会资源分配的重要手段，政策为教育公平提供了制度保障和方向指引。无论是通过立法、财政拨款，还是制定教育标准和管理制度，政策都在确保各个群体获得平等的教育机会方面发挥着关键作用。政府通过政策可以规范教育资源的分配，保证偏远地区、弱势群体以及特殊教育需求者能够获得必要的支持和关注。因此，政策作为实现教育公平的关键抓手，其制定与执行的有效性直接影响到教育公平的进程与成效。

（2）政策支持有助于缩小教育差距

在实际操作中，由于经济、地理、社会等因素的影响，不同地区和群体之间的教育资源分布往往存在明显差距。这种差距直接影响到教育公平的实现，进一步加剧社会不平等。政策支持通过制定和实施针对性的措施，如增加对欠发达地区的教育投入、实施贫困学生资助计划、优化教师资源配置等，能够有效缩小这些差距。例如，通过实施国家资助政策，可以使更多的低收入家庭子女获得继续接受教育的机会，从而提升他们的社会流动性。政策支持通过平衡资源配置，缩小城乡、地区、群体之间的教育差距，为实现真正的教育公平提供了保障。

（3）政策支持有利于推动教育公平正义

教育公平不仅是教育领域的目标，更是社会公平正义的重要组成部分。通过政策支持，可以在制度层面上推动教育公平正义的实现。一方面，政策可以确保教育系统内各项规章制度的公平、透明，有效防止腐败和不公正现象的发生；另一方面，政策还可以倡导和推动教育理念的更新，促进全社会对教育公平的认同与践行。例如，国家在义务教育阶段全面实施的免费教育政策，不仅减轻了家庭的教育成本负担，也彰显了社会对教育公平正义的承诺。通过政策的引导和推动，教育公平可以更好地服务于社会公平正义，从而实现更广泛的社会和谐与发展。

2. 当前政策层面支持教育公平的实际效果

（1）缩小城乡教育差距

通过加大对农村和欠发达地区的教育投入和完善乡村教师补助政策等措施，城乡教育资源配置逐步趋于平衡，教育机会差距有所缩小。但仍需进一步加大力度，确保城乡学生享有更加公平的教育资源。

（2）帮助家庭经济困难学生

完善学生资助政策体系，确保家庭经济困难学生能顺利接受良好教育。这在一定程度上提高了这些学生的受教育机会，促进了教育公平。但对于家庭经济状况极其困难的学生，仍需要更加精准的扶助措施。

（3）保障特殊群体权益

针对残疾学生、少数民族学生等特殊群体，加大教育投入和针对性的支持力度，某些地区的特殊教育事业有所进步。但整体上来说，这些群体的教育权利保障仍需进一步加强。

（4）改善教育质量评价

建立健全教育质量评价机制，为教育教学过程的公平公正提供制度保障。但在具体实施过程中，仍存在一些需要继续完善的偏差和不公平现象。

总的来说，政策层面的支持取得了一定成效，但教育公平事业仍需进一步推进，缩小不同群体之间的教育差距，让每个人都能享有公平而优质的教育资源。

第四节　高质量发展背景下高校落实立德育人的客观要求

高校作为培养国家栋梁的重要阵地，肩负着培养德才兼备的高素质人才的重要使命。随着我国经济社会进入高质量发展阶段，对教育尤其是高等教育提出了更高的要求。立德树人作为高校教育的根本任务，必须在这一背景下得到进一步强化和落实。高校不仅要在知识传授和技能培养方面下功夫，更要在学生思想道德建设和人格培养上投入更多的精力。这就要求高校在育人理念、教育实践、制度保障等各个方面进行系统的改革和创新，以适应高质量发展对人才培养的新要求。

一、高质量发展背景下高校立德育人的重要意义

作为培养国家未来栋梁的重要基地，高校不仅肩负着传授知识和培养技能的责任，更承担着塑造学生品德和人格的重任。立德树人是高校教育的根本任务，也是实现教育高质量发展的核心要求。只有高校牢牢把握立德树人的根本任务，坚持把思想政治教育作为主线，切实加强师德师风建设，深入推进课程思政建设，营造良好的育人环境，才能为国家发展源源不断地输送高素质人才，为实现中华民族伟大复兴的中国梦贡献力量——这是高校肩负的重大政治责任和历史使命。

（一）助力大学生卓越成长

1. 塑造健全人格

积极的价值观和道德观是个人内心的支柱，能引导学生在面对复杂的社会现象时做出正确的判断和选择。诚信让他们赢得他人的信任，友善使他们建立良好的人际关系，责任感则促使他们对自己的行为负责。同时，健全的人格也能帮助学生在遭遇挫折时保持乐观积极的心态，有效应对各

种心理压力，实现身心健康发展。

2. 提升综合素质

良好的沟通能力使学生能够清晰表达自己的想法，理解他人的观点，从而更好地与人合作。合作能力有助于他们在团队中发挥各自的优势，实现共同目标。领导能力的培养则能让部分学生在未来的工作和生活中发挥引领作用。创新思维和批判性思维的发展使学生能够突破传统思维的束缚，提出新颖的见解和解决方案。

3. 促进职业发展

正确的职业观让学生明白工作不仅是为了获取经济收入，更是实现个人价值、为社会作贡献的途径。职业道德则规范他们在工作中的行为，使他们赢得职业声誉和尊重。具备高尚品德和扎实专业能力的学生在职场中更易获得认可和晋升机会，从而更好地适应不断变化的职业环境。

（二）促进高校自身发展

1. 提升教育质量

教育质量是高质量发展的核心指标之一。高校通过落实立德育人可以有效提升教育质量，实现从"教书"到"育人"的全面转变。立德育人理念不仅关注学生的学术成绩，更注重培养他们的道德品质和人格发展，这种全方位的育人理念有助于打造更高水平的教育体系。在这个过程中，教师的育人能力、课程设置、校园文化等各个方面都将得到全面优化，从而推动高校教育质量的整体提升，助力我国教育现代化的实现。

2. 营造良好校园文化

积极向上的校园文化能够感染每一位师生，使大家在潜移默化中受到熏陶。文明和谐的校园文化环境有利于减少冲突和矛盾，增进师生之间的理解与信任，促进学术交流和思想碰撞，为学校的发展注入强大的精神动力。

3. 推动教育创新

时代的发展对高校教育提出了新的挑战，立德育人的根本任务促使高校不断探索新的教育模式，如实践教学、跨学科教育等，这要求优化课程体系，将德育元素融入专业课程，以培养适应社会需求的创新型人才。

（三）推动社会文明进步发展

1. 培养社会所需人才

高质量发展要求高校培养的人才不仅应具备扎实的专业知识，还需具备创新能力、道德修养和团队合作精神。立德树人通过系统的德育教育，全面提升学生的综合素质，使他们在进入社会后能够更好地应对复杂的工作和生活挑战，为国家的创新驱动和高质量发展提供强有力的人才支持。

2. 传承和弘扬优秀文化

高校作为文化传承和创新的重要场所，通过立德育人，能够将中华民族的优秀传统美德和文化精髓传递给学生，使其成为文化的传承者和弘扬者。同时，学生在接受教育的过程中也能够结合时代需求对传统文化进行创新发展，为文化的繁荣注入新的活力。这对于提升国家的文化软实力，增强民族自信心和凝聚力，具有重要的现实意义和长远影响。

3. 构建和谐社会

高质量发展不仅追求经济效益的提升，更强调社会的公平正义与和谐发展。高校通过立德育人，将公平正义的理念融入教育过程中，培养学生的社会责任感和公民意识，使他们在未来的工作和生活中能够积极推动社会的公平与正义。通过培养具有强烈社会责任感的青年，高校为社会输送的不仅是具备专业技能的人才，更是能够引领社会进步、促进社会和谐的栋梁之材。

二、高质量发展背景下高校立德育人的客观要求

高校立德育人的价值，不仅是对高校立德育人进行研究的缘由，也是其研究的关键方面。立德育人作为高校教育的根本任务，在高质量发展的背景下被赋予了新的内涵和更高的要求。高校必须准确把握这一时代背景下的立德育人要求，全面提升学生的思想道德素质和综合能力，以更好地服务于国家的发展战略和社会的进步需求。有关高校立德育人价值的阐述与探讨，对于深度领会高校立德育人的必要性与现实意义和增强高校立德育人的行动能力和实际成效，均有着显著的重要性。

（一）推进中国特色社会主义事业发展的内在要求

1. 培养社会主义建设者和接班人的根本任务

推进中国特色社会主义事业，需要一大批具备高尚道德品质和坚定理想信念的社会主义建设者和接班人。这些人才不仅需要掌握扎实的专业知识和技能，更重要的是具备强烈的使命感和社会责任感。高校通过落实立

德育人的相关要求，能够培养学生正确的政治方向和价值取向，使他们在未来的工作中能够坚定不移地为中国特色社会主义事业奋斗。立德育人因此成为高校教育的核心任务，也是推进社会主义现代化建设的重要途径。

2. 确保社会主义核心价值观的深入贯彻

社会主义核心价值观是中国特色社会主义事业的精神旗帜和行动指南。高校作为意识形态工作的重要阵地，必须将社会主义核心价值观的培育和践行融入立德育人的全过程。通过课堂教学、校园文化建设和社会实践活动，高校能够引导学生深刻理解和认同社会主义核心价值观，并将其内化为个人的道德信仰和行为准则。这种价值观的深入贯彻，不仅有助于学生个人的发展，更为中国特色社会主义事业的可持续发展奠定了思想基础和文化根基。

3. 提供高素质人才支持，实现中华民族伟大复兴

实现中华民族伟大复兴的中国梦，是新时代中国特色社会主义事业的宏伟目标。为了实现这一目标，高校必须肩负起培养高素质人才的重任，通过立德育人，为社会输送具有创新精神、实践能力和国际视野的新时代人才。这些人才将成为推动科技创新、经济发展和社会进步的中坚力量，是实现国家现代化的重要资源。因此，立德育人不仅关系到个人的成长和成功，更直接影响到国家和民族的未来发展。

4. 推动社会和谐稳定，实现全面发展的教育目标

社会和谐稳定是中国特色社会主义事业发展的重要保障，而和谐社会的建设离不开广大公民的道德自律和社会责任感。高校通过立德育人，能够培养学生的法治观念、公共意识和道德情操，使他们在步入社会后能够主动承担社会责任，维护社会的和谐稳定。此外，立德育人还强调学生的全面发展，帮助他们在德智体美劳各方面都得到均衡发展，从而成为社会主义事业的合格建设者和可靠接班人。这种全面发展的教育目标，正是推进中国特色社会主义事业发展的客观需要。

（二）高校的根本使命

随着我国进入高质量发展阶段，高校的使命不限于知识传授和技能培训，更在于培养具有崇高理想和坚定信念的德才兼备的人才。立德育人是高校的根本使命，也是实现高质量发展的必然要求。在这个背景下，高校必须牢牢把握立德育人的中心任务，以培养全面发展的高素质人才为目标，

为国家和社会的长远发展提供坚实的道德和人力资源保障。

1. 培养德才兼备的高素质人才

高校的根本使命之一是培养德才兼备的高素质人才，这要求高校不仅注重学生的知识和技能培养，更要注重他们的思想道德修养。德才兼备不仅是对人才的全面要求，更是社会高质量发展的重要支撑。通过立德育人，高校能够确保学生在学术和道德两个层面都得到充分的发展，培养出具有创新精神、责任意识和高尚品德的新时代人才，这些人才将在国家建设和社会进步中发挥关键作用。

2. 引领思想和文化建设

高校作为思想和文化的传播者和引领者，肩负着为社会注入正能量和提供精神支持的重任。立德育人作为高校的根本使命，要求高校在引领思想和文化建设方面发挥更为积极的作用。通过构建健康向上的校园文化、开展丰富的思想政治教育活动和推动社会主义核心价值观的传播，高校能够引导学生形成正确的世界观、人生观和价值观，进而在全社会形成良好的思想文化氛围。这种思想和文化的引领作用，不仅提升了高校的社会影响力，也为社会的和谐稳定和文化繁荣提供了重要保障。

3. 服务于国家发展战略

在高质量发展的背景下，国家对高等教育提出了更高的期望，高校的根本使命不仅在于培养人才，更在于服务于国家发展战略。立德育人要求高校培养的人才不仅要有扎实的专业能力，还要具备高度的社会责任感和爱国主义精神。高校通过立德育人，可以培养出一批批符合国家发展战略需求的高层次人才，尤其是在创新驱动发展、科技自立自强和社会治理现代化等领域，为国家的发展提供智力支持和道德保障。

4. 推动社会进步与文明发展

高校作为社会进步的重要推动力，其根本使命之一是通过教育促进社会的文明进步。立德育人通过培养具有社会责任感和公民意识的大学生，能够为社会的文明进步提供源源不断的动力。大学生作为社会的新生力量，能够在未来的职业生涯和社会生活中传播正能量、践行社会公德，从而推动社会的整体进步和文明发展。高校通过立德育人的根本使命，不仅造就了个人的成长成才，更为社会的长远和谐发展奠定了坚实的基础。

5. 提升高校自身的社会责任感和影响力

立德育人不仅是高校对学生的要求，更是对高校自身的要求。作为社会的"思想库"和"智囊团"，高校的社会责任感和影响力直接影响着其在社会中的地位和作用。通过落实立德育人理念，高校能够增强自身的社会责任感，积极参与社会事务和公共治理，树立良好的社会形象，进而提升自身的社会影响力和美誉度。这种积极的社会参与和责任担当，不仅是高校履行自身使命的体现，也是推动社会进步的重要途径。

（三）教师的根本要求

习近平总书记在2014年同北京师范大学师生代表座谈时指出："扎实的知识功底、过硬的教学能力、勤勉的教学态度、科学的教学方法是老师的基本素质，其中知识是根本基础。"① 作为高校教师，要牢记为党育人、为国育才的使命，积极探索新时代教育教学方法，不断提升教书育人本领，为培养德智体美劳全面发展的社会主义建设者和接班人作出新的更大贡献。

1. 坚定理想信念

教师首先要牢固树立马克思主义、社会主义的正确价值观和世界观，全面贯彻党的教育方针，坚定不移地走中国特色社会主义教育发展道路。同时，教师要自觉承担起培养德智体美劳全面发展的社会主义事业建设者和接班人的神圣使命，坚定马克思主义信仰，具有强烈的社会责任感和使命感。教师只有自身具有坚定的理想信念，才能真正发挥好育人的引领作用。

2. 高尚的职业道德

教师要严格遵守教书育人的职业操守，以身作则，为学生树立良好的学习和行为榜样。教师不仅要坚守学术诚信，恪尽学术职责，反对学术不端行为，还要关爱学生，尊重学生，维护学生合法权益，切实做到公平公正、以身作则；同时也要严格要求自己，时刻遵守学术道德和职业道德准则。教师只有自身具有高尚的职业操守，才能为学生树立正确的行为准则和价值标杆。

3. 扎实的学科知识

教师不仅要持续钻研专业知识，及时更新知识结构与扩大学术视野，紧跟学科前沿动态，确保知识储备充足、体系完整，同时还须善于将学科

———————
① 习近平.论教育［M］.北京：中央文献出版社，2024：76.

知识有机融入教学实践，以提升教学质量。此外，教师应能够将知识系统化、条理化地传授给学生，启发学生思维，培养他们的创新能力。教师只有自身精通学科知识，才能真正发挥育人的专业优势。

4. 娴熟的教学技能

教师要熟练掌握现代教育教学理论和方法，善于设计启发式、互动式的教学方案，激发学生的学习兴趣和潜能。教师要运用信息技术手段，优化教学设计，提升教学效果；注重因材施教，发挥学生的主体作用，激发他们的学习热情。教师只有具有娴熟的教学技能，才能真正推动学生全面发展。

5. 耐心细致的教书育人之心

教师要真挚关爱学生，以微小的关怀温暖他们的心灵，以真诚与耐心去指导学生的学习和发展，帮助他们树立正确的人生观；同时还要发挥榜样的引领作用，用自己的行为感召和引导学生的全面发展。教师只有具有这样的教书育人之心，才能真正成为学生心目中的好老师。

本章小结

高质量发展为新时代高校教育改革发展指明了方向，也对高校立德育人工作提出了新的要求，要求高校在人才培养模式、师资队伍建设、教学质量提升等方面全面升级，从而为国家经济社会发展培养更多高素质人才。立德育人理念是一个不断发展和完善的教育思想，它反映了教育在不同历史阶段的演变，同时也展现了教育面向未来的发展趋势。立德育人的历史演变充分体现了党的教育方针的不断完善、教育实践的持续创新，以及理论基础的持续充实，为立德育人事业的现实推进提供了宝贵经验。立德育人的理论依据既有马克思主义经典理论的深厚基础，又有中国特色社会主义教育理论的鲜明特色，同时也吸收了世界教育发展的最新理念，这些都为新时代立德育人事业提供了坚实的理论支撑。立德育人工作需要学校、家庭、社会各方面的广泛参与和密切配合，从而形成全方位、全过程、全员育人的大格局，为学生的全面发展创设良好的育人环境。高质量发展要求高校全方位提升人才培养质量，为国家经济社会发展输送更多高素质人才。

第二章
高质量发展背景下高校立德育人的基本内涵

高质量发展是新时代我国经济社会发展的主线，也是高校落实立德育人的时代要求。高校作为人才培养的主阵地，在社会主义现代化建设中发挥着不可替代的作用。因此，深入探讨高质量发展背景下高校立德育人的内在机理和具体实践具有重要意义。

第一节　高质量发展背景下高校立德育人的概念界定

高等教育是国家发展的战略支撑，高校作为培养高级人才的重要阵地，肩负着培养德智体美劳全面发展的社会主义建设者和接班人的重大责任。在新时代高质量发展的背景下，高校立德育人的理念和要求也发生了深刻变革。如何准确界定高质量发展背景下高校立德育人的内涵，对于高校深化教育改革、培养德智体美劳全面发展的社会主义建设者和接班人具有重要意义。

一、立德的内涵

立德是马克思主义教育思想的核心内容，也是新时代高校人才培养的重要目标。在新的发展背景下，如何深入理解立德的内涵，对于高校全面推进立德树人、培养担当民族复兴大任的时代新人具有重要意义。

（一）立德的概念内涵

1. 立德的字面意义

"立德"，从字面上理解，"立"有树立、确立之意，"德"指品德、道德。立德是中华优秀传统文化的核心价值之一。"立德"一词最早出现在《左传》中，所谓："太上有立德，其次有立功，其次有立言，虽久不废，此之谓三不朽。"中国古代思想家强调，立德应当是人成长成才的首要因素。三国时期的李康指出，立德比当上天子还要重要。唐朝的孔颖达进一步阐述，立德体现了创制垂法、博施济众的圣德，并能惠及无穷。由此可见，修身养性、崇德向善一直是中华文明传承的重要内容，立德在文明延续和精神血脉中扮演着不可替代的作用。立德即确立良好的品德和道德规范，它强调个人在成长过程中，通过自我修养和外在教育，培养正直、善良、诚信等优秀的道德品质，从而成为有道德、有操守的人。

2. 马克思主义教育思想中的立德

在马克思主义教育思想中，立德具有深刻的内涵。马克思主义认为，人的发展是全面的，包括物质和精神两个方面。立德是人的全面发展的重要组成部分，是培养具有共产主义觉悟和高尚道德品质的劳动者的必然要求。教育不仅要传授知识和技能，更要培养人的社会责任感、集体主义精神和为人民服务的意识，使个体能够在社会实践中遵循道德准则，进而为实现社会的公平正义和人类的解放事业贡献力量。

3. 新时代背景下的立德内涵

在新时代背景下，立德的内涵进一步丰富和发展。立德要求培养具有坚定理想信念、热爱祖国、热爱人民等品质的人才，弘扬社会主义核心价值观，传承中华优秀传统文化中的道德精髓。同时，要培养创新精神、担当意识和全球视野，使个体能够适应时代发展的要求，在复杂多变的社会环境中坚守道德底线，积极践行社会责任，为实现中华民族伟大复兴的中国梦提供强大的精神动力和道德支撑。十八大以来，习近平总书记十分重视立德的问题，多次强调党员干部及青年学生要立德、修德、践德。2014年，习近平总书记在北京大学师生座谈会上指出："一个人只有明大德、守公德、严私德，其才方能用得其所。"① 要实现崇高的道德境界，我们需要做到三点：一是明大德，坚定政治信仰和理想信念，努力练就扎实本领，为实现中华民族伟大复兴而奋斗；二是守公德，公民要培养道德意识，自

---

① 习近平. 习近平谈治国理政：第一卷［M］. 北京：外文出版社，2014：173.

觉履行公民道德价值要求，提高公德素养；三是严私德，严格要求自己，对自己克制，不断锤炼意志品质，提升内在修养。对于高校而言，在坚持"立德树人"的过程中，把德育工作置于首位具有重要意义，不仅体现在教师对学生的德育培养，也体现在学生自身品德素养的养成。

（二）立德的核心要素

立德作为马克思主义教育思想的核心内容，其重要性不言而喻。要全面推进立德树人，必须把握住立德的核心要素。

1. 树立共产主义远大理想和中国特色社会主义共同理想

共产主义远大理想和中国特色社会主义共同理想是中国特色社会主义事业的灵魂和方向，是我们奋斗的最高目标。高校教育要引导学生牢固树立这一理想信念，坚定不移走中国特色社会主义道路，为实现中华民族伟大复兴而不懈奋斗。

2. 培育社会主义核心价值观

习近平总书记强调："核心价值观，其实就是一种德，既是个人的德，也是一种大德，就是国家的德、社会的德。"① 社会主义核心价值观体现了中国特色社会主义的精神实质，是价值引领的根本。高校要全面贯彻社会主义核心价值观，让学生自觉遵循和践行，做到知行合一，内化于心、外化于行。

3. 弘扬中华优秀传统文化

中华优秀传统文化是中华民族的根脉，蕴含了中华民族的精神追求和价值理念。高校要着力挖掘和弘扬中华优秀传统文化，引导学生认同中华文化，培养学生的文化自信。

4. 增强爱国主义精神

爱国主义是立德育人的重要支撑，是学生成长的价值基点。高校要引导学生热爱祖国，自觉维护国家利益和民族尊严，为实现中华民族伟大复兴贡献力量。

（三）立德的目标定位

立德作为马克思主义教育思想的核心内容，其目标定位直接决定了立

---

① 习近平. 青年要自觉践行社会主义核心价值观：在北京大学师生座谈会上的讲话 [M]. 北京：人民出版社，2014：4.

德育人工作的实践取向和预期效果。结合新时代党的教育方针，立德的目标定位主要包括以下三个方面：

1. 培养德智体美劳全面发展的社会主义建设者和接班人

社会主义事业需要一支德才兼备的建设队伍。高校要坚持"全面发展"的教育理念，注重学生德智体美劳的协调培养，使学生成为德智兼备、全面发展的社会主义事业建设者和接班人。

2. 培养担当民族复兴大任的时代新人

实现中华民族伟大复兴是中国特色社会主义的宏伟目标。高校要引导学生树立远大理想，增强使命担当，培养学生爱国情怀、责任意识和实干精神，使之成为担当民族复兴大任的时代新人。

3. 推动学生全面发展，实现学生的个人价值

高校教育的根本目的是服务于学生全面发展、实现学生个人价值。高校要坚持以学生为中心，注重学生个性特点，帮助学生健康成长，综合实现学生的个人价值和社会价值。

二、育人的概念内涵

人才培养是高校的基本任务，育人更是高校教育的核心内涵。党的教育方针明确将"立德树人"作为根本任务，这就要求我们深入探讨和把握育人的概念内涵。只有准确把握育人的内涵，我们才能更好地推进立德树人工作，全面提高人才培养质量。

（一）育人的概念演变

育人作为教育的重要组成部分，其概念随着历史的进程不断演变。

1. 古代社会的育人观

在古代社会，教育的主要目的是塑造符合社会需要的人才，育人理念受到当时的政治、经济和文化的深刻影响。古代中国的教育理念深受儒家思想的影响，尤其是德育的重要性被高度强调。从"慎独""己所不欲，勿施于人""修身、齐家、治国、平天下""穷则独善其身，达则兼济天下"等理念中，看出古代教育注重个人修养与道德涵养，体现了"为己之学"的特点。同时，古代立德树人思想也展现出了更加宏大的格局和情怀，表达了"为天地立心，为生民立命"的理念。这一思想不仅包含了统治阶级

维护政治统治的需求，更蕴含了士人君子对民族前途命运的担当。尽管随着历史发展，立德树人思想的语言表述有所变化，但其核心内涵却在中华民族的发展进程中得以传承和发展。因此，在古代教育中，德育被视为育人的核心内容，通过经典教育如"四书五经"的学习，学生被期望成为有德行、有智慧的君子。

在西方，古希腊哲学家，如柏拉图和亚里士多德，也强调教育的重要性。柏拉图的《理想国》中提到的"哲学王"概念，就是通过教育培养具有高尚品德和深厚智慧的统治者。亚里士多德则在《政治学》中讨论了教育在塑造公民性格和美德中的作用。

2. 近代教育改革与育人理念的多元化

随着近代社会的变迁，尤其是工业革命的爆发和社会结构的变化，育人理念开始逐渐多元化。德育虽然仍然被重视，但智育、体育和美育等其他方面的教育开始受到越来越多的关注。在 19 世纪的欧洲，启蒙思想的兴起促进了智育的发展，教育逐渐从以道德教育为主转向以科学知识的传授和智力开发为重点。教育家如约翰·洛克和让－雅克·卢梭等提出的自然教育理念，强调了学生的自主性和批判性思维能力的培养。卢梭在其著作《爱弥儿》中提到，教育应当尊重儿童的天性，通过自由探索和实际操作来促进智育的发展。与此同时，体育和美育也开始在育人理念中占据重要地位。随着健康观念的普及，体育逐渐成为学校教育的重要组成部分。19 世纪末至 20 世纪初，西方国家普遍建立了系统的学校体育教育体系，强调通过体育活动增强学生的身体素质和心理健康。美育的概念也在这一时期逐步形成和完善。美育教育旨在通过艺术教育提高学生的审美能力和创造力，教育家如弗里德里希·席勒在其《美育书简》中提出，通过艺术教育可以达到感性与理性的平衡，促进个体的全面发展。

3. 现代育人理念的整合与发展

进入 20 世纪，随着教育理论的发展和社会需求的变化，育人理念进一步丰富和综合化。现代育人理念不仅涵盖德育、智育、体育和美育，还引入了劳育这一重要维度。

劳育的概念强调教育应当与劳动实践相结合，使学生在实际操作中学习劳动技能，形成正确的劳动观念。20 世纪初，苏联教育家安东·马卡连柯提出了"劳动教育"的思想，主张通过集体劳动培养学生的责任感和集体主义精神。在中国，毛泽东提出的"教育必须与生产劳动相结合"① 的思想，成为新中国教育方针的重要组成部分，从而强调劳育在育人中的重要性。

现代教育更加注重学生的全面发展，强调德智体美劳五育并举。这种育人理念不仅关注学生的知识和技能培养，还重视学生的道德品质、身体健康、审美素养和劳动能力的全面提升。这种综合的育人理念反映了现代社会对人才的多样化需求，同时也体现了教育在促进社会进步和个人发展中的重要作用。

中国共产党的建设发展过程强调了德治在中国特色社会主义发展中的重要作用，2002 年，党的十六大报告指出："切实加强思想道德建设。依法治国和以德治国相辅相成。要建立与社会主义市场经济相适应、与社会主义法律规范相协调、与中华民族传统美德相承接的社会主义思想道德体系。"② 2007 年，党的十七大报告指出："要全面贯彻党的教育方针，坚持育人为本、德育为先，实施素质教育，提高教育现代化水平，培养德智体美全面发展的社会主义建设者和接班人，办好人民满意的教育。"③ 2007 年，胡锦涛同志在全国优秀教师代表座谈会上的讲话中强调指出："要坚持育人为本、德育为先，把立德树人作为教育的根本任务，加强爱国主义教育，深入开展理想信念教育，加强和改进学生思想政治工作，把社会主义核心价值体系融入国民教育体系，引导学生树立正确的世界观、人生观、价值观、荣辱观，努力培养德智体美全面发展的社会主义建设者和接班人。"④ 在这次讲话中，胡锦涛同志将立德树人提到教育根本任务的关键位置，强调了德育在教育事业中的重要作用。党的十八大以来，习近平总书记非常重视立德树人在高等教育中的重要地位与全员、全程、全方位育人

---

① 毛泽东. 毛泽东选集：第五卷 [M]. 北京：人民出版社，1977：498－508.

② 江泽民. 全面建设小康社会　开创中国特色社会主义事业新局面：在中国共产党第十六次全国代表大会的报告 [M]. 北京：人民出版社，2002：47.

③ 胡锦涛. 高举中国特色社会主义伟大旗帜　为夺取全面建设小康社会新胜利而奋斗：在中国共产党第十七次全国代表大会上的报告 [M]. 北京：人民出版社，2007：43.

④ 胡锦涛. 在全国优秀教师代表座谈会上的讲话 [M]. 北京：人民出版社，2007：3.

的落实要求。2016 年，习近平总书记在全国高校思想政治工作会议上强调
"高校立身之本在于立德树人"，并提出"坚持把立德树人作为中心环节，
腰杆硬、底气足地把思想政治工作贯穿教育教学全过程，实现全程育人、
全方位育人"①。从古代注重道德教育到现代教育强调全面发展，育人的内
涵逐渐从单一的道德教育扩展到包括智育、体育、美育和劳育在内的多维
度培养。

（二）育人的核心内涵

育人的核心内涵包括五个方面，即德育、智育、体育、美育和劳育。

1. *德育是育人的核心*

德育在育人的整个体系中处于核心地位，其重要目标在于全方位地培
养学生的道德品质和价值观念。德育教育所涵盖的范畴绝不仅仅局限于要
求学生被动地遵守社会既定的道德规范，更为关键的是，要让学生能够主
动地形成并拥有良好的个人品德。比如，培养学生具备诚实守信的品质，
使他们无论在何种情况下都能坚守承诺，言行一致；培养学生拥有强烈的
责任感，让他们能够明确自身的角色和使命，勇于承担起应尽的责任；培
养学生的同情心，让他们能够设身处地地理解他人的处境和感受，对他人
的困难和痛苦报以关怀和帮助。

2. *智育在教育体系中占据着重要的位置*

智育重点关注知识的有效传授以及智力的充分开发，通过一系列有规
划、有条理的教育教学活动，致力于培养学生具备扎实的科学素养，使他
们能够掌握科学的方法和知识体系，对世界有客观、准确的认知。同时，
注重培养学生的创新能力，激发他们的创造力和想象力，鼓励他们敢于突
破传统思维的束缚，提出新颖独特的见解和解决方案。此外，还着重培养
学生的批判性思维，引导他们学会对所接收到的信息进行深入分析、理性
判断和独立思考，不盲目跟从，能够以辩证的视角审视问题，并从中得出
合理的结论。

3. *体育在教育领域中具有至关重要的地位*

体育着重强调对学生身心健康的全面培养。通过丰富多样的体育活动，

---

① 习近平. 论教育［M］. 北京：中央文献出版社，2024：139.

切实有效地增强学生的身体素质，使其拥有健康的体魄去应对学习和生活中的各种挑战。不仅如此，体育还在促进学生心理健康方面发挥着显著作用，帮助学生释放压力、调节情绪，培养积极向上的心态和良好的心理适应能力。更为关键的是，体育能够在潜移默化中培养学生顽强拼搏的意志品质，让他们在面对困难和挫折时，具备坚韧不拔的毅力和勇往直前的勇气，不轻易言败。同时，体育活动还能够促使学生养成团结合作的精神，让他们明白团队的力量，学会与他人协作互助，共同为实现目标而努力奋斗。

4. 美育在教育过程中有着不可忽视的重要性

美育格外注重学生审美能力和艺术修养的显著提升。通过系统且专业的艺术教育，致力于培养学生敏锐的审美意识，让他们能够敏锐地感知和欣赏美，准确地辨别美与丑、善与恶。同时，美育积极激发学生的创造力，鼓励他们在艺术的领域中大胆想象、自由发挥，不拘泥于传统的框架和模式，进而能够展现出独特的艺术思维和创新才华。此外，美育还着重培养学生的人文素养，使他们在艺术的熏陶下，深入理解人类的文化遗产和精神追求，汲取艺术作品中所蕴含的丰富人文内涵，从而拥有更加广阔的文化视野和深厚的人文底蕴。

5. 劳育在教育体系中发挥着独特且关键的作用

劳育重点强调对劳动观念和实践能力的精心培养。它通过一系列有针对性的教育举措，致力于使学生牢固树立正确的劳动观，深刻认识到劳动的价值和意义，摒弃对劳动的轻视和误解。同时，劳育力求让学生具备一定水平的劳动技能，熟悉各类劳动的基本操作方法和流程，能够熟练运用工具和技术完成相应的劳动任务。此外，劳育还注重培养学生的社会实践能力，使其能够在真实的社会环境中灵活运用所学的劳动知识和技能，积极参与社会劳动实践，为社会的发展和进步贡献自己的力量。

（三）育人的目标导向

育人的目标导向是高校立德树人工作的重点所在，直接决定了育人的实践取向和预期效果。结合新时代党的教育方针，育人的目标导向主要包括以下三个方面：

1. 培养德智体美劳全面发展的社会主义建设者和接班人

致力于培养德智体美劳全面发展的社会主义建设者和接班人。社会主义事业的推进和成功，迫切需要一支不仅具备高尚品德，还拥有卓越才能的强大建设队伍。高校在教育实践中应当始终坚定不移地坚持"全面发展"的教育理念，高度重视学生在德智体美劳各个方面的协调发展。要通过精心设计的教育教学活动，培养出既有良好道德品质又有扎实知识技能，既有强健体魄又有审美素养，既有劳动意识又有实践能力的德智兼备、全面发展的社会主义事业建设者和接班人。只有这样，高校才能为社会主义事业源源不断地输送高素质、综合性的人才，为国家的繁荣昌盛和民族的伟大复兴提供坚实的人才支撑。

2. 培养担当民族复兴大任的时代新人

实现中华民族伟大复兴这一宏伟目标，是新时代赋予我们的无比庄严且神圣的使命。高校在这一伟大进程中肩负着重要责任，必须充分发挥其引领作用，积极引导学生树立高远而宏伟的理想，使其深刻认识到自身在历史进程中的责任与担当。要通过丰富多样且富有成效的教育方式，着重培养学生深厚的爱国情怀，让他们对祖国的热爱深入骨髓，始终与祖国同呼吸、共命运。增强学生强烈的社会责任感，使其明白自身的一举一动都与社会的发展息息相关，从而自觉主动地为社会的进步贡献力量。大力培育学生的奋斗精神，激发他们在面对困难和挑战时毫不退缩、勇往直前的勇气和决心，始终保持昂扬向上的斗志。使学生成长为能够担当民族复兴大任的时代新人，让他们以坚定的信念、扎实的学识和无畏的勇气，在实现中华民族伟大复兴的征程中勇挑重担、奋勇前行。

3. 推动学生全面发展，实现学生的个人价值

推动学生全面发展，助力实现学生的个人价值。高校教育承载着重大的责任与使命，其根本目的在于全心全意服务于学生的全面发展，帮助学生充分实现个人价值。高校应当始终坚定不移地坚持以学生为中心的教育理念，深入了解每一位学生的特点和需求，做到因材施教。高校通过精心设计的教育教学方案和丰富多彩的实践活动，为学生提供适宜的成长环境和发展机会，及时解决学生在成长过程中遇到的各种问题和困难，帮助他们建立正确的世界观、人生观和价值观，促进其身心健康发展。通过以上

这些措施，高校才能有力地推动学生个人价值和社会价值的有机统一，使学生在实现个人理想和追求的同时，能够为社会的进步和发展贡献自己的智慧与力量，成为既能够实现自我价值，又能为社会创造价值的有用之才。

三、"立德"与"育人"的关系

在现代社会，立德就是立社会主义之德，这体现了新时代的价值取向。同时，育人也就是培养社会主义合格建设者和可靠接班人，满足国家发展的需求。可以说，立德与育人之间是密切相关、缺一不可的。单纯讲立德不足以培养出所需人才，而单纯讲育人也会缺失一直为我们所传承的爱国敬业、诚信友善等美好品德。因此，立德育人应是统一的，二者是目的和途径的关系，体现了传统美德与社会主义核心价值观的有机结合。

（一）立德是育人的根本

想要完成高校所肩负的立德树人这一根本任务，关键在于通过全方位、多层次的教育，积极引导学生树立起正确的世界观、人生观和价值观，也就是所谓的"立德"。这乃是育人的核心之所在，是育人工作的起始点和最终的归宿。在高校的教育实践中，"立德"具有至关重要的地位。它意味着不仅仅是向学生传授专业知识和技能，更是要深入到学生的思想深处，帮助他们构建起科学合理、积极向上的世界观，使学生能够以全面、客观、辩证的视角去认识世界、理解世界，不被狭隘和片面的观点所束缚。引导学生树立正确的人生观，让他们明晰人生的意义和价值，懂得在有限的人生历程中追求有意义、有品质的生活，不迷失于功利和短视的追求。促使学生确立正确的价值观，使他们能够清晰分辨是非善恶、美丑荣辱，在面对各种复杂的价值选择时，能够坚守正义、善良的道德准则。

（二）育人是立德的载体

"立德"充分展现了教育所秉持的价值取向以及明确的目标指向，其意义深远且关键。而"育人"则是借助各种各样的教育教学手段以及方式来切实达成这一高远目标。在教育的广袤领域中，"育人"涵盖了丰富多样的内容和形式。它包括精心设计的课程体系、生动有趣的课堂教学、深入细致的实践活动以及充满关怀的师生互动等方面。通过这些具体的手段，教师将"立德"这一抽象的理念转化为切实可行的教育行动。"育人"不仅仅是知识的传递，更是品德的塑造、价值观的引领和人格的培养。在育人的过程中，教师以言传身教的方式，潜移默化地影响学生，使他们在学习知识的同时，逐步形成正确的道德观念和行为准则。

正因如此，"育人"毫无疑问是"立德"的具体体现和切实可行的实现载体。只有通过全面、系统且富有成效的育人工作，"立德"这一崇高的教育理想才能真正落地生根，开花结果，从而培养出德才兼备、全面发展的高素质人才，为社会的进步和发展输送源源不断的正能量。

（三）立德与育人相互促进

"立德"为"育人"清晰地指明了前行的方向，犹如一座灯塔，在教育的茫茫大海中为育人之路照亮航程。它为"育人"提供了明确且至关重要的价值标准，使育人工作能够有的放矢，遵循正确的轨道前行。与此同时，高校通过精心组织且富有成效的育人活动，能够有力地推动学生良好品德的逐步养成以及正确价值观的有效形成。在育人的过程中，教师通过知识的传授、实践的锻炼、榜样的引领以及环境的熏陶等多种方式，激发学生内心对于真、善、美的追求，使其在潜移默化中不断完善自身的品德修养，进而将外在的道德规范内化为个人的自觉行为。

正是在这样的相互作用之下，"立德"与"育人"紧密结合，形成了一种相辅相成、相互促进的良性关系。两者犹如车之双轮、鸟之双翼，缺一不可。缺少了"立德"的引领，"育人"就会迷失方向，陷入功利与盲目；而没有有效的育人活动作为支撑，"立德"也只能是空中楼阁，无法真正落地生根。只有充分认识到"立德"与"育人"的这种紧密联系，在教育实践中做到两者兼顾、协同发展，才能够培养出既有扎实学识，又有高尚品德和健全人格的优秀人才，真正实现教育的崇高使命和目标。

（四）立德树人和教书育人的关系

立德树人和教书育人是中国教育体系中的两个核心理念，二者紧密相连、相互支撑，共同构成了教育的基本目标与任务。

1. 核心目标的统一性

立德树人这一理念强调德育的重要性，即重视培养学生的道德品质、价值观念和社会责任感。立德树人是教育的根本任务，旨在通过教育使学生在获取知识的同时，培养良好的品德，树立正确的世界观、人生观和价值观。而教书育人则是在教学过程中，既要传授知识（"教书"），又要进行品德教育和人格塑造（"育人"）。它不仅教授学生学科知识，还要引导学生成为全面发展的个体。

2. 内容上的互补性

立德树人重在德育，更多关注学生的品德、道德和社会责任的培养。通过培养学生的理想信念、爱国情怀、社会责任感和职业道德，帮助学生成为有道德、有责任感的社会公民。教书育人则涵盖了知识传授与能力培养两方面，注重通过教育实现学生的全面发展。教书不仅是教授学术知识和技能，更是通过知识传递潜移默化地影响学生的道德与价值观。

3. 相辅相成的关系

立德树人为教书育人提供了方向和目标。教师在知识传授的过程中，必须以德育为指导，注重在教学中融入道德教育。通过树立道德典范、培养学生正确的价值观，教育过程才能实现真正的育人效果。教书育人则是立德树人的具体实施途径。通过具体的教学活动和教育手段，教师不仅完成知识的传授，还能够引导学生在实践中实现德育目标。

4. 当代教育理念下的融合

在当代教育理念中，立德树人与教书育人被视为教育的两大基本功能。在实践中，教师要做到寓德于教，把德育融入学科教学中，通过日常的教育活动培养学生的综合素质。同时，立德树人的理念要求教育者不仅是知识的传授者，还应是道德的引领者。教师通过自身的行为示范和教学内容的选择，引导学生建立正确的道德观和价值观。因此，立德树人和教书育人之间是一种目的和手段的关系，正如梅贻琦所讲，"所谓大学者，非谓有大楼之谓也，有大师之谓也"①，教书育人作为立德树人的手段，也必然需要"经师"和"人师"相结合的大师。而立德树人作为教书育人的目的，体现了教育不仅是知识的传授，更是道德的培养和人格的塑造。这一理念帮助教育者将学生培养成既有学术能力，又具备良好道德品质和社会责任感的全面发展的人才，从而实现教育服务社会、促进和谐发展的最终目标。

立德树人和教书育人之间是一种紧密相连、互为依托的关系。立德树

---

① 梅贻琦. 梅贻琦先生言论集［M］. 北京：清华大学出版社，1998：33.

人是教书育人的核心目标和灵魂，而教书育人则是实现立德树人的具体手段和途径。两者共同构成了教育事业的根本任务，旨在培养全面发展的社会人才。

第二节　高质量发展背景下高校立德育人的主要特征

高质量发展已成为我国经济社会发展的主旋律，这一理念也深刻影响了高等教育的发展方向。高校作为培养社会主义建设者和接班人的重要阵地，肩负着立德树人的根本任务。在高质量发展背景下，高校立德育人的方式方法、目标导向和实施路径均发生了显著变化，呈现出新的特征。这些特征不仅反映了教育的本质要求，更顺应了时代发展的需求，旨在培养德智体美劳全面发展的新时代人才。

一、全方位性

高校立德树人的任务日益重要。实现这一目标，需要建立起覆盖全体师生的全员育人模式，贯穿教育教学全过程的育人机制，渗透学习生活的全方位育人格局。只有构建起这样一个全方位育人体系，高校才能更好地培养德智体美劳全面发展的社会主义建设者和接班人。

（一）全员参与

1. 超越思政课程和德育教师

高质量发展要求高校立德育人的任务不能仅仅依赖思想政治教育课程或专门的德育教师，而是需要全体教职工共同参与。高校要打破以往将育人工作局限于思政课和少数德育教师的做法，真正实现全员参与育人。

2. 教师全员参与育人

每位高校教师都应将立德树人的根本任务融入自己的教学和日常工作之中。不论是理科还是文科教师，都要在专业授课的同时，注重培养学生的价值观、品德修养和社会责任感。在课堂上，教师不仅仅要传授专业知识，更要通过生动的案例、深入的讨论，将正确的价值观传递给学生；在与学生的日常交流中，教师还要以自身的言行举止作为示范，潜移默化地引导学生树立积极向上的价值观念。比如，理科教师在授课过程中，除了传授专业知识外，还要注重培养学生的创新精神和实践能力，让学生了解科学研究的社会价值。而文科教师在教授课程内容的同时，也要注重引导学生树立正确的人生观和价值观。行政管理人员在做好日常管理服务工作的同时，也要通过言行举止影响学生，成为学生学习的楷模。只有全体教职工的共同参与，才能真正实现高校立德树人的根本任务，从而培养出德智体美劳全面发展的社会主义建设者和接班人。

3. 潜移默化的价值引导

教师在言传身教的过程中，更应注重以身作则，通过潜移默化的方式引导学生树立正确的价值观。要通过日常的教学、管理、交流等潜移默化的影响，逐步培养学生正确的世界观、人生观和价值观，使之内化为学生的行为自觉。教师们应充分认识到自己的言行对学生的深远影响，以高度的责任感和使命感，在每一个教育环节中都注入立德树人的元素，使学生在校园的每一处角落、每一次与教师的接触中，都能感受到正确价值观的熏陶，从而逐渐塑造出健全的人格和高尚的品德，为未来成为社会的栋梁之材奠定坚实的基础。

4. 全员共同参与的保证

只有全校上下的教职工都自觉将立德树人融入工作之中，通过各种途径对学生进行全方位、全过程的价值引导，才能真正实现高校的立德树人根本任务，培养德智体美劳全面发展的社会主义建设者和接班人。这需要学校建立健全的制度机制，加强教师队伍建设，为全员参与育人提供保障。

（二）全过程贯穿

1. 立德育人贯穿整个教育过程

高校的立德育人工作不应局限于课堂教学或某个特定时期，而是要贯穿于学生的整个教育过程，从入学教育到毕业引导，形成具有连续性和一致性的育人体系。

2. 入学教育引导价值观养成

入学教育作为学生正式进入高校的开端，是高校开展立德育人工作的重要起点。高校应该在此时引导学生树立正确的世界观、人生观和价值观，帮助他们养成良好的行为习惯和职业操守，为后续的全面发展奠定基础。

3. 课堂教学渗透育人理念

在日常的课堂教学中，各个学科的教师都应该将立德育人的理念融入教学全过程，不仅传授专业知识，更要注重培养学生的思想品德、创新精神和社会责任感。

4. 实践教学强化能力培养

除了课堂教学，高校还要通过社会实践、创新创业等实践教学环节，进一步引导学生将所学知识转化为行动，培养他们的实践能力和责任担当。

5. 校园文化浸润价值引领

学校还应该充分利用校园文化，以各种文化活动、社团建设等方式，营造良好的育人环境，引领学生树立正确的价值取向和行为标准。

（三）全方位覆盖

高质量的立德育人不应该只局限于课堂内，还要扩展到课外活动、校园文化建设、社会实践等方方面面，形成多维度的德育网络，让学生在多种环境中接受价值观和道德观的熏陶。

1. 课堂内外并重

高质量的立德育人不仅要在课堂教学中渗透，还需要扩展到课外活动等各种育人场景。课堂内，教师要将价值观教育融入专业课程，培养学生良好的思想品德；课堂外，要丰富校园文化建设，通过社团活动、志愿服务等方式加强学生的实践锻炼，让学生在多种情境中接受价值观引导。

2. 校园文化的示范作用

校园文化建设是高校立德育人的重要载体。学校要注重营造积极向上的校园文化氛围，通过校训、校歌、校园文化活动等方式，引导学生树立正确的世界观、人生观和价值观。同时，学校要注重以身作则，让教职工的言行举止成为学生学习的楷模。

3. 社会实践的价值培养

将立德育人拓展到社会实践环节，也是高质量发展的重要体现。高校要组织学生参与社会公益活动、志愿服务、社会调研等项目，让学生在实践中感受社会责任，从而培养他们的价值取向和道德情操。

4. 家校社协同联动

学校的立德育人工作离不开家庭和社会的配合。高校要加强与学生家长的联系，让他们共同参与学生的品德培养；同时要主动对接所在地区的各类社会组织，形成家校社协同的育人网络，让学生在多元化的环境中接受全方位的价值观引导。

5. 系统化、持续性教育体系

高校要构建起覆盖课堂教学、校园文化、社会实践等多个维度的立德育人体系，发挥各种育人资源的协同作用，让学生在校期间持续接受价值观培养，使之成为学生的内在信仰和行为准则。只有如此，才能确保高校立德育人工作实现高质量发展。

二、人本性

"坚持以人民为中心发展教育"是中国特色社会主义教育事业的根本宗旨①。高质量发展促进高校教育的核心理念正逐步从以知识传授为主，转向以学生全面发展为中心。新时代的立德育人强调以学生为中心的育人理念，突出学生在教育过程中的主体地位，关注学生个体的需求、兴趣和发展潜力，致力于为每一位学生提供个性化的教育支持。

（一）个性化引导

高质量发展要求高校更加关注学生的个性化需求，提供适应不同学生特点的德育模式。教师应根据学生的性格、兴趣、发展阶段等因素，设计多样化的德育内容和形式，做到因材施教。

1. 关注学生个性化需求

高质量发展要求高校立德育人工作更加关注学生的个性化需求。每个学生都有不同的性格特点、兴趣爱好和发展阶段，高校不能采取"一刀切"的方式，而是要因材施教，为学生提供个性化的德育模式。

2. 教师因材施教

教师是学生个性化德育的关键实施者。教师要深入了解每一位学生的个人特点，包括性格、兴趣爱好、成长经历等，根据学生的不同情况设计相应的德育内容和方式。比如对于外向型学生，可以采取小组讨论的方式；

---

① 教育部课题组. 深入学习习近平关于教育的重要论述［M］. 北京：人民出版社，2019：75.

对于内向型学生，则可以通过个人辅导给予更多关注。

3. 多样化的德育内容与形式

为了满足不同学生的个性化需求，高校要丰富德育的内容和形式，提供多样化的选择。不仅要涵盖思想政治理论、心理健康、职业规划等内容，还要根据学生的兴趣爱好，增设特色社团活动、实践实习等环节，让学生在多元化的育人途径中找到适合自己的成长路径。

4. 全程跟踪的个性化服务

高校还要建立健全的学生发展跟踪机制，对学生的成长动态进行全程关注。通过日常交流互动、心理测评等方式，及时掌握学生的变化情况，并针对性地提供个性化的辅导和帮助，让学生在独特的育人环境中找到自我定位，实现全面发展。

5. 全员参与的个性化育人

实现学生个性化引导需要全校师生员工的共同参与。教师要在课堂教学、实践指导等方面主动了解和满足学生需求；学生管理部门要整合资源，统筹规划个性化的发展路径；学生自身也要积极发现和表达自己的个性化需求，与学校共同推进个性化育人实践。

（二）自主性培养

高质量发展强调学生在学习和成长过程中的主体性，立德育人也应注重培养学生的自主学习能力和自我教育能力，让学生在主动参与中形成正确的价值观和道德判断。

1. 尊重学生主体地位

高质量的立德育人工作必须充分尊重学生作为学习主体的地位。过去高校的德育工作往往过于注重教师的主导作用，忽视了学生的主观能动性。现在要转变思路，真正让学生成为德育过程的参与者和主体。

2. 培养自主学习能力

在立德育人过程中，高校要注重培养学生的自主学习能力。教师不应简单灌输知识，而是要引导学生主动思考、探究，让学生学会自主获取信息、分析问题，从而使学生养成良好的学习习惯和掌握先进的学习方法。学生只有具备了自主学习能力，才能在未来的发展中不断完善自我。

3. 发展自我教育能力

除了自主学习，高校还要培养学生的自我教育能力。苏霍姆林斯基曾经说过，"只有能够激发学生进行自我教育的教育才是真正的教育"①。部分大学生对未来缺乏明确规划，容易陷入短期目标的追逐中，导致自我发展方向不清晰，或在面对挫折时容易动摇。这样的学生在自我教育过程中缺乏自律，难以坚持既定的学习或发展计划，容易受到外部干扰而放弃或拖延，并且自我反思的意识不足，缺乏对复杂社会环境的深刻认知和适应能力。这就需要教师根据大学生的成长需求，及时掌握其动态，并与他们展开平等的深入沟通，促使学生在自我教育中充分发挥主动性，培养"敢于提问、自主提问"的学习方式，从而不断增强自我教育意识。

4. 多元参与培养自主性

培养学生的自主性是一个全员参与的过程。除了教师的引导，学校还要建立多样化的参与渠道，如组织学生社团活动、鼓励学生参与学校管理等，让学生在实践中主动发声，在参与中成长。同时家庭和社会也应该为学生的自主性发展创造条件。

5. 注重过程而非结果

在培养学生自主性的过程中，高校要注重过程而非最终结果。教师应该耐心引导，给予学生足够的空间去思考和实践，不应过多地干预和评判。只有让学生在主动参与、独立思考中慢慢形成正确的价值观念，这种自主发展才能真正扎根于学生内心。

（三）与社会需求紧密结合

高质量发展促使高校立德育人应更加注重培养学生的社会责任感和使命感，引导学生关心社会问题，积极参与社会服务，培养具备社会担当精神的时代新人。

随着社会分工的日益细化，高校立德育人工作需要将职业道德教育融入学生培养的全过程，使学生在进入职场前就树立起良好的职业操守和敬业精神，从而更好地适应高质量发展的社会需求。

---

① 苏霍姆林斯基. 给教师的建议［M］. 北京：教育科学出版社，1984：341.

1. 培养社会责任感

在高质量发展背景下，高校立德育人工作应更加注重培养学生的社会责任感和使命感。教育要引导学生关注国家和民族的发展，关心社会问题，主动担负起时代赋予的责任，积极参与社会服务，为构建幸福社会贡献力量——这种社会担当精神是时代新人应该具备的重要品质。

2. 拓宽服务实践渠道

为了培养学生的社会责任感，高校要为学生创造更多的社会实践机会。可组织学生参与社区建设、公益慈善、志愿服务等活动，让他们在实践中感受社会需求，体会助人为乐的意义。同时，学校还可以与地方政府、企事业单位等部门建立合作，为学生提供更广阔的社会服务平台。

3. 注重职业道德教育

随着社会分工的细化，高质量发展对人才的综合素质提出了更高要求。高校立德育人工作不仅要培养学生的社会责任感，还要将职业道德教育融入学生培养的全过程。在专业课程、实习实训等环节，引导学生树立良好的职业操守，培养学生的敬业精神、职业道德和职业技能，使他们在进入职场后能适应社会发展需求。

4. 建立多方联动机制

学生的社会责任感和职业道德教育离不开家庭、学校、企业等各方的共同参与。高校要加强与家长、用人单位的沟通合作，共同关注学生的全面发展，让学生在家校社的协同引导下形成正确的价值观和职业操守，从而为社会建设贡献自己的力量。

5. 注重教育质量评估

高校在推进立德育人与社会需求结合时，要建立相应的质量评估机制，定期评估学生的社会责任感和职业素质发展状况，及时发现问题并作出改进。这不仅有利于提升育人质量，也可为社会各界提供参考，使教育更好地服务于社会发展。

三、价值性

高校立德树人的核心在于对立德育人意义和价值的阐释与实践。作为培养未来社会栋梁的平台，高校需全面系统地培养学生，培养他们的品德、知识、体魄、人格、情操、习惯，打造全面发展的新一代。唯有全面培养，才能让学生胜任未来的社会使命，助力中华民族伟大复兴中国梦。这是高校立德育人的目标，亦是高质量发展之路。

（一）综合素质提升

1. 坚持德育为先

在高质量发展的背景下，高校立德育人工作要坚持德育为先的原则。学生只有具有正确的价值观、良好的道德品质，才能为社会发展贡献应有的力量。因此，高校要通过思想政治课、社会实践等多种形式，增强学生的理想信念、社会责任感，培养学生的道德情操和行为习惯，使之成为品德高尚的社会主义建设者和接班人。

2. 促进智育发展

在培养学生综合素质的同时，高校还要高度重视学生的智育发展。通过完善课程设置、优化教学方法，帮助学生掌握系统的科学知识和专业技能，培养他们的创新思维和科学精神，使之具有良好的知识结构和解决问题的能力，从而为社会发展提供智力支撑。

3. 注重体育体魄

健康的体魄是学生全面发展的基础。高校要切实落实体育课程，丰富校园体育文化生活，培养学生良好的体育锻炼习惯，提高他们的体质健康水平。同时还要重视心理健康教育，促进学生身心和谐发展，为学生未来的事业成就奠定坚实基础。

4. 注重学生审美素养的培养

高校通过开设艺术类课程，组织文化艺术活动，引导学生欣赏高雅文化，培养良好审美情操，增强他们的文化自信。同时还要培养学生的创造性思维，激发他们的艺术创造灵感，为学生的全面发展注入生机与活力。

5. 养成劳动习惯

在全面发展的育人目标中，高校还要重视培养学生的劳动技能和劳动习惯。要通过开展实践性课程教学、参与社会公益劳动等举措，帮助学生养成爱劳动、会劳动的良好品质，增强学生对生活、对社会的认知和责任感，为建设美好家园贡献自己的力量。

（二）创新能力培养

在全面发展的基础上，高校要特别重视学生的创新能力培养。通过创新创业教育、科研训练等途径，让学生在立德树人过程中也能培养创新精神和实践能力，从而使其能够适应未来社会的挑战。

1. 注重创新思维培养

高质量发展要求人才具备强大的创新能力。高校在立德育人工作中，要重视培养学生的创新思维。通过启发式教学、问题导向学习等方法，激发学生的好奇心和探索欲望，培养他们独立思考、运用批判性思维的习惯，增强学生分析问题、解决问题的能力。同时，要引导学生打破固有的思维定式，使其勇于质疑和革新，从而培养学生的创新意识和创造潜能。

2. 开展创新创业教育

高校还要将创新创业教育融入人才培养全过程。一方面，要开设相关的课程和训练，帮助学生掌握创新创业的基础理论知识和实践技能，如知识产权保护、项目立项、市场分析等。另一方面，要搭建创新创业实践平台，如创新实验室、创业孵化器等，为学生提供动手实践的机会，培养他们的创新创业意识和能力。

3. 加强科研训练

科研实践是培养学生创新能力的重要途径。高校要鼓励学生参与教师科研项目以亲身体验科研全过程，从而锻炼学生提出科研假设、设计实验方案、分析数据等能力。同时，还要组织学生参与学术论文撰写、学术交流等活动，提升他们的学术研究能力。通过科研训练，激发学生探索未知的好奇心，培养他们的创新精神。

4. 营造创新文化氛围

创新不仅需要个人的能力，还需要良好的文化环境。高校要营造鼓励创新、包容挫折的校园文化氛围，让学生在自由探索中不断突破，在碰撞中不断创新。因而高校可以组织各类创新创业大赛、发明展览等活动，展示学生的创新成果，激发全校师生的创新热情，为学生提供交流展示的平台。

5. 健全创新人才培养体系

高质量发展需要大量创新人才，因而高校要系统化地建立创新人才培养体系。要在专业设置、课程设计、教学方法等方面进行改革创新，使学生在掌握专业知识的同时，能够自主学习、勇于探索，从而培养自己的创新意识和创新能力。同时，要建立健全激励机制，为学生的创新成果提供支持和保障。

四、现实性

立德育人的实践需审视社会发展的利益格局以及矛盾之处，应当基于现实需求来达成当前社会发展与个人成长的目标。全球化、信息化以及现代化等国内外现实背景所具有的复杂性，彰显了高校立德育人研究的导向价值性和客观重要性。在高质量发展的背景下，信息化和现代化手段成了高校育人工作中不可或缺的工具，能够更好地满足新时代学生的多样化需求，促进他们思想品德的全面提升。

（一）智慧教育平台

在高质量发展的背景下，高校立德育人工作越来越多地依赖现代信息技术，它需要利用智慧教育平台进行在线德育课程、远程指导和德育数据分析，从而实现更加精准和高效的育人过程。

1. 智慧教育平台的构建

信息化手段为高校构建智慧教育平台提供了可能，这些平台通过整合多种教育资源和技术，为立德育人工作提供了强大的支持。智慧教育平台能够打破传统课堂的时间和空间限制，提供在线德育课程、互动讨论以及远程指导等功能，使学生能够随时随地接受思想品德教育。同时，这些平台还能集成多媒体资源，通过视频、动画、虚拟现实等形式生动呈现德育内容，提升学生的学习兴趣和参与度。

2. 个性化教育的实现

现代化手段，特别是大数据技术的应用，使得高校能够深入分析学生的学习行为和思想动态，从而为每位学生量身定制个性化的德育方案。通过对学生学习数据的实时监控与分析，教师可以及时发现学生在思想品德上的困惑与问题，并通过智慧教育平台提供针对性的教育内容和辅导建议。这种个性化教育模式，有助于学生在思想道德方面得到更有针对性的培养，从而有利于提升立德育人工作的实效性。

3. 德育数据的精准分析与反馈

信息化手段使得高校能够通过德育数据的精准分析与反馈，进一步优化立德育人的工作流程。通过大数据分析，学校可以掌握学生群体的思想动态和道德倾向，识别潜在的问题和风险，从而为制定有效的德育政策提供数据支持。同时，这种反馈机制也能帮助学校不断调整和完善德育内容与形式，确保立德育人工作始终符合学生的实际需求，具有针对性和有效性。

4. 线上线下相结合的立德育人模式

信息化和现代化手段的运用，促进了线上线下相结合的立德育人模式的发展。通过在线教育平台，高校可以在课外时间继续开展思想品德教育，拓展教育的深度和广度。例如，学生可以在线参与主题讨论、观看德育影片或参与虚拟社会实践活动。同时，线下教育仍然发挥着不可替代的作用，通过面对面的交流和实践活动，进一步巩固和深化学生的思想品德教育。线上线下相结合的模式，使得立德育人更加全面和立体，适应了学生多样化的学习需求。

5. 全球视野下的德育信息化

在信息化和现代化手段的支持下，高校可以更加便利地将全球视野融入德育教育中。通过国际化的在线资源和平台，学生能够接触到多元文化和全球性议题，培养全球意识和国际道德规范。同时，信息化手段还可以帮助高校与国际教育机构建立合作，开展跨国界的德育交流项目，使学生在全球化背景下形成更加开阔的思维和道德视野。

（二）大数据分析与反馈

在高质量发展的背景下，大数据技术为高校立德育人工作带来了全新的视角和工具。通过对学生数据的深入分析，高校能够实时掌握学生的思想动态、行为习惯和学习情况，从而及时调整德育策略，提供更加精准和个性化的引导。这种技术手段的应用，极大地提升了立德育人工作的针对性和实效性，使高校能够更有效地培养学生的思想道德素质。

1. 精准识别学生思想动态

大数据技术使高校能够实时收集和分析学生在学习平台、社交媒体以及校园活动中的言论和行为数据。这些数据为学校提供了学生思想动态的全面图景，能够帮助学校及时识别学生潜在的思想问题或困惑。例如，通过分析学生在思政课程中的互动数据，学校可以发现某些学生对特定价值观的理解存在偏差，或对社会热点问题持有疑虑，从而有针对性地对其进行引导和教育。这种精准识别不仅提高了德育工作的效率，也避免了"一刀切"的教育方式，使教育内容更贴近学生的实际需求。

2. 个性化德育方案的制定

基于大数据分析，学校能够为每位学生制定个性化的德育方案。通过对学生个体行为习惯和学习表现的深入分析，高校可以了解学生的兴趣爱好、思想倾向和学习风格，从而为其提供更加个性化的德育内容和指导。例如，对于有志于公益事业的学生，学校可以推荐相关的社会实践项目；对于在道德判断上存在困惑的学生，教师可以通过线上辅导或个别谈话进行针对性的引导。个性化德育方案的实施，有助于学生在思想品德上获得更有针对性的成长，使他们的德育学习更加有效和持久。

3. 动态调整德育策略

大数据分析不仅能够提供静态的学生数据，还能动态跟踪学生思想和行为的变化。通过持续监控学生在不同时间段和情境下的表现，高校可以实时调整德育策略。例如，某一时期学生对某个社会事件反应强烈，那么学校可以迅速组织相关的专题教育活动，帮助学生正确理解和应对事件带来的影响。动态调整的德育策略确保了教育内容的时效性和相关性，使学生在不断变化的社会环境中始终保持正确的价值观和道德判断。

4. 提升德育工作的可量化评估

大数据技术还为高校立德育人工作的效果评估提供了科学依据。通过量化分析学生的思想动态和行为变化，高校可以更精确地评估德育工作的成效。例如，学校可以通过数据分析比较学生在接受特定德育项目前后的思想变化，从而评估项目的效果和影响力。这种基于数据的评估不仅提高了德育工作的科学性，也为进一步优化和完善德育策略提供了实证支持。

5. 建立师生互动与反馈机制

大数据分析有助于建立更有效的师生互动与反馈机制。通过对学生学习平台上的数据分析，教师可以及时了解到学生在学习过程中的困惑和需求，迅速作出回应。例如，如果发现学生在某一知识点上普遍存在理解困难，教师可以针对性地进行补充讲解或提供额外的学习资源。同时，学生也可以通过数据平台反馈自己的学习体验和建议，从而参与到德育内容和形式的改进中。这种互动机制增强了德育工作的开放性和参与性，使立德育人过程更加民主和高效。

五、国际化和本土化相结合

当前，以习近平新时代中国特色社会主义思想为指导的高校立德育人工作面临着新的时代课题。一方面，高校要树立国际视野，拓宽思维，吸收世界优秀教育文明成果，以培养具有全球意识和跨文化交流能力的学生，从而适应日益加强的国际交流合作。另一方面，也要坚持以中国特色社会主义理论体系为根本指引，注重培养学生的家国情怀和文化自信，传承中华优秀传统文化，使学生成为胸怀祖国、服务人民的时代新人。

（一）全球意识

高质量发展要求高校立德育人工作在教育过程中融入全球意识，帮助学生树立国际视野，理解全球化背景下的多元文化和国际道德规范。

1. 了解全球化进程

高校立德育人工作要帮助学生深入了解全球化的发展历程和趋势。通过教学和校园文化活动，让学生认识到全球化给世界各国经济、政治、文化等领域带来的深刻变革，使其理解国家与国家、文明与文明之间日益密切的联系与依存。只有充分认识到全球化的内在逻辑和时代特征，学生才能树立正确的全球意识，主动适应和参与全球化进程。

2. 培养开放包容心态

在全球化背景下，高校立德育人工作要引导学生树立起开放包容的心态，从而尊重和欣赏不同文化、不同价值观。通过设置跨文化交流课程，组织国际学术活动，让学生直接接触不同国家和地区的优秀文明成果，培养他们的跨文化交流意识和能力。同时，还要教育学生摒弃狭隘的民族主义思想，增强世界公民意识，以包容互鉴的心态看待文化差异，增进相互理解和欣赏。

3. 践行国际道德规范

全球化进程中，国际社会对人们的道德行为也提出了新的要求。高校立德育人工作要让学生认识到国际规则和国际道德准则的重要性，使其以更宽广的视野看待全球性问题，从而在促进经济全球一体化的同时，主动履行国际责任，践行人类命运共同体理念，为构建更加公正、和谐的世界秩序贡献自己的力量。

4. 提升国际竞争力

随着全球化的加深，国际竞争也日趋激烈。高校作为人才培养的重要阵地，要加强对学生国际竞争力的培养。除了注重学生专业知识和技能的提升，还要重视培养他们的跨文化交流能力、外语水平、国际视野等综合素质，使之能够在全球舞台上展现中国特色，为国家在国际事务中发挥更大作用作贡献。

5. 推动交流合作

高校立德育人工作还要主动融入全球教育发展的大局，拓宽国际教育交流合作的渠道。通过引进国外优秀教育资源，组织师生双向交流，学习借鉴国外先进的教育理念和方法，高校要不断完善人才培养体系，提升自身办学水平。同时，高校要以学生为主体，鼓励他们参与国际学术活动、志愿服务等项目，增进中外学生之间的交流互鉴，为构建人类命运共同体贡献智慧和力量。

（二）本土文化认同

立德育人工作应注重加强学生对本土文化和传统美德的认同感，通过深入开展中华优秀传统文化教育，引导学生在全球化的语境中坚守民族精神和文化自信。

1. 弘扬中华优秀传统文化

在全球化大背景下，高校立德育人工作更需要注重中华优秀传统文化的传承与发展。要引导学生深入学习和理解中国悠久灿烂的文化历史，领会其中蕴含的儒家、道家、佛家等思想门派所阐释的思想精髓，体悟中华民族独特的价值观和道德观。通过开设相关课程、组织文化活动等方式，高校要让学生感受中华文化的魅力，从而增强他们对中华文明的认同感和自豪感。

2. 培养学生的文化自信

文化自信是立德树人的重要基础。高校要坚持中国特色社会主义教育方向，引导学生树立文化自信，增强对中华优秀传统文化的认同。一方面要教育学生客观认识中国文化的历史地位、文化内涵和当代价值，增强他们的文化自觉。另一方面要培养学生的民族情怀和家国情怀，引导他们坚持中国特色社会主义道路自信、理论自信、制度自信、文化自信，从而使他们为实现中华民族伟大复兴的中国梦贡献自己的力量。

3. 践行中华传统美德

优秀的中华传统文化蕴含着丰富的道德和价值观，如仁爱、正义、礼义、智慧等。高校立德育人工作要引导学生学习和认同这些传统美德，并将其内化为自己的行为准则。通过案例教学、讨论交流等方式，让学生感悟中华优秀传统文化中的道德理念，增强其道德修养。同时，要鼓励学生在生活实践中践行中华传统美德，培养他们良好的品格和修养，使他们成为担当民族复兴大任的时代新人。

4. 坚持本土特色创新

在全球化背景下，继承和创新中华优秀传统文化十分重要。高校要引导学生认识到文化创新的重要意义，教育他们要在借鉴世界文明优秀成果的基础上，结合当代社会发展需求，挖掘中华文化的时代价值，推动其与现代文明的深度融合，不断实现创新发展。这不仅有助于学生深化对中国传统文化的理解，也能增强他们在全球化中的文化自信和主动性。

5. 推动全球文化交流

在教育国际化的过程中，高校要坚持开放包容的心态，增进中华优秀传统文化与世界各国文明的交流互鉴。要鼓励学生在学习和践行中华传统美德的基础上，主动了解、认识和欣赏其他文化，增进文化间的交流互鉴，为构建人类命运共同体作出贡献。同时，也要引导学生以创新视角展现中华文化的魅力，让世界更好地了解、认同中国文化。

第三节　高质量发展背景下高校立德育人的影响因素

高质量发展让高校立德育人工作面临着新的机遇与挑战。教育理念的转变、社会环境的变化以及技术手段的进步，使得立德育人的方式和内容发生了深刻变革。然而，要实现立德树人的根本目标，高校必须深入理解和把握各种影响因素。这些因素不仅包括宏观层面的政策导向和社会文化，也涉及校园环境、教育资源和教师素质等微观层面。全面分析和应对这些影响因素，是确保立德育人工作在高质量发展中取得实效的关键举措。

一、政策与制度因素

国家和地方政府的教育政策为高校确立了德育工作的基本方向和目标，而高校内部的管理制度、考核机制和资源配置则直接影响着立德育人工作的实施效果。全面分析政策与制度因素的影响，不仅有助于我们理解立德育人工作的总体要求和运行机制，也为高校在高质量发展中进一步提升德育效果提供了重要的指导。

（一）国家教育政策的引导作用

国家及地方政府的教育政策为高校立德育人工作提供了明确的方向和要求，确保教育体系始终围绕立德树人的根本任务展开。

1. 思政教育的政策要求

近年来，随着《新时代学校思想政治理论课改革创新实施方案》等一系列政策文件的出台，国家明确要求高校将思政课程作为立德育人的主渠道，并要求高校通过深化课程改革和创新教学方式，增强思政教育的吸引力和实效性。这些政策要求高校不仅要在课程设置中重视思政课的作用，还要将思想政治教育贯穿于各类课程和活动之中，形成全员、全程、全方位的育人格局。例如，通过政策推动，高校普遍加强了马克思主义学院的建设，提升了思政课教师的专业化水平，确保学生在大学阶段能够系统学习和掌握马克思主义理论及社会主义核心价值观。

2. 立德树人的纲领性文件

国家和地方政府还通过发布纲领性文件，进一步明确了立德树人的总体目标和具体要求。例如，《关于全面深化新时代教师队伍建设改革的意见》强调，要加强教师思想政治素质和职业道德建设，要求教师不仅要教书，更要育人，做到以德施教、以德立身。此外，政府还通过《深化新时代教育评价改革总体方案》等文件，明确要求教育评价体系应突出对学生思想品德和综合素质的考核，防止单纯以学业成绩评价学生。这些文件引导高校将德育目标内化为教育教学的各个环节，确保立德树人根本任务的全面落实。

（二）学校内部制度的保障

高校内部的管理制度、考核机制和资源配置是确保立德育人工作顺利实施的关键要素。科学合理的内部制度可以有效推动政策的落实，并为德育工作的开展提供坚实的基础。

1. 管理制度的规范与保障

高校需要建立健全的管理制度，以保障立德育人工作的顺利进行。这包括将立德树人工作纳入学校发展的总体规划，明确各级部门和人员的职责和任务。例如，学校可以成立德育委员会，让其专门负责全校德育工作的统筹和协调，从而确保各项德育措施得以有效落实。此外，管理制度还应规范教师的教育行为，强调教师在育人中的责任与义务。通过制定《教师职业道德规范》等制度，学校可以引导教师以身作则，让教师成为学生思想道德的引路人。管理制度的完善，有助于高校形成人人关心德育、人人参与育人的良好氛围。

2. 考核机制的导向作用

高校内部的考核机制在立德育人中起着重要的导向作用。科学合理的考核机制可以激励教师和学生积极参与德育工作，并促使学校不断改进德育方法。首先，在教师考核中，高校应将德育工作成效作为重要指标，确保教师在教学过程中始终将思想政治教育融入专业课程和日常教学中。其次，对于学生的考核，高校应在学业评价中增加对思想品德、社会责任感和综合素质的评价权重。通过设置思想品德考核、社会实践表现评估等机制，学校可以引导学生更加重视个人道德修养和社会责任感的培养，从而促进德育目标的达成。

3. 资源配置的支持

高校的资源配置也是影响立德育人工作效果的重要因素。为了确保德育工作的顺利开展，学校需要在资金、人员、设备等方面给予充分支持。例如，增加思政课教师的数量和提高他们的待遇，改善德育设施和场地，为学生提供丰富的德育资源和实践机会。同时，高校还应加强对德育研究的支持，通过设立专项研究基金，鼓励教师开展德育理论和实践的研究与创新，从而提升德育工作的科学性和前瞻性。合理的资源配置能够为立德育人工作提供有力保障，促进高校德育水平的不断提升。

通过政策与制度的双重引导和保障，高校立德育人工作能够在高质量发展的背景下，得到更加科学、系统和有效的推进。这不仅为培养具有高尚品德和社会责任感的新时代人才提供了有力支持，也确保了立德树人这一根本任务的顺利实现。

二、社会与文化因素

社会与文化因素在高校立德育人工作中扮演着不可忽视的角色。随着社会的不断发展和文化的多元化，高校学生的思想品德受到多方面影响。社会整体价值观、文化潮流以及大众传媒等因素，直接或间接地塑造了学生的思想观念和行为准则。高校必须深刻理解和应对这些影响，才能有效地进行思想政治教育，培养具有正确价值观和道德素质的新时代人才。

（一）社会环境的影响

1. 社会整体价值观的影响

当今社会整体价值观的变化深刻影响着高校学生的思想品德。随着全球化和信息化的推进，多元化的价值观冲击着学生思想，传统核心价值观面临挑战。学生在这关键时期易受外部思想干扰，这可能导致他们价值观混乱、道德标准模糊。故高校需加强思想政治教育和校园文化建设，引导学生正确认识和坚守社会主义核心价值观。

2. 文化潮流的影响

文化潮流，特别是青年文化，对高校学生的思想和行为具有强烈吸引力。随着全球化发展，西方文化、娱乐文化和消费文化在中国广泛传播，这些文化潮流以新奇、时尚、个性化为特征。然而，其中的物质主义、消费主义和功利主义等内容可能对学生的价值观产生负面影响。高校需关注这些现象，并引导学生保持正确价值观，使其更好地抵御不良文化的影响。

3. 大众传媒的影响

大众传媒作为社会信息传播的重要载体，对高校学生的思想品德产生着广泛而深刻的影响。随着互联网和新媒体的普及，信息传播的速度加快和范围空前扩大，这使得学生每天都会接触到大量来自不同渠道的资讯。这些资讯中既有积极向上的内容，也不乏负面信息和错误观点，因而容易对学生的思想产生误导。

（二）家庭教育的作用

1. 家庭环境对学生思想品德的基础影响

（1）家庭氛围的熏陶作用。家庭是学生最早接触的社会环境，家庭氛围对学生的思想道德有着潜移默化的影响。一个充满关爱、尊重和良好价值观的家庭环境，有助于学生形成健康的心理和积极的人生观。相反，如果家庭环境中充斥着消极、冲突或不良行为模式，学生的思想品德可能会受到负面影响。高校在开展德育工作时，应了解学生的家庭背景，因地制宜地设计教育内容，帮助学生扬长避短，弥补家庭教育中的不足。

（2）家庭经济条件的影响。家庭的经济状况也在一定程度上影响着学生的价值观和行为方式。经济条件优越的家庭，可能为学生提供更多的学习资源和成长机会，但也可能导致学生形成物质主义或依赖心理；而经济条件较差的家庭，可能让学生更早地意识到生活的艰辛，培养其勤俭节约的品质和奋斗精神，但也可能使其产生自卑或消极情绪。高校在德育过程中应关注这些差异，提供针对性的教育和心理支持，帮助学生形成正确的价值观。

2. 家长教育理念对学生思想道德的引导作用

（1）家长的榜样作用。家长作为学生的第一任教师，其言行对学生的影响至关重要。家长的行为方式、待人接物的态度和处理问题的方式，都会被学生模仿和内化。因此，高校应鼓励家长以身作则，让其通过自身的道德实践为孩子树立榜样。高校可以通过家长会、家长教育培训等形式，提升家长的教育意识和能力，帮助他们更好地履行家庭教育的责任。

（2）有些家长可能重视孩子的学业成绩，而忽视了思想道德教育，导致学生在价值观和行为规范上出现问题。高校在开展立德育人工作时，可以通过与家长的沟通，帮助他们理解德育的重要性，并为其提供科学的教育建议，促进家庭教育与学校教育的一致性。

3. 家庭教育与高校教育的协同作用

（1）家庭与学校的沟通与合作。要实现立德育人的目标，家庭教育与高校教育必须紧密合作。高校可以建立家校合作机制，如定期举办家长座谈会、家庭教育讲座等，增强家长对学校德育工作的了解与支持。同时，学校应积极听取家长的意见和建议，针对学生个体差异，制定个性化的德育方案，使家庭和学校的教育力量形成合力，从而共同促进学生的思想道德发展。

（2）共同应对学生的思想问题。学生在成长过程中可能会遇到思想困惑或道德挑战，这时家庭教育和高校教育的合作尤为重要。例如，学生可能因为学业压力、社交问题或社会热点事件而产生思想波动，学校和家长应及时沟通，共同为学生提供心理支持和价值引导。通过家庭和学校的密切配合，学生能够在思想波动中保持稳定，逐步形成坚定的价值观和道德操守。

三、校园环境因素

校园环境是高校立德育人工作的重要载体，其中校园文化建设在塑造学生价值观和行为规范方面具有核心作用。一个良好的校园文化氛围，不仅能够引导学生树立正确的世界观、人生观和价值观，还能在潜移默化中培养学生的道德品质和行为规范。

（一）校园文化建设

校园文化是影响学生成长的重要因素。浓厚的校园文化氛围不仅为学生提供了学习和生活的物理环境，还提供了精神环境。制度文化与校园文化相辅相成，健全的制度建设可以强化德育目标的达成。管理体制也与校园文化建设结合，从而形成文化与管理共育人的模式。

1. 校园活动的育人作用

（1）丰富的校园活动推动思想道德建设。校园活动是校园文化的重要组成部分，因而通过组织各类活动，高校能够直接影响学生的思想和行为。例如，传统文化节、道德讲堂、公益服务等活动不仅能够增强学生对中华优秀传统文化的认同感，还能培养他们的社会责任感和奉献精神。此外，体育活动和文艺演出等项目也能培养学生的团队精神和集体荣誉感，帮助他们塑造积极向上的人格。

（2）活动形式的多样化与教育目标的结合。为了充分发挥校园活动的育人作用，高校应注重活动形式的多样化，并将教育目标融入其中。例如，通过案例讨论、模拟法庭、辩论赛等形式，引导学生在活动中思考和践行社会主义核心价值观。同时，高校可以通过主题班会、思想交流会等活动，帮助学生在轻松互动的氛围中提升思想道德素养。

2. 舆论氛围的引导作用

（1）校园舆论环境的建设。校园舆论环境是学生获取信息、表达观点的重要平台，它对学生的价值观和道德判断有着潜移默化的影响。高校积极构建健康向上的校园舆论氛围，通过校报、校园广播、宣传栏以及新媒体平台等多种形式，传播正能量，弘扬社会主义核心价值观。学校应特别关注网络舆论，及时引导和规范学生的网络行为，以避免不良信息的传播所带来的思想上的误导。

（2）正面舆论引导与负面舆情的应对。高校应主动引导正面舆论，及时表彰和宣传校园内的先进典型和优秀事迹，以树立学生的道德榜样。同时，学校应建立健全负面舆情应对机制，对于可能出现的负面事件或错误思潮，及时进行教育和引导，避免不良舆论对学生思想产生负面影响。

3. 学生组织的引领作用

（1）学生组织在思想道德教育中的作用。学生组织是高校校园文化的重要组成部分，通过参与学生会、社团和党团组织，学生能够在实践中培养组织能力、领导能力和合作精神。高校充分发挥学生组织的引领作用，鼓励学生积极参与校内外的社会实践、公益活动和志愿服务，通过这些经历培养他们的责任感和使命感。

（2）学生组织的多样化建设。为适应不同学生的兴趣和需求，高校应鼓励学生组建多样化的组织，涵盖学术研究、文化艺术、体育运动、志愿服务等多个领域。这些组织不仅为学生提供了展示自我的平台，也为他们提供了一个学习和践行道德规范的机会。在这些组织中，学生能够自我管理、自我教育和自我服务，从而在实践中不断提升自己的思想道德水平。

（3）学生思想品德养成。高校通过心理健康教育、职业生涯规划等方式，帮助学生正确认识自我，树立远大理想和志向；通过社会实践、志愿服务等活动，引导学生服务他人、奉献社会，培养学生的社会责任感和奉献精神；通过学生会、社团等平台，组织学生参与校园文化建设，培养学生的集体意识和团队协作能力——这些举措直接推动学生思想品德的全面养成。

（二）校园人际关系

1. 师生关系

教师作为学生成长的引路人，在价值观塑造和品德培养方面承担着重要责任。高校通过建立和谐融洽的师生关系，引导教师关心学生，以身作则，用爱心、耐心和智慧来感化和引导学生。同时，教师善于洞察学生的内心世界，及时发现和疏导其思想动态，帮助学生正确认识世界、认识自我，使其树立正确的人生观价值观，这对学生良好思想品德的养成起重大的促进作用。

2. 同学关系

同学关系对学生价值观的形成同样重要。学校注重培养良好的同伴氛围，引导学生建立互帮互助、团结友爱的同学关系。通过同学之间的思想交流和行为示范，学生能更好地树立正确的价值取向，形成正确的价值观念。同时，学校引导学生远离不良同伴，防止他们受到不良价值观的影响和侵害，这些都直接影响学生正确价值观的形成。

四、教育资源与教学质量因素

教师是立德育人的主体力量，其思想素质、道德修养和教学能力直接影响着育人效果。在高质量发展背景下，高校的立德育人目标依赖于优质的教育资源和高水平的教学质量。这两个因素不仅是高校实现德育目标的重要保障，也是培养全面发展的高素质人才的关键。

（一）优质教育资源促进德育的多元化与系统化

1. 资源配置的公平性与可及性

优质的教育资源为学生提供了更多样的学习和成长机会，特别是在图书馆、实验室、艺术中心等公共资源的充分使用上。这些资源可以推动学生在专业学习之外，进行更广泛的文化、思想和德育探索。例如，具有德育内涵的课程资源和社会实践机会为学生提供了多维度的德育环境。

2. 教学资源的整合与创新

高效利用教育资源，包括在线教育平台、教学案例库和多媒体教学工具，可以为立德育人的目标提供创新路径。通过整合不同领域的资源，教师能够为学生构建更加生动的德育情境，让德育教学不局限于课堂。

（二）教学质量对学生德育内化的直接影响

1. 高质量教学的示范效应

教学质量是学生德育的重要载体，高水平的教学不仅在知识传授上具有影响力，更能通过教师的言传身教和教学风范传递道德价值观。教师的专业素养、教学方法和课堂管理能力直接影响学生的道德修养和价值观念。

2. 全员、全过程、全方位育人的实践

在高质量教学背景下，德育不再仅仅依赖特定课程，而是融入每一门课程中，实现"全员育人、全过程育人、全方位育人"。通过提高教学质量，教师能够在专业知识教学的同时，关注学生的道德成长，将德育融入日常教学实践中，促进学生德智体美劳全面发展。

（三）教师队伍的专业化与德育功能的强化

1. 教师的德育责任与能力建设

高质量的教育依赖于高水平的教师队伍。在立德育人目标下，教师不仅要具备专业知识和教学能力，还需要具备德育意识和能力。高校通过对教师进行德育能力的培训和考核，能够有效提高他们在课堂中传递德育理念的能力，从而在教学过程中实现德育目标。

2. 教师的榜样作用

教师是学生道德学习的直接榜样。教学质量的提升意味着教师不仅要在学术上有严格要求，还要在道德和行为上为学生树立良好的榜样。这种示范作用对学生的价值观形成具有直接影响力。

（四）教学质量评价与德育效果的提升

1. 多元化的教学评价机制

多元化的教学评价机制是现代教育中教学质量评价改革的重要方向，旨在摒弃单一的评价标准和方式，注重评价的全面性、公正性和科学性。教师通过对教学过程中学生的参与度、反思能力和道德意识进行评价，不断进行多个维度的德育渗透，可以全面促进学生的身心发展和品德提升，为培养全面发展的人才奠定坚实基础。

2. 学生反馈与教学改进的互动

高质量的教学评价应包括学生的反馈，通过听取学生对课程内容、教学方式和教师的道德影响的意见，学校可以调整和优化教学方案，使其更好地服务于德育目标。学生反馈不仅是教学质量的体现，更是德育效果的反映。

（五）教育资源的国际化与多元化视野的培养

1. 国际教育资源的引入与文化多样性

在高质量发展背景下，国际化的教育资源能够拓展学生的全球视野，促进其对不同文化背景下的道德问题进行反思和探讨。通过引进国际优质教学资源，学生能够接触到更多元的思想和价值观，这有助于他们在全球化背景下树立正确的道德观和责任感。

2. 跨学科教育资源的交融

恩格斯指出："每一个时代的理论思维，包括我们这个时代的理论思维，都是一种历史的产物，它在不同的时代具有完全不同的形式，同时具有完全不同的内容。"① 高校立德育人的关键在于思政课内容创新，我们可提升思政课的思想性、理论性和针对性，以培养学生的理想信念和品德修养。高校开始探索思政课内容的创新路径，其中跨学科教育资源融合对德育教育有积极影响。通过整合跨学科资源，学生能多角度理解道德问题，从而促进知识与价值观之间的传递。将伦理学、社会学、环境科学等学科的知识融入专业课程，可加深学生对社会主义核心价值观的认同。例如，环境科学与经济学结合可促进对学生的可持续发展责任意识的培养，医学与伦理学结合可引导学生思考生命与道德关系。

五、信息技术与现代化手段因素

在信息化时代，信息技术和现代化手段对高校立德树人的德育目标产生了深远影响。现代信息技术的快速发展和普及，改变了传统的教育模式和学习方式，为德育教育提供了更多的资源和手段。同时，信息技术在教育中的广泛应用，也带来了许多新的挑战和思考。

---

① 中共中央马克思恩格斯列宁斯大林著作编译局. 马克思恩格斯选集：第三卷 ［M］. 2 版. 北京：人民出版社，1995：873.

（一）信息技术与现代化手段对高校立德育人的积极影响

1. 提高德育教育的有效性与覆盖面

信息技术打破了时空限制，使高校德育教育能够覆盖更多的学生。通过在线课程、虚拟课堂和网络平台，德育教育可以更广泛地传播，并提供多样化的学习资源。这种便利性使学生能够随时随地接受德育内容的教育，从而提高了德育教育的效率和实效性。

2. 增强德育教育的互动性与参与感

信息技术为德育课程提供了丰富的互动方式，如在线讨论、虚拟情景模拟和即时反馈等。这些技术手段使德育教育更加生动、具体，使得学生可以在多样化的互动中更深入地理解道德观念，从而增强参与感和学习积极性。

3. 丰富德育教育的内容与形式

多媒体技术（如视频、动画、游戏化学习等）的应用为德育教育注入了活力，使道德理念不再仅仅停留在抽象的理论层面。通过视觉化、情境化的展示，学生能够更直观地感知和理解复杂的道德问题，从而加深对德育的认知和内化。

4. 促进德育教育与社会现实的连接

信息技术使德育教育可以及时融入社会热点和现实问题。通过互联网，教师可以将时事新闻、社会问题引入课堂，让学生从道德视角分析和讨论当前的社会现象。这种方式能够提高课程的现实感和时效性，帮助学生更好地应对当代社会的道德挑战。

5. 支持个性化德育教育

通过大数据与人工智能，教师可以根据学生的学习轨迹和表现提供个性化的德育方案，帮助每个学生根据自己的道德理解和发展阶段获得针对性的指导。这种个性化的德育能够提高学生的德育水平，使德育教育更加适应每个学生的特点。

（二）信息技术与现代化手段对高校立德育人的消极影响

1. 信息泛滥与价值观混乱的风险

互联网信息繁杂，学生容易接触到不良或错误的价值观，这可能会对他们的道德判断产生负面影响。在信息泛滥的环境中，学生可能难以辨别真实的信息，从而导致他们的道德认知和价值观受到干扰。

2. 技术依赖导致道德疏离感

过度依赖信息技术进行德育教育可能会使学生缺乏现实生活中的道德实践体验。虚拟环境中的德育学习可能无法替代现实中的情感共鸣和道德行为的实际锻炼，这导致学生在面对真实道德困境时，无法做出有效的道德判断。

3. 碎片化学习降低德育深度

互联网和社交媒体的普及使得学生的学习容易变得碎片化。短小的信息和过于简单化和碎片化的信息浏览模式可能会使学生失去对德育内容的深度思考，进而影响其道德观念的深刻理解与内化。

4. 教师和学生技术水平差异的挑战

信息技术的快速发展要求教师和学生都具备一定的技术技能，但技术水平的不均衡可能导致德育效果的差异。技术不熟练的教师可能难以有效利用信息技术进行教学，而学生技术水平的差异也可能影响德育学习的平等性和参与度。

5. 隐私与数据安全问题

现代化手段在收集学生的学习数据和个人信息时，可能存在隐私泄露的风险。若处理不当，可能会引发数据滥用的问题，导致学生在德育教育过程中的个人隐私无法得到充分保护，进而影响他们对教育过程的信任感。

六、学生个体因素

学生是高校立德育人工作的主体，其个性特征、自主意识和行为习惯都会对他们思想品德的形成产生重要影响。高校要坚持以学生为中心，尊重学生的主体地位，引导他们主动参与育人实践，培养他们良好的思想品德，以帮助学生实现德智体美劳全面发展。

（一）学生的主体性和自主性

1. 学生个性特征的影响

每个学生都是独特的个体，具有不同的性格特点、价值取向和行为习惯。高校要深入了解和分析学生的个性特征，因材施教，采取针对性的育人方式。一方面，要尊重学生的个体差异，充分发挥他们的主观能动性，鼓励他们表达自我、大胆探索；另一方面，还要及时发现学生存在的思想问题，引导他们正确认识自我，养成良好的品德习惯。只有充分发挥学生的主体性，高校才能确保育人工作切合实际，收到预期效果。

2. 自主学习能力的培养

高校要重视培养学生的自主学习能力，让他们自主参与知识获取和品德养成的全过程。一方面，要采取启发式、讨论式等教学方法，引导学生主动思考、勇于实践，使他们在这个过程中不断提升自主学习能力；另一方面，还要为学生营造良好的自主学习环境，鼓励他们利用课外时间进行自主探索，以培养自己独立分析问题、解决问题的能力。同时，还要注重培养学生的学习兴趣，激发他们主动学习的内驱力。只有让学生成为自主思考、自我管理的主人，高校才能确保他们成长的主动性和持久性。

3. 主体意识的培养

高校要坚持以学生为中心，提高学生的主体意识。一方面，要尊重学生的主体地位，充分发挥他们的积极性和主观能动性，让他们在育人过程中成为自主思考和行动的主体；另一方面，还要引导学生树立正确的世界观、人生观和价值观，增强他们的社会责任感和使命担当，使其成为合格的社会主义建设者和接班人。只有学生具备了强烈的主体意识，高校的立德育人工作才能真正落到实处，收到预期效果。

（二）心理健康与思想发展

1. 学生心理健康状态对立德育人的影响

学生的心理健康状态会对其思想品德的形成产生重要影响。心理健康良好的学生通常具有积极向上的价值观和行为习惯，容易接受和内化正确的思想品德教育；相反，心理问题较多的学生可能存在自卑、焦虑等心理状态，从而产生价值观偏差和不良行为，难以顺利接受立德育人的各项内容。因此，高校要重视学生的心理健康状况，采取针对性的干预措施，为立德育人工作营造良好的心理环境。

2. 思想发展阶段对立德育人的影响

不同年级的学生处于不同的思想发展阶段，其接受立德育人内容的需求和反应也存在差异。低年级学生正处于价值观和人格形成的关键时期，更需要教师引导他们建立正确的思想品德；中高年级学生则更加注重个性发展和独立思考，更期望教师能创新育人方式，满足他们的自主需求。因此，高校要根据不同阶段学生的思想特点，采取针对性的育人策略，确保立德育人工作贴合实际，发挥最佳效果。

3. 重视学生心理健康和思想发展的育人实践

高校要在立德育人工作中，充分关注学生的心理健康状况和思想发展阶段。一方面，要建立健全的学生心理健康服务体系，定期开展心理测评和辅导，及时发现和解决学生的心理问题，营造良好的心理环境；另一方面，要根据不同年级学生的思想特点，采取差异化的育人措施，既要注重基础价值观的培养，也要关注个性发展需求的满足，确保育人成效最大化。同时，还要充分发挥教师的榜样引导作用，帮助学生养成良好的思想品德。

第四节　高质量发展背景下高校立德育人的时代价值

当前，我国正处于社会主义现代化建设的关键时期，建设社会主义现代化强国、实现中华民族伟大复兴的中国梦成为新时代的奋斗目标。在这一背景下，高校作为培养社会主义建设者和接班人的重要阵地，肩负着培养德智体美劳全面发展的高素质人才的光荣使命。高校立德育人工作的时代价值也日益凸显，对于引领高校发展、服务国家战略具有重要意义。

一、立德育人符合人才培养的根本规律

习近平总书记强调："人无德不立，育人的根本在于立德。立德为先，修身为本，这是人才成长的逻辑。"① 在人才成长发展的过程中，行以成人是基础，而以德立身则是关键。人才并非脱离社会实际的空谈，而是在满足社会需求的基础上，具备真才实学和真贡献的人。在中国特色社会主义新时代，我们要想成为社会发展所需的人才，就必须努力成为德智体美劳全面发展的社会主义建设者和接班人。

将立德育人作为当前人才培养的首要标准，并不意味着完全否定立才育人的理念。德与才之间并不总是完全一致，有德有才、有德无才、无德无才、有才无德的现象随处可见，这凸显了当今时代对立德育人价值自觉

---

① 习近平. 习近平著作选读：第二卷［M］. 北京：人民出版社，2023：198.

的需求。因此，以批判和发展的视角来看，立德育人与立才育人的关系是辩证否定和批判继承的。通过对立德育人核心要义的辨析和教育现实目标的探讨，我们强调了立德育人在路径构建中的协同效应和价值意义，尤其突出了德育与智育理应统一的逻辑关联。

一方面，立德育人与立才育人存在一致性，它们都是社会主义现代化建设不同阶段的人才培养标准，是具有历史性、暂时性、相对性和局限性的教育理念。另一方面，立德育人作为对立才育人的积极超越，并不意味着忽视立才育人对我国社会进步的重要贡献。自古以来，德才兼备一直是人才培养和选拔的标准。立德育人是对立才育人无法满足社会对人才要求的矛盾的解决，是对立才育人在人才培养经验上的继承，更是对当代人才培养理念的创新与发展。

面对当今世界的百年未有之大变局，我们必须顺应时代发展的潮流，培养出既有坚定理想信念、又具备"四个意识"和"四个自信"的社会主义建设者和接班人。习近平总书记强调指出："要坚持教育引导学生培育和践行社会主义核心价值观，做到品德润身、公德善心、大德铸魂。"① 高校的立德育人工作，就是要帮助大学生树立马克思主义信仰，坚定共产主义远大理想和中国特色社会主义共同理想，激发他们的责任感和使命感，增强他们的志气、骨气和底气，确保他们成为社会主义事业的合格建设者和可靠接班人。

二、立德育人是中国特色教育现代化的根本要求

"立德树人"是对党的教育方针的深刻总结，这是实现中国特色社会主义教育现代化的根本要求。坚持教育为人民服务、为社会主义现代化服务，是我们党教育方针的核心宗旨。党的十八大以来，将其进一步具化为"四个服务"，而新时代的立德树人就是对"四个服务"的深刻总结和切实践行。"教育现代化是指传统教育向现代教育转化的历史进程，蕴含着开放、包容、贡献社会，以及合作共赢的时代特质，是一个动态发展的过程。"②

---

① 习近平. 论教育［M］. 北京：中央文献出版社，2024：9.
② 冯刚，金国峰. 论中国教育现代化的方向目标［J］. 中国高等教育，2019（1）：4-8.

教育现代化的核心要义在于全力培养契合时代需求的全面发展人才。在新时代中国，所需要培育的正是德智体美劳全方位发展的社会主义建设者和接班人。培养德智体美劳全面发展的社会主义建设者和接班人，是实现中国特色社会主义教育现代化的目标所在。这一进程不但要实现对世界先进水平的超越，而且要坚定不移地秉持中国特色，全心全意服务于中国的发展进程。在其中，培养人的德行占据着首要位置。当今大学生唯有具备优良的品德和崇高的情操，才能够成为全面发展的社会主义建设者。

"立德树人"这一理念精妙地回答了"如何培养人"这一关乎教育现代化的根本性问题，充分彰显了教育现代化的核心要求。它为教育事业指明了方向，使教育工作者更加明确自身的使命和责任，为培养符合时代要求的高素质人才提供了有力的理论支撑和实践指导。立德育人注重培养学生的创新意识、创新能力、实践能力、人际交往能力，致力于提高学生的综合素养，以培育具有世界水平和国际视野的人才；伴随我国第一个百年奋斗目标的达成，我们正充满活力地迈向第二个百年奋斗目标，要想建设富强、民主、文明、和谐、美丽的社会主义现代化强国，实现中华民族伟大复兴的中国梦等，都迫切需要强大的人力与智力支持；立德育人恰是回应了办好具备中国特色的世界一流水平高等教育的这一要求，为的就是培养契合时代发展的一流人才，将我国的人口资源转化为巨大的人力资源，所以立德育人是为改革开放和社会主义现代化培育人才、实现中国教育现代化的根本要求。

三、立德育人是高校发展的立身之本

高校作为培养社会人才的重要场所，肩负着传承知识、塑造灵魂、推动社会进步的神圣使命。在这一伟大使命中，立德育人无疑是高校的立身之本，它决定着高校教育的方向和质量，关乎着国家和民族的未来。

习近平总书记指出："落实立德树人根本任务，传承红色基因，扎根中国大地办大学，走出一条建设中国特色、世界一流大学的新路。"① 新时代高校要坚持中国特色，扎根中国大地，突出办学特色。这不仅体现在学科、

---

① 习近平. 论教育［M］. 北京：中央文献出版社，2024：176.

教学、科研的"硬特色"上，也彰显在校风、学风、教风等"软特色"方面，所以把立德育人成效作为检验高校发展的基本标准。高校要以文化人、以德育人，用中国梦激励青春梦，努力培养新时代合格的社会主义建设者和接班人。我们通过突出中国特色、注重育人成效，努力把高校办出世界一流水平，为实现中国梦贡献力量。

（一）立德育人是高校教育的根本任务

高校不仅是知识传授和技能培训的场所，更是塑造学生品格和精神的殿堂。通过将德育融入课堂教学、校园文化和社会实践，各高校帮助学生树立正确的理想信念，增强他们的社会责任感和历史使命感，这是高校发展的核心目标。只有当学生具备良好的道德品质和坚定的理想信念时，他们才能在未来的职业生涯中，为社会和国家作出积极贡献。

（二）立德育人是高校文化建设的核心内容

高校的发展离不开校园文化的滋养，而校园文化的核心在于立德。通过弘扬优秀传统文化、社会主义核心价值观和时代精神，高校能够营造出积极向上的文化氛围，从而影响学生的思维方式和行为习惯。一个有着深厚文化底蕴和良好道德风尚的校园环境，不仅能提升学生的思想素质，还能增强高校的凝聚力和影响力，推动高校各项事业的蓬勃发展。

（三）立德育人是高校人才培养的根本标准

在新时代，高校培养的人才不仅要有扎实的专业知识和技能，更要具备高尚的道德情操和社会责任感。立德育人不仅关乎个人的成长成才，更直接关系到社会的和谐稳定和国家的长治久安。高校只有通过将德育贯穿于教育全过程，培养出德才兼备、全面发展的社会主义建设者和接班人，才能在激烈的国际竞争中立于不败之地。

（四）立德育人是高校社会服务能力的重要体现

高校的发展不仅要着眼于自身，还要服务于社会。通过立德育人，高校能够为社会输送具有良好道德素质和强烈社会责任感的人才，进而推动社会的进步与发展。同时，高校通过社会实践活动，帮助学生将所学知识运用于社会服务，增强他们的实践能力和社会适应能力，从而更好地实现教育与社会的有机结合。

四、立德育人是思想政治教育的核心任务

习近平总书记在学校思想政治理论课教师座谈会上强调指出，"高校思想政治工作，既是我国高校的特色，又是办好我国高校的优势"①。思想政治教育是高校教育的重要组成部分，是帮助学生树立正确世界观、人生观和价值观的重要途径。在新时代背景下，立德育人作为思想政治教育的核心任务，显得尤为重要。它不仅是高校实现育人目标的关键，更是全面提升学生思想素质和道德水平的必然要求。通过立德育人，思想政治教育能够更好地指导学生形成良好的道德品质和坚定的政治信仰，从而培养出符合社会主义建设需要的高素质人才。

（一）立德育人是思想政治教育的根本目的

思想政治教育旨在帮助学生树立正确的价值观，培养他们的道德情操和社会责任感，而这些都以立德为基础。通过立德育人，思想政治教育能够引导学生理解并践行社会主义核心价值观，从而使他们在思想上与党和国家保持高度一致。立德育人不仅是培养个人道德修养的过程，更是塑造学生政治信仰和社会责任感的重要手段。

（二）立德育人是思想政治教育的核心内容

思想政治教育不仅要传授理论知识，更要注重学生道德品质的培养。立德育人将德育融入思想政治教育的各个环节，使学生在学习理论知识的同时，能够将它们内化于心、外化于行，真正做到知行合一。通过课堂教学、实践活动和校园文化建设，立德育人使思想政治教育的内容更加丰富和有针对性，从而帮助学生树立正确的道德标准，并以此指导他们的实际行为。

（三）立德育人是思想政治教育效果的保障

思想政治教育的有效性很大程度上取决于立德育人是否得当。只有将立德育人作为思想政治教育的核心任务，才能真正触及学生的内心，引发他们的思想共鸣。通过引导学生树立正确的理想信念，增强他们的政治认同感和历史使命感，立德育人才能够确保思想政治教育的成果转化为学生的实际行动，促使他们在今后的生活和工作中，始终坚持正确的价值观和

① 习近平. 论教育 [M]. 北京：中央文献出版社，2024：138.

道德观，从而为高校思想政治教育效果提供强有力的保障。

（四）立德育人是思想政治教育在新时代背景下的创新发展

随着社会的不断进步和越加复杂，思想政治教育面临新的挑战，如何在复杂多变的社会环境中保持学生的政治信仰和道德品质，成为思想政治教育的重要课题。立德育人通过创新教育形式和内容，借助现代科技手段，将德育与学生的实际需求相结合，使思想政治教育更加贴近学生的生活，更加符合时代的发展要求。这不仅提高了思想政治教育的实效性，也增强了学生对思想政治教育的认同感和参与度。

（五）立德育人体现了对人才培养的高度重视

高校肩负着培养社会主义事业建设者和接班人的重任，它只有通过立德育人，才能培养出德才兼备的高素质人才。思想政治教育通过立德育人，不仅要帮助学生掌握科学文化知识，更要塑造他们的精神世界，把他们培养成具有坚定信念、高尚情操和强烈社会责任感的社会主义建设者。这一任务的完成，直接关系到国家的未来发展和社会的和谐稳定。

本章小结

立德树人是高校教育的根本任务，所以高校需要全面贯彻党的教育方针，培养学生的正确世界观、人生观和价值观。在高质量发展的新时代背景下，立德育人应体现更为丰富的内涵，包括培养学生的创新精神、实践能力、社会责任感等。立德育人更加注重价值引领，强化理想信念教育，引导学生树立正确的人生目标；更加注重能力培养，强化知行合一，培养学生创新精神、实践能力和社会责任感；更加注重全员育人，发挥教师、学生、家校社各方力量的协同作用。高质量发展背景下高校立德育人的影响因素有：政策与制度因素、社会与文化因素、校园环境因素、教育资源与教学质量因素、信息技术与现代化手段因素和学生个体因素。立德育人符合人才培养的根本规律，是中国特色教育现代化的根本要求，是高校发展的立身之本，是思想政治教育的核心任务。

第三章
高质量发展背景下高校立德育人的探索与实践

　　高质量发展是我国新时代经济社会发展的核心命题，它强调经济、社会、文化等各领域的全面协调发展。在此背景下，高校作为培养高素质人才的摇篮，承担着立德树人的重要使命。立德树人不仅是高校教育的根本任务，也是推动高质量发展的基础和保障。高校的立德育人实践必须与国家高质量发展的要求相契合，它需要通过创新教育模式、提升教育质量、强化思想政治工作等多维度举措，培养德才兼备的社会主义建设者和接班人。本章将探讨在高质量发展背景下，高校立德育人的实践经验。这些经验不仅体现在教育理念和教学方法的更新上，还包括在人才培养目标、教育评价体系、师资队伍建设等方面的综合改革与创新。通过分析这些实践经验，我们可以为高校进一步优化立德育人工作提供有益的借鉴。

第一节　学校教育与教学中的立德育人

　　在当今社会，教育肩负着培养德智体美劳全面发展的社会主义建设者和接班人的重要使命。学校作为教育的主阵地，在立德育人方面具有不可替代的关键地位和极其重要的作用。立德树人是教育的根本任务，这要求学校不仅要传授知识，更要培养学生的良好品德和健全人格。学校是学生成长的摇篮，在这里，他们接受系统的教育，形成初步的世界观、人生观和价值观。良好的学校教育能够为学生奠定坚实的道德基础，引导他们树立正确的道德观念，培养良好的道德行为习惯。通过学校的教育与教学活动，学生能够学会尊重他人、关爱社会、遵守规则，从而具备社会责任感和担当精神。正是基于学校在立德育人中的这种关键地位和重要作用，我们有必要深入探讨学校教育与教学中的立德育人原则，探索其有效的实施途径和方法，以促进学生的全面发展和健康成长。

一、学校教育体现立德树人的根本任务

高校要全面贯彻党的教育方针，落实立德树人根本任务，培养德智体美劳全面发展的社会主义建设者和接班人。各所高校将立德育人作为教育的根本宗旨，切实做到以人为本，培养学生的坚定理想信念、深厚道德情操、良好行为习惯，引导学生树立正确的世界观、人生观、价值观，把学生培养成社会主义建设者和接班人。同时，把立德育人的根本任务真正落实到学校日常教育教学中，这夯实了学校教育的根基，完善了学校德育工作，为培养德智体美劳全面发展的社会主义建设者和接班人作出了积极贡献。

（一）立德育人的核心目标

1. 充分重视以人为本是新时代教育发展的根本遵循

在 2016 年召开的全国高校思想政治工作会议上，习近平总书记强调："高等教育要为人民服务，为中国共产党治国理政服务，为巩固和发展中国特色社会主义制度服务，为改革开放和社会主义现代化建设服务。"[①] 这充分体现了新时代教育发展的根本宗旨：以人民为中心。各高校认真落实教育的根本任务，培养担当民族复兴大任的时代新人，让教育造福人民、服务人民。学校教育把培养学生的正确价值观作为重点，引导学生树立正确的世界观、人生观和价值观，并将之内化为自己的行为准则；以学生全面发展为根本出发点和根本目标，尊重学生主体地位，关注学生的实际需求和身心特点，因材施教；为学生创设良好的物质文化、精神文化和制度文化环境，满足他们的学习需求，促进学生的思想道德、智力发展、身心健

---

① 教育部课题组. 深入学习习近平关于教育的重要论述 [M]. 北京：人民出版社，2019：1.

康，培养他们的理想信念、价值观和责任担当。

2. 培养大学生社会主义核心价值观是实现立德树人的根本要求

党的二十大报告强调："全面贯彻党的教育方针，落实立德树人根本任务，培养德智体美劳全面发展的社会主义建设者和接班人。"① 这反映了新时代坚持立德树人根本任务的重要性。社会主义核心价值观涵盖了国家、社会和个人层面的价值追求，如爱国、敬业、诚信、友善等。这些价值观如同灯塔，为学生的成长和发展指引方向。它们帮助大多数学生在复杂的社会环境中辨别是非、善恶、美丑，从而确立正确的人生目标和价值观，具备社会责任感和担当精神，自觉遵守社会公德、职业道德和家庭美德，以积极的态度面对生活中的挑战和困难，展现出坚韧、善良、正直等优秀品质。很多学生积极参与志愿服务、社区活动、文化传承等实践活动，将所学的价值观应用到实际生活中，增强对社会的认知和理解，增强关爱他人、奉献社会的意识，从而实现从理论到实践的转化，真正将社会主义核心价值观内化于心、外化于行。

3. 培养大学生社会主义核心价值观是学校德育工作的关键任务

学校作为教育的重要场所，肩负着培养德智体美劳全面发展的社会主义建设者和接班人的神圣使命。在这一使命中，培养学生的社会主义核心价值观无疑是学校德育工作的关键任务，它具有多方面的重要意义和深远影响。通过培养大学生的社会主义核心价值观，学校为他们建立起坚实的道德基石。例如，"爱国"让学生深知对国家的责任和义务，激发了他们为国家繁荣贡献力量的热情；"诚信"则教导学生在人际交往中坚守诚实和守信的原则，为自己树立良好的声誉和形象；很多大学生用心认同并践行"友善"时，他们会更加关心他人，善于与同学、老师和社会成员建立和谐的关系，从而培养出宽容、善良、富有同情心的品格。高校通过举办主题班会、文化活动、评选道德模范等方式，将社会主义核心价值观融入了校园生活的方方面面。而在当今这个信息爆炸、价值观念多元化的时代，学生容易受到各种不良思潮的影响。所以，培养学生的社会主义核心价值观

---

① 本书编写组. 党的二十大报告辅导读本［M］. 北京：人民出版社，2022：30－31.

更能够帮助他们增强辨别是非的能力，使他们坚守正确的道德底线，从而在复杂的社会环境中保持清醒的头脑和坚定的信念。

（二）立德育人的实施路径

1. 课程育人：将思想政治教育、哲学社会科学等纳入人才培养方案

近年来，高校在人才培养过程中逐步加大了思想政治教育和社会科学课程的比重，以促进学生全面发展，帮助他们形成良好的思想政治素质和科学人文素养。具体而言，高校在设计人才培养方案时，通常会综合考虑思政教育与各专业课程的有机结合。一些高校将"马克思主义基本原理"、"中国近现代史纲要"、"思想道德修养与法律基础"等课程列为必修课，并通过这些课程系统地向学生传达社会主义核心价值观、国家的政策方针和历史文化内涵。此外，许多高校还在专业课程教学过程中嵌入思政元素，使各类课程在传授专业知识的同时，能够引导学生关注社会现实，理解学科知识与社会发展的关系。

2. 实践育人：组织开展志愿服务、社会调研等实践活动

高校在育人模式的探索中，高度重视实践教育，通过组织丰富的志愿服务、社会调研、专业实习等实践活动，培养学生的社会责任感和实践能力。例如，许多高校每年会组织学生前往贫困地区进行支教，帮助当地的学生提高学习成绩和综合素质，同时也使学生自己在教学过程中不断成长。这种双向促进的实践活动，使大学生既奉献了社会，也增进了自我价值感和社会认同感。此外，高校还将社会调研作为实践育人的重要形式，组织学生围绕国家发展热点、民生问题、文化传承等主题开展调研活动，要求学生撰写调研报告，将调研成果带入课堂讨论中，甚至部分调研报告被地方政府采纳，从而为社会发展提供了积极的参考。同时，高校也积极与企事业单位合作，为学生提供实习机会。"校企合作"式的实践活动，不仅帮助学生积累实务经验，还能提升他们在职场中的综合素质。

3. 环境育人：构建严谨求实的校园文化，营造积极向上的育人环境

高校普遍注重严谨求实的学术文化建设，将学术诚信、科学求真作为校园文化的核心内容。多数高校制定了严格的学术规范和学术道德准则，通过设立学术诚信委员会、开展学术诚信教育、签署学术诚信承诺书等形

式，培养学生严谨的学术态度和求实的科研精神。此外，一些高校定期举办学术讲座、学术论坛等活动，邀请校内外专家学者进行主题演讲，激励学生探索未知、追求真理。另外，通过各类文化艺术节、体育赛事、主题展览、读书会等方式，学校为学生提供了多样化的成长平台，增强了校园生活的丰富性和活力。

二、学校教学中贯彻立德育人的关键举措

"德者，本也。"① 德为人之本是人类的共识，社会正是通过教育去传承美德，而立德树人的命题本身就内含了这一基本前提。立德树人是教育的根本任务，是高校的根本使命。美国教育家巴格莱说："教育则是传递这些知识的过程，或者说教育是传递人类积累的知识中具有永久不朽价值的那部分的过程。"② 人才培养坚持党的教育方针，紧紧围绕立德树人的根本任务来展开，树立"让每个学生更优秀"的教育教学质量理念，以推动教育高质量发展为主线、内涵建设为根本、改革创新为抓手，全面提升教育教学质量，大力培养德智体美劳全面发展的社会主义建设者和接班人。

（一）融入思政教育，推进课程思政建设

高校在全面推进立德育人的过程中，将思政教育融入各类课程建设中，取得了丰硕成果。主要经验如下：

1. 坚持以马克思主义为指导，实现课程思政全覆盖

各高校牢固树立以人民为中心的发展思想，以习近平新时代中国特色社会主义思想为指导，将思政元素融入人才培养全过程。各高校通过开设思想政治理论课、马克思主义基本原理课等课程，引导学生树立正确的世界观、人生观和价值观。同时，将思政教育融入专业课程、实践课程等各类课程之中，实现思政教育全覆盖。

2. 创新教学方法，增强学生的获得感

各高校不断创新思政教育的教学方法，采取项目驱动教学法、案例教

---

① 王守仁. 王阳明全集 ［M］. 上海：华东师范大学出版社，2011：3.
② 巴格莱. 教育与新人 ［M］. 袁桂林，译. 北京：人民教育出版社，1996：7.

学、情景教学、研讨式教学等方式，激发学生的学习兴趣。将思政教育与学生实际生活、社会实践等方面有机结合，使之更加贴近学生，从而增强学生的获得感。

（1）运用项目驱动教学法。教师可以设计与思政教育相关的实际项目，让学生在完成项目的过程中深入思考思政问题。例如，组织学生开展关于社会热点问题的调研项目，如网络文明建设、乡村振兴等，要求学生通过实地调查、数据分析和报告撰写，提出自己的见解和解决方案，从而培养学生的社会责任感和问题解决能力。

（2）开展互动式教学。通过课堂讨论、小组辩论、角色扮演等形式，激发学生的参与热情和主动性。例如，在讲解社会主义核心价值观时，教师可以组织学生围绕"诚信"这一主题展开辩论，让学生在辩论中深入理解诚信的内涵和重要性。如，华东师范大学创新开设"思政小组讨论课"，让学生在小组内就时事政治、社会热点等进行深入交流，进而增强他们对社会现象的分析能力。

（3）利用现代教育技术手段丰富教学形式。教师可以借助多媒体资源，如制作精美的教学课件、播放生动的教学视频、开发在线学习平台等，为学生提供更加直观、生动的学习体验。例如，通过虚拟现实技术，学生可以"身临其境"地感受革命历史场景，增强对革命精神的认同感。

（4）案例教学也是一种有效的方法。选取具有代表性和现实意义的案例，引导学生进行分析和讨论。比如，教师可以以某企业在环保方面的成功案例为引子，来引导学生探讨企业的社会责任与可持续发展之间的关系，从而培养他们的环保意识和可持续发展观念。

（5）实践教学环节不可或缺。教师可以组织学生参加社会实践、志愿服务、参观红色教育基地等活动，让学生在实践中感受思政教育的魅力。例如，安排学生参与社区服务活动，让他们在服务他人的过程中，体会到奉献的快乐和自身的价值。

（6）建立多元化的评价体系。教师不仅关注学生的学习成绩，还要考查学生的学习态度、参与度、团队合作能力以及在实践中的表现，全面评价学生的思政学习效果，激励学生积极投入思政教育当中。

3. 注重实践创新，培养学生的社会责任感

各高校将思政教育与学生实践创新相结合，引导学生把所学知识运用到实际中，以培养学生的社会责任感和创新精神。例如，中国人民大学在"思政＋"课程中设置沙龙、实践等环节，让学生运用所学的思政理论分析社会问题、参与社会实践，从而增强了学生的责任意识和实践能力。

（二）丰富实践育人，增强学生参与感和获得感

1. 开发线上线下相结合的德育实践平台

各高校开发了线上线下相结合的德育实践平台，是丰富实践育人方式的重要举措。

（1）线上平台方面，构建专门的德育实践网站或应用程序。在这个平台上，高校可以设置多样化的功能模块。例如，开设在线课程模块，提供丰富的德育相关课程资源，包括道德伦理、社会责任感、公民意识等方面的内容，使得学生可以根据自己的兴趣和需求自主选择学习。设立互动交流社区，让学生能够在此分享自己的实践心得、经验和感悟，互相启发和鼓励。同时，创建任务发布与管理系统，发布各种线上实践任务，如撰写道德案例分析报告、参与线上公益活动策划等，让学生完成任务后可获得相应的积分或证书。

（2）线下平台则侧重于打造实体的实践基地和场所。比如，高校可以与社区、企业、公益组织等机构建立合作关系，设立固定的实践基地。在这些基地中，学生可以参与实际的社会服务工作，如社区义工活动、企业社会责任项目等。学校内部也可以设立实践工作室，配备必要的设备和资源，供学生开展各类实践项目，如文化创意产品设计、科技创新实践等。

（3）线上线下平台相结合，形成互补优势。线上平台为学生提供便捷的信息获取和交流渠道，不受时间和空间的限制，使学生能够随时随地参与；线下平台则提供真实的实践场景和亲身感受，让学生在实际操作中锻炼能力。学生可通过线上预约、线下参与的方式，实现无缝对接。例如，学生可以在线上了解某个实践基地的活动安排并报名，然后在线下实际参与活动。这种结合还能够促进资源的整合与共享，将线上的优质教育资源与线下的实践机会有机融合，为学生提供更全面、更优质的德育实践体验。

浙江大学以"青年大学习"为载体，构建"三全育人"的育人新格局，全面提升学生的思想政治素质。设立青年大学习专题网站和微信公众号，让学生线上学习与线下讨论互动，增强学生的参与度和获得感。针对不同年级学生的特点，学校设置相应的学习主题和方式，做到分类指导、有的放矢。把思政课堂教学与实践创新相结合，引导学生把所学运用到实际中，提高学生的社会责任感和创新精神。学校党委和行政领导、教师、学生、家长等各方面人员都广泛参与，从而形成全员育人、全程关注的工作格局。

2. 组织主题实践活动、社会服务实践等项目以拓宽学生视野

为了更好地拓展学生的视野，丰富学生的经历，各高校积极组织各类主题实践活动和社会服务实践。

（1）主题实践活动可以围绕多个方面展开。以文化传承为主题，高校组织学生参观历史文化遗迹、博物馆，参与传统手工艺制作等环节，让学生深入了解中华民族的悠久历史和灿烂文化，增强其文化自信。以环保为主题，高校开展环保宣传、垃圾分类实践、生态调研等活动，培养学生的环保意识和可持续发展观念。以科技创新为主题，高校组织学生参观科技企业、参加科技竞赛，激发学生的创新思维和对科学技术的兴趣。

（2）社会服务实践则更加注重让学生接触社会、了解社会。高校可以组织学生参与社会调研，针对社会热点问题如老龄化、教育公平等进行深入调查和分析，以培养学生的社会观察能力和问题解决能力。开展志愿服务活动，如关爱孤寡老人、支教贫困地区等，让学生在奉献中体会社会责任和关爱他人的重要性。此外，鼓励学生参与企业实习，了解行业动态和职业需求，教育他们提前规划自己的职业生涯。

（三）塑造校园文化氛围，提升师生的认同感

1. 注重物质文化建设

高校可以优化校园的布局和建筑设计，使其具有美感和文化内涵；完善教学设施和图书馆资源，为师生提供良好的学习和研究条件。如，厦门大学的校园布局和建筑设计独具特色，其建筑风格融合了闽南地域特色与学校的历史传承，红瓦白墙的嘉庚式建筑错落有致，展现出独特的魅力。校园内精心打造了芙蓉湖、情人谷等美丽的花园景观，还有如"自强不息，

止于至善"校训石等雕塑，以及展示学校发展历程和学术成果的文化长廊。学校的教学设施先进完善，拥有现代化的多媒体教室、实验室和实训基地。图书馆资源丰富，馆藏大量的图书、期刊和电子资源，为师生提供了良好的学习和研究条件。整个校园的每一个角落都充满了浓厚的文化气息，为师生创造了优美且富有内涵的学习和生活环境。

2. 丰富精神文化建设

高校要凝练学校的办学理念和校训，使其深入人心，并成为师生共同的价值追求。如中山大学"博学、审问、慎思、明辨、笃行"的校训，深入人心，成为师生共同的价值追求。学校开展了丰富多彩的校园文化活动，如文化节、艺术节、科技节等，激发了师生的创造力和想象力。同时，中山大学还举办学术讲座、论坛，邀请知名学者和专家到校交流，营造了浓厚的学术氛围。此外，中山大学加强了校园文化的宣传和推广，通过校园广播、校报、网站等渠道，传播校园文化的正能量。

3. 完善制度文化建设

如，四川美术学院注重制度文化建设，建立了健全、科学、合理的管理制度，保障了学校的正常运转和师生的权益。学校完善了教学管理制度，鼓励教师创新教学方法，提高教学质量；建立了公平公正的评价体系，激励学生全面发展。同时，四川美术学院注重民主管理，广泛听取师生的意见和建议，让师生参与学校的管理和决策过程，增强了他们对学校的归属感和认同感。

三、健全学校立德育人的保障机制

各高校在理念上高度重视立德育人，在制度、资源、人员等多方面构建了全方位、多层次、系统性的保障体系，营造了良好的育人环境，从而推动立德育人工作的深入开展和持续优化。

（一）明确各方主体责任，形成合力

（1）中国人民大学的学生家长们深知家庭作为大学生成长的第一课堂的重要性，他们积极承担起培养孩子良好品德、价值观和行为习惯的首要责任。在大学阶段，虽然学生大多离家求学，但家长们仍与孩子保持密切沟通，

关心他们的思想动态和生活状况，给予他们情感支持和正确引导。同时，家长们以身作则，传递积极向上的生活态度和道德观念，为孩子树立榜样。

（2）学校是大学生接受系统教育的主要场所，要发挥教育教学的主导作用。各高校制定了人才培养方案，将德育、智育、体育、美育、劳育有机融合。教师不断提升自身的教育教学水平和师德师风，在教学过程中不仅传授专业知识，还关注学生的思想道德修养和心理健康。如哈尔滨工程大学每学期都会及时与家长联系，及时反馈学生的学习情况和在校表现，从而与家长一起促进学生的成长。

（3）社会在大学生的育人过程中也扮演着重要角色。北京师范大学积极响应政府号召，与家庭和社会紧密合作，共同育人。学校与政府部门合作，制定相关政策法规，为家校社协同育人提供制度保障和政策支持。同时，学校还与社会组织合作，让他们积极参与大学生的教育实践活动，如提供实习岗位、开展公益讲座、组织志愿活动等，从而为大学生提供广阔的实践平台和社会资源。此外，学校还与企业合作，为大学生提供就业机会和职业指导，帮助他们更好地融入社会。

（二）拓宽家校社沟通渠道，提高社会认同度

（1）在沟通渠道方面，充分利用了现代信息技术手段。建立家校社协同育人的专门网站或移动应用程序，为各方提供便捷的信息交流平台。通过这个平台，学校可以及时发布教育教学安排、学生的学业成绩和综合表现，家庭可以反馈学生在家的情况和需求，社会可以提供各类实践机会和资源信息。同时，利用社交媒体平台，如微信公众号、微博等，学校定期推送协同育人的工作动态和成果，以加强各方之间的互动交流。

（2）组织定期的线下沟通活动。中国人民大学积极组织家长会、家长开放日等活动，邀请家长走进校园，实地了解学校的教育教学情况；还组织社区座谈会、企业交流会等活动，让社会各界了解大学生的培养需求和发展方向，共同探讨协同育人的有效途径。

（3）加强宣传推广工作。安徽大学为了提高社会认同度，通过媒体报道、专题讲座等形式，广泛宣传家校社协同育人的重要意义和成功案例，让更多的人了解并支持这项工作。同时，注重树立典型榜样，表彰在协同育人工作中表现突出的家庭、学校和社会机构，以发挥他们的示范引领作用。

四、建立德育工作质量标准和监测评价体系

建立德育工作质量标准和监测评价体系对大学生德育培养至关重要。为提高德育工作的实效性，各高校着力建立健全德育工作质量标准和监测评价体系，并取得了一定成效。主要经验如下：

（一）明确德育工作质量标准

各高校结合自身办学特点和育人目标，制定了详细的德育工作质量标准，突出价值引领、知识传授、能力培养和品格养成等关键要素。如，中国人民大学明确提出"立德树人"的核心标准，包括学生理想信念、社会责任、人文素养、创新精神和实践能力等5个方面。浙江大学强调全面培养学生的"四有"素质，即有理想信念、有社会责任、有创新精神、有良好品德。这些标准为学校德育工作的评估和改进提供了明确指引。

（二）建立多元化监测评价机制

各高校建立了包括过程评价、结果评价、同行互评等在内的多元化监测评价体系，及时诊断问题、反馈效果。如，南开大学建立了以学生发展为导向的评价体系，融合学业成绩、实践表现、思政测试等内容，全面评估学生的综合素质。同时，邀请校内外专家学者定期对学校德育工作进行评估，为进一步完善工作提供建议。

（三）建立健全反馈改进机制

各高校将德育工作质量评估结果及时反馈给相关部门和师生，并根据反馈情况及时调整工作措施，不断提升德育工作质量。如，湖南大学建立"全过程、全方位、全员参与"的评估体系，将评估结果纳入学校和个人绩效考核，并以此为依归持续完善工作。

（四）发挥典型引领作用

各高校选树先进典型，弘扬他们的高尚品德和崇高精神，引领广大师生向他们学习并赶超他们。如，北京师范大学在校园内设立"大学生优秀人物馆"，展示各院系、各年级学生的先进事迹，以激发学生的荣誉感和责任感。

第二节　家庭教育中的立德育人

在高质量发展的背景下，家庭教育在立德育人方面扮演着至关重要的角色。随着社会经济的快速发展和科技的不断进步，人们对于教育的需求不再局限于知识的积累和技能的掌握，而是更加注重个人的全面发展和道德品质的培养。家庭是个体成长的第一课堂，父母是孩子的第一任老师。家庭的教育方式、价值观念和行为模式对孩子的成长具有深远的影响。一个和谐、有爱的家庭环境能够为孩子提供健康成长的土壤，而正确的家庭教育方法则能够帮助孩子培养良好的行为习惯和道德品质。

一、建立畅通的家校沟通渠道

家校沟通作为教育过程中不可或缺的一环，直接关系到学生的学习效果和成长发展。有效的家校沟通不仅可以加强家庭和学校之间的互信和合作，更能够及时了解学生在学校和家庭中的情况，为学生提供更全面的支持和指导。因此，建立畅通的家校沟通渠道，不仅是学校管理工作的需要，也是实现教育教学目标、促进学生综合素质提升的需要。

（一）积极主动建立家校沟通渠道

各高校以积极主动的姿态迅速行动起来，不遗余力地致力于建立起毫无阻碍、畅通无阻的家校沟通渠道。它们通过周期性、有规律地召开家长会这一形式，为家长们精心搭建起了一个能够全面了解学生在校期间学习状况以及生活情形的重要机会与平台。

（二）丰富多样的家校联谊活动

学校别出心裁地举办形式多样、丰富多彩的家校联谊活动，从而成功地拉近了家庭与学校之间的距离，极大地增进了双方之间的了解和交流。例如，浙江大学在这方面表现得尤为积极踊跃，热情地邀请家长参加"青年大学习"等思政教育活动。这些精心策划的活动，使得家长能够亲临其境，亲身感受到学校前沿先进的育人理念和切实可行、行之有效的育人措施。正是通过这样的方式，学校与家长得以在教育理念、目标和方法等方面达成高度的共识。

（三）家校协同育人的良好格局

家校协同育人是教育事业中至关重要的一环，家长和学校携手合作，共同致力于孩子的全面发展。通过建立密切的沟通机制和合作关系，家长与学校共同制定教育目标，分享关于孩子学习和成长的信息，共同解决问题，共享成功。这种积极的互动不仅有助于培养孩子的学习兴趣和自信心，还能够促进家庭和学校之间的理解与信任，为孩子的未来奠定坚实的基础。

二、家长在家庭立德育人中的作用

家长在家庭立德育人中扮演着至关重要的角色，他们不仅是孩子的第一任教师，更是家庭价值观念和道德规范的重要传承者。家庭是孩子成长的第一课堂，是道德品质的温床和塑造者。家长的言传身教、榜样作用对孩子的思想道德发展有着深远的影响。

（一）家长树立正确的育人理念

各高校以严谨负责的态度认真开展家长教育工作，通过多种形式和途径帮助家长树立正确、恰当的育人理念，使家长清晰而深刻地认识到家庭教育在学生全面发展过程中所具有的不可替代的作用。例如，天津大学持之以恒地定期举办"家校合作论坛"等一系列活动。在这些活动中，学校特意邀请在教育领域造诣深厚的专家学者，针对如何做好家庭教育这一关键问题进行专业、细致的指导。专家学者们凭借自身丰富的知识和经验，为家长答疑解惑，分享先进的教育理念和方法。高校通过这样的方式，有效地引导家长摒弃陈旧、错误的教育观念，树立起符合时代需求和学生成长规律的科学的教育观念，从而为学生的健康成长提供更有力的家庭支持和保障。

（二）家长发挥生活教育的引导作用

各高校大力倡导并积极鼓励家长在日常的生活点滴中充分发挥出潜移默化、润物无声的教育作用。各家长通过自身的言行示范，以及对孩子良好生活习惯的耐心培养与引导等方式，为孩子指明正确的方向，引领孩子逐渐形成积极、正确的价值观和优良的品德。例如，北京大学富有创意地组织家长分享家庭教育的宝贵实践经验。在交流活动中，家长们共同探讨在日常生活的平凡场景里，究竟应当如何巧妙地培养孩子的责任心、诚信意识等重要品质。这些交流不仅为家长们提供了互相学习借鉴的机会，更是让每一位家长清晰地认识到自身在孩子成长过程中所应承担的重要责任，从而更加自觉地发挥出家长的积极引导作用，为孩子的茁壮成长营造出温馨和谐、充满正能量的家庭氛围。

（三）家长参与学校教育活动

各高校以积极主动的态势全力搭建起高效便捷的家校沟通平台，热情诚挚地邀请家长参与到学校的各类教育教学活动之中，以此进一步增进家校之间的深度理解和紧密配合。例如，复旦大学富有前瞻性地组织家长参加学生的社会实践和志愿服务活动，通过这种方式，使得家长能够亲身经历和切实感受学校先进且富有成效的育人理念以及具体而有效的措施。家长在亲身体验之后，能够更为深刻地领悟学校教育的核心目标和重点方向，从而在家庭环境中更加有的放矢地加强对孩子在相关方面的引导。这种家校之间的紧密合作与互动，为学生的全面发展构建了一个更加完善、更为有力的教育支持体系，有力地促进了学生在品德、知识、能力等多方面的协同进步和健康成长。

（四）家长发挥家庭教育的监督作用

各高校不遗余力地鼓励家长以积极踊跃的姿态全面参与学校教育的各个环节，同时全力畅通家长的意见反馈渠道，充分发挥家长在监督学校教育质量方面所具有的至关重要的作用。例如，西安交通大学颇具远见地设立了家长委员会，该委员会通过定期开展相关活动，广泛而深入地听取家长对于学校工作的各类意见和宝贵建议。家长们从自身的观察和体验出发，为学校的发展出谋划策，提供了来自不同视角的思考和见解。学校高度重视这些意见和建议，并将其作为推动学校不断改进教育质量的重要依据和动力源泉。这种积极的互动和交流，促使学校能够及时发现教育教学过程中存在的问题和不足，进而有针对性地进行调整和完善，不断提升教育水平，为学生提供更优质、更符合其成长需求的教育服务。

三、家庭教育在立德育人中的重要性

家庭教育在立德育人过程中的重要性不容忽视，家庭是孩子人生道德观念最初形成的摇篮，也是品德塑造的第一课堂。家庭教育作为孩子道德品质的第一来源，承担着培养孩子良好品德、树立正确人生观的使命。在当今社会价值观多元、教育环境日新月异的背景下，我们更需要加强家庭教育的力量，用它来引导孩子树立正确的道德观念、价值观念和行为规范。

（一）家庭教育奠定学生品德基础

家庭作为孩子接受教育最早且影响最为深远的场所，在孩子成长过程中发挥着至关重要的作用。优质而良好的家庭教育，宛如一盏明灯，能够有效地指引孩子树立起正确的世界观、人生观和价值观。在孩子的成长初期，家庭给予的教育引导犹如基石，为其后续所接受的学校教育奠定了稳固且坚实的品德基础。例如，中国人民大学十分重视家庭在孩子教育中的重要性，明确要求家长在日常的家庭生活中，注重对孩子进行品德方面的培养。家长需以身作则，通过言传身教，让孩子深刻领悟并践行诚实守信的原则，教育孩子对待他人要真诚守信，言出必行；同时教导孩子尊敬和孝敬长辈，学会关爱与感恩。正是通过这样的家庭培养，父母为孩子进入学校接受教育打下了坚实的道德基础，使得他们在学校教育中能够更好地适应和发展，从而成为有道德、有素养的人才。

（二）家庭教育与学校教育相互配合

学校和家庭毫无疑问是学生成长过程中的两大极其重要的场所。学校为学生提供系统的知识体系和广阔的社交平台，家庭则给予学生温暖的情感支持和早期的品德启蒙。然而，仅有这两者发挥各自作用是远远不够的，只有当家庭和学校齐心协力、共同付出努力时，学生的全面发展才能够取得令人满意的良好效果。例如，武汉大学深刻认识到家校合作的重要性，并为此建立了家校联席会议制度。在这一制度下，家长和学校的教师会定期进行深入的沟通交流。双方共同探讨学生在学习、生活和心理等方面的情况，分享彼此的观察和见解。通过这种方式，成功地形成了家校密切配合的育人机制，教育资源得以充分整合，教育力量得以有效汇聚，从而创造了一个更加有利于学生全面发展的良好环境。

（三）家庭教育培养学生社会责任感

良好的家庭教育，往往具有强大的引导力量，能够积极有效地引导学生将目光投向社会公益领域，使其热情地参与到志愿服务等各类有益的社会活动之中，从而逐步培养起他们强烈的社会责任感和崇高的使命感。例如，清华大学高度重视学生社会责任感的培养，精心组织学生参加诸如社区服务等丰富多彩的实践活动。在此过程中，家长们主动与学校配合，充分发挥家庭教育的作用，积极鼓励孩子踊跃参与其中。通过亲身的实践和体验，孩子们不仅能够深刻地理解社会的需求和自身的责任，更能够在实际行动中不断积累经验，提升能力。这种家校的协同努力，显著增强了学生的社会责任意识，使他们在成长过程中更加关注社会、关爱他人，为他们将来成为有担当、有作为的社会栋梁之材奠定了坚实基础。

第三节　社会教育中的立德育人

社会教育作为教育体系的重要组成部分，在立德育人方面发挥着独特且不可忽视的作用。社会教育是家庭教育的延伸和补充，通过各种渠道和形式，为个体提供更广阔的学习和成长空间。在全面推进立德树人的过程中，高校不仅注重在校内培养学生的核心素养，还充分发挥家庭和社会教育的重要作用，从而形成了一些有益经验。

一、政府部门助力立德育人

（一）政策扶持

1. 各级政府出台相关政策法规，为学校立德育人工作提供制度保障

各级政府部门以高瞻远瞩的战略眼光和强烈的责任担当，积极出台一系列相关的政策措施，为高校立德育人工作构建坚实的保障体系。例如，教育部出台了"卓越人才培养计划"，强调了德育在高校人才培养中的核心地位，并给予了相应的资源支持和政策倾斜。

2. 加大财政资金投入，支持学校开展思想政治教育

通过提供充足的经费支持，高校可以改善教学设备、拓展教育资源，培养优秀教师团队，开展多样化的思政课程和校园活动，从而促进学生的思想政治素养提升和全面发展。这种投入不仅有助于增强大学生的爱国主义情感、社会责任感和法治观念，还能够培养他们的批判性思维和道德品质，为培养德智体美劳全面发展的社会主义建设者和接班人打下坚实基础。

3. 建立奖励机制，激励学校和教师在立德育人方面的突出贡献

相关部门通过设立各类荣誉称号、奖金奖励等奖赏制度，充分肯定那些在思想道德教育中表现突出的学校和教师，激励他们持续投入、创新实践，引领学生成长成才。这种奖励机制不仅能够提升教师的专业发展动力，增强他们的责任感和使命感，也能够推动学校在德育工作上不断探索创新，促进全社会对立德树人工作的关注和支持，为培养德智体美劳全面发展的社会主义建设者奠定坚实基础。

（二）资源整合

1. 整合教育、宣传等部门的资源，形成工作合力

各部门共同发挥优势，协同推进教育教学、宣传引导和文化传承工作，实现资源的互补与共享。这种跨部门合作不仅有助于提高教育教学的质量和效益，也能够更好地传播和弘扬社会主义核心价值观，促进文化繁荣与发展，为培养德智体美劳全面发展的社会主义建设者和接班人奠定坚实基础。

2. 鼓励社会各界积极参与，为学校提供全方位支持

设立志愿者服务项目，吸引社会志愿者参与学校活动；建立校企合作机制，拓宽学生实习与就业的渠道；举办家校互动活动，促进家长参与学校教育；设立奖励机制，表彰社会各界对学校发展的贡献；举办公益活动，增强社会对学校的认同感与支持度。通过这些措施，我们不仅可以激发社会各界的参与热情，还可以促进学校与社会资源的有机结合，从而共同推动教育事业的发展与进步。

3. 构建政府、学校、家庭、社会协同的育人大格局

政府加强政策引导与规划，推动教育改革与发展；学校注重德育教育与学科教学相结合，培养学生的综合素质；家庭加强家庭教育与亲子关系建设，促进家庭和睦，实现和谐共育；社会提供多元化教育资源与文化环境，培养学生的社会责任感与创新精神。通过政府主导、学校育人、家庭教化、社会支持的协同努力，我们共同营造育人大格局，为培养具有中国特色社会主义核心价值观的新时代公民奠定坚实基础。

（三）监督指导

1. 加强对学校立德育人工作的监督检查

各高校大力加强对学校立德树人工作全方位、多层次、系统性的监督

检查。通过成立专门的监督检查小组，制定详尽且科学合理的监督检查方案，明确具体的监督检查指标和流程，以严谨认真的态度，深入学校的教育教学各个环节。重点查看：学校是否将立德树人理念融入课程体系的构建、教学活动的开展、校园文化的营造之中；教师在日常教育教学中是否注重培养学生的品德修养、社会责任感、创新精神和实践能力；学校的管理制度和评价机制是否有助于促进学生的全面发展和道德成长。同时，各高校还应广泛听取师生、家长以及社会各界的意见和建议，对发现的问题进行及时梳理和总结，提出具有针对性和可操作性的整改措施，督促学校有关部门不断完善立德树人工作机制，确保学校教育始终沿着正确的方向前进，从而为培养德智体美劳全面发展的社会主义建设者和接班人奠定坚实基础。

2. 为学校提供专业指导和培训，提高教师育人能力

各高校还应该整合教育领域的资深专家、优秀教育工作者以及前沿的教育研究成果，构建涵盖教育理论、教学方法、课程设计、学生心理辅导等多方面的专业指导体系。同时，精心策划和组织形式多样、内容丰富的培训活动，包括专题讲座、案例研讨、实践操作、校际交流等。从宏观的教育理念引领，到微观的课堂教学技巧传授，细致入微地提高教师的育人能力，从而帮助教师深刻理解教育的本质和目标，熟练掌握先进的教学手段和策略，有效应对学生在学习和成长过程中出现的各种问题。这些措施使得教师能够根据学生的特点和需求因材施教，激发学生的学习热情和创新思维，培养学生的良好品德和社会责任感，从而使教师真正成为学生成长道路上的引路人，为学校教育质量的稳步提升提供有力保障。

3. 畅通师生、家长的反馈渠道，持续改进育人措施

高校可以建立多种形式的沟通平台，定期组织师生、家长座谈会，开展问卷调查等项目，确保信息传递的及时、准确和全面。对于收集到的各类反馈信息，高校要组织专业人员进行细致深入的分析和整理，进而从中挖掘出具有代表性和普遍性的问题，并以此为依据，持续不断地改进育人措施。此外，高校还可以采取如下措施：对教学计划进行精细化调整，优化课程设置和教学进度；加强师资队伍的建设，提升教师的专业素养和教育教学水平；丰富校园文化活动，营造更加积极向上、充满活力的校园氛

围。通过这样的良性循环，学校的育人措施能够更好地适应学生的发展需求和时代的教育要求，为学生的成长成才提供更加优质、有效的支持和保障。

（四）典型引领

1. 大力宣传先进典型，发挥示范效应

各政府部门广泛发掘在思想政治教育、师德建设、教书育人等方面作出杰出贡献的典型人物和他们的动人事迹，采用新闻报道、颁奖表彰、宣讲交流等形式，广泛宣传这些典型人物的先进事迹和崇高精神，使其成为广大教师学习的标杆。同时，政府还邀请这些典型人物，到学校和教师培训机构进行现场宣讲，使他们直接与广大师生互动交流，分享从业心得、阐述育人理念，以此潜移默化地影响和感染他人，从而为广大教师树立崇高的职业理想和精神追求。

2. 总结推广优秀做法，为其他学校提供经验借鉴

各政府部门组织专门力量，深入基层学校，全面调研、梳理在思想政治教育、师德建设、教书育人等领域取得突出成绩的先进典型做法。通过实地走访、个案分析等方式，系统总结这些学校和教师的经验做法，这有助于了解其工作推进的具体路径、创新措施和取得的成效。在此基础上，政府还编撰专题案例集，并举办专题研讨会、现场观摩等活动，邀请相关学校和教师代表进行交流分享，使这些优秀做法得到广泛传播。不仅如此，政府还制定专项政策，提供资金支持和制度保障，将先进经验复制推广到更多学校，最大限度地发挥其示范引领作用。

3. 营造浓厚的社会氛围，共同关注和支持学校育人工作

政府部门通过多种方式，引导全社会关注和支持学校的育人事业。一方面，可以充分利用新闻媒体，大力宣传优秀教师事迹和学校育人成效，让社会各界了解教书育人者的艰辛付出和崇高价值。另一方面，政府设立教师节等纪念日，鼓励社会各界通过慰问、感谢等方式，表达对教师的尊重和敬意，从而营造社会崇尚教师职业的良好氛围。此外，政府还应当积极动员社会各界参与到学校教育中来，鼓励家长、企业、社区等主体与学校开展多方位合作，从而为学生提供更丰富的课外活动和实践机会，让学校教育融入社会大家庭，让全社会为学校育人事业贡献力量。

二、社会团体共同参与育人

各类社会团体以积极主动的姿态与高校建立密切合作，充分发挥自身的优势和资源，踊跃参与到高校学生的思想政治教育工作之中。

（一）共青团定期组织社会实践活动

作为中国共产党领导的先进青年的群团组织，共青团一直高度重视大学生的思想引导和实践培养。

1. 组织支教

共青团通过组织大学生前往偏远农村地区的学校参与支教活动，为当地师生提供课业辅导、文化娱乐等服务，传播现代教育理念。通过与农村孩子的接触，大学生不仅能运用所学知识帮助他人，更能感受到教育公平的重要性，从而增强自己的社会责任意识。

2. 开展扶贫调研

共青团组织大学生开展扶贫调研活动，使学生们深入贫困乡村，了解当地经济发展、民生改善等情况，从而为乡村振兴提供第一手资料。在实地调研的过程中，大学生增加了对社会问题的关注，增强了解决问题的能力，培养了为人民服务的理念。

3. 发动其他社会实践

除了支教和扶贫调研活动，共青团还会根据时势变化，组织大学生参与环保、志愿服务、社区建设等各类社会实践活动。

（二）妇联开展性别平等和职业发展讲座

作为代表中国妇女利益和维护妇女权益的重要组织，中国妇女联合会一直高度重视大学女生的全面发展。

1. 开展职业发展培训

妇联会定期组织针对性的培训讲座，邀请成功女性企业家、职业女性等人担任讲师，让她们分享自己的成长历程和工作经验。通过案例分享和现场互动，她们能够帮助大学女生认清职场中的潜在挑战，从而培养其独立自主、勇于竞争的职业理念。同时，讲座也会就个人职业规划、职业技能提升等方面提供专业建议，为女生未来的职业发展指明方向。

2. 进行性别平等意识培养

在性别平等意识方面，讲座围绕消除性别歧视、促进男女平等等主题展开深入探讨。通过生动的案例分析和专家解读，启发大学女生正确认识性别差异，主动维护自身权益。同时，讲座还会鼓励大学女生发挥自身潜力，在各领域追求与男性平等的发展机会。

3. 提升大学女生综合素质

妇联组织大学女生参与各类主题实践活动，如女性创业大赛、女性社会责任项目等，进一步提升她们的综合素质。

（三）文联举办文化讲座和艺术交流活动

中国文联作为全国性群众文化组织，一直致力于加强高校师生与文化艺术界的联系。

1. 举办文化讲座

通过定期邀请知名作家、艺术家走进高校，开展文化讲座，文联积极推动大学生的文化素养和审美修养的提升。在文化讲座方面，文联会邀请享有盛誉的文学家、歌剧演员、书法家等名人，为大学生奉上精彩的文化盛宴。通过近距离接触这些文化大家，学生不仅开阔了视野，更增强了文化自信，这对于个人全面发展意义重大。

2. 开展艺术交流活动

文联组织各类艺术交流活动，让学生亲身参与其中。比如邀请交响乐团前来演奏，引导学生欣赏音乐的魅力；组织书法家现场挥毫，让学生体验中国书法的韵味；邀请戏曲大师传授表演技法，帮助学生了解中华戏剧的独特魅力。通过这些生动的艺术交流，学生的艺术修养得以全面提高，对中华优秀传统文化也有了更深刻的理解。

3. 鼓励创作实践

文联鼓励大学生参与创作实践，让他们的文化素养得到实践锻炼。比如举办校园文艺汇演，让学生们展示自己的才华；组织学生参与社会公益文化活动，丰富他们的社会实践经验。

（四）残联组织大学生参与关爱残障人士的志愿活动

中国残疾人联合会是代表残疾人权益的重要组织，长期致力于推动全社会为残障群体提供更好的帮助和支持。

1. 组织大学生参与志愿服务

残联定期组织大学生参与关爱残障人士的各类志愿服务活动，培养他们的尊重和关怀意识。在服务对象方面，残联会组织大学生走进各类残疾人托养机构、特殊教育学校等场域，让他们与残障人士进行面对面接触。通过亲身参与，学生们逐步消除对残障人群的偏见，建立起平等尊重的态度。

2. 设计志愿服务

在服务形式方面，残联会根据不同类型残障人士的特点，为大学生设计多样化的志愿活动，如为视障人士提供引导和助行服务，为听障人士提供手语翻译支持，为残障人士提供日常照料等。通过参与这些贴心细致的服务，学生们不仅培养了同理心，也增强了为弱势群体服务的责任感。

3. 组织其他文娱体育活动

残联组织大学生参与一些文娱、体育等活动，让他们与残障人士进行更多交流互动，了解残障人士的独特才能和追求，从而增强对他们的认同感。通过广泛而深入的志愿服务，大学生不仅全面认识了残障群体的生活状况，也切实感受到了尊重和关爱弱势群体的社会价值。这种"倾听、理解、帮助"的实践模式，不仅增强了学生的社会责任感，也为构建更加包容和谐的社会贡献了力量。

（五）红十字会为大学生提供急救培训和公益服务的机会

作为人道主义组织，中国红十字会一直高度重视青年学生群体。

1. 开展急救知识培训

红十字会定期为大学生开展急救知识培训，邀请专业医护人员为大学生讲解基本的急救知识和技能，如心肺复苏、伤病救护等。通过理论授课和实战演练相结合，学生们能够系统掌握急救操作要领，提高应对突发事件的能力。这不仅增强了他们的安全意识，也让他们对自己和他人的生命负起应尽的责任。

2. 开展公益服务活动

在公益服务方面，红十字会组织大学生参与无偿献血、赈灾救援等活动，让他们亲身体验人道主义精神的内涵。同时，红十字会还邀请大学生参与慰问孤寡老人、儿童等弱势群体的公益项目。通过和他们的亲密互动，学生们不仅感受到了社会的温暖，也培养了更多的同理心和爱心。

通过这些形式多样、内容丰富的活动，社会各界引导大学生将目光聚焦于社会各个层面的问题，让他们深刻领悟自身在社会发展中的责任和使命，从而不断增强自己的社会责任感。比如在环保行动中，大学生通过参与相关活动，更加关注生态环境的保护；在关爱留守儿童的志愿服务中，大学生体会到社会关爱的重要性。这种合作与活动不仅丰富了大学生思想政治教育的形式和内容，还为他们提供了将理论知识转化为实际行动的广阔平台，助力大学生成长为有理想、有担当、有社会责任感的新时代人才，从而使他们为社会的发展和进步贡献自己的力量。

三、企业参与育人实践

众多企业积极热情地响应高校的育人号召，充分认识到人才培养对于企业和社会发展的重要意义，主动为学生提供多种多样的实习实训等宝贵机会，助力学生实现全面发展。

（一）华为公司与多所高校建立长期战略合作

华为ICT学院计划是著名的校企合作项目，旨在为学生提供全方位的创新创业培养。该计划与高校共建ICT学院，通过理论授课、实践实训、项目指导等方式，全面提升学生的动手能力、解决问题能力和团队协作能力。以华南理工大学为例，华为公司与其建立创新创业训练营，让学生在实际项目中学习关键技能，并参与社会实践锻炼。此外，华为搭建了创新创业竞赛平台，为学生提供专业指导和资金支持。通过深度合作，华为为学生搭建了全方位的创新创业实践平台，培养他们的主动思考和勇于实践精神，为其职业发展奠定坚实基础。

（二）腾讯公司为高校学生提供互联网产品研发的实习岗位

作为国内领先的互联网公司，腾讯高度重视人才培养，为高校学生搭建丰富的实习实践平台。其中，互联网产品研发实习项目最具特色。该项目为优秀学生提供3~6个月的产品研发实习机会，让学生参与微信、QQ等产品的设计、开发和运营全流程。在业内专家指导下，学生不仅接触前沿技术，还培养创新、沟通和解决问题的能力。腾讯还为实习生安排技能培训，包括产品设计、项目管理等，从而全面提升实习生的综合素质。表现优秀者还可获腾讯正式 offer，实现无缝衔接。通过深度合作，腾讯为学生创造宝贵的实践机会，助其成长，也为企业和高校共同发展注入新动力。这种校企合作模式，有助于培养具备创新精神和实践能力的人才，进而促进社会发展。

（三）阿里巴巴集团与高校携手开展电子商务实战项目

作为国内领先的电商企业，阿里巴巴一直重视与高校深度合作，为学生提供丰富实践机会。其中，电子商务实战项目最具特色。该项目邀请学生组建虚拟商城团队，在专业导师指导下，全程参与店铺运营管理，体验电商全流程。学生不仅能学到专业技能，更培养了敏捷商业思维和组织协作能力。阿里还为学生搭建线上线下学习平台，让他们系统学习电商理论知识，而表现优秀者还有机会获得实习 offer。通过与阿里深度合作，学生在真实电商环境中锻炼实战能力，培养创新创业精神，为未来发展奠定基础。这不仅能够促进高校人才培养创新，也能为企业输送满足需求的优质人才。

（四）比亚迪公司为工科类学生提供汽车制造相关的实训平台

作为国内新能源汽车行业的领军企业，比亚迪公司深知人才是企业发展的根本。为了培养更多高素质的汽车制造人才，比亚迪积极与高校合作，为工科类学生打造了一个专业化的实训平台。该平台不仅配备了先进的生产设备，还邀请了公司资深工程师担任实训指导教练。学生们可以在这里亲身参与汽车制造的全流程，从车身焊接、涂装到总装等各个环节，系统掌握理论知识的同时，还能锻炼动手操作能力。此外，比亚迪还为学生安排了参观整车生产线、交流座谈等活动，让他们全方位了解汽车制造行业的发展趋势。

四、社会舆论正面引导

各类媒体秉持着积极主动的态度，充分发挥自身的传播优势，大力宣传高校的育人特色做法，致力于为高校立德育人工作营造积极向上、充满正能量的良好社会氛围。

（一）权威媒体持续报道高校思政课与实践育人的创新实践

近年来，党和国家高度重视高校思想政治教育，要求全面推进习近平新时代中国特色社会主义思想在大学生中的学习宣传。为此，主流媒体加大了对高校创新实践的报道，以展现新时代大学生思政育人的生动实践。在思政课教学上，有高校通过融合专业课程，使理论知识与学生需求产生共鸣，从而增强思政课的吸引力。还有高校努力打造线上线下相结合的课程体系，丰富教师的教学形式，激发学生的学习热情。在实践育人方面，有高校组织学生参与社会志愿服务，让他们感悟为民服务的初心；鼓励学生参与校园文化建设，培养社会责任感；将思政融入科研，增强学生的爱国情怀。主流媒体持续报道这些创新举措，不仅充分展现了新时代高校思政工作的生动实践，也为各高校提供了可资借鉴的经验，从而为广大师生树立了鲜活的思政育人典型，引导他们进一步增强思政教育的针对性和学习的自觉性。

（二）新华社专题报道高校培养学生社会责任感的独特举措

作为国家级重点新闻媒体，新华社高度重视高校培养学生社会责任感的工作。通过一系列专题报道，该社深入剖析了高校在此方面的创新实践：有的高校将社会责任感教育融入思政课，引导学生关注国家民族命运，探讨如何以专业知识服务社会；另有高校组织学生参与"责任型服务"学习，让他们在社区和公益组织的实践中，主动思考如何运用所学造福他人。新华社还关注了高校鼓励学生创新创业的做法：有的学校设立创新创业学院，为学生提供全方位支持，带动他们从关注自身发展转向关注社会发展。通过深入报道这些创新举措，新华社充分展示了新时代高校培养学生社会责任感的丰富实践。这些报道为广大高校提供了可资借鉴的有益经验，引导广大师生进一步增强社会责任意识，为培养德智体美劳全面发展的社会主义建设者和接班人作出了重要贡献。

（三）央视纪录片展现高校文化传承与创新成果

央视纪录片通过多元视角与创新表达，持续聚焦高校在文化传承与创新领域的实践成果，展现高等教育机构作为文化守护者与创新策源地的独特价值。西北工业大学文化遗产研究院在商文明考古研究中取得突破，其团队通过三维扫描与凝固模拟实验，复原商代青铜器铸造工艺，相关成果被央视纪录片《寻古中国·寻商记》专题报道。节目以"青铜之巅"为切入点，揭示古代工匠"以缺陷控制实现完美器物"的智慧，展现高校在科

技考古领域的创新力。成都理工大学参与的《神奇的大相岭》纪录片，则
通过地质科考与非遗文化（如荥经砂器烧制）的结合，呈现自然遗产与人
文技艺的共生关系。云南艺术学院通过央视《守护非遗之美》纪录片，展
示"中国非遗传承人研修培训计划"的十年成果。这些纪录片以高校为窗
口，既追溯文化根脉，又展现创新活力，通过"守护—活化—融合—传播"
的链条，推动传统文化在当代语境下的创造性转化，彰显高等教育在文化
强国建设中的使命担当。

（四）《光明日报》发文点赞高校育人理念与方法

作为中共中央机关报，《光明日报》高度评价了高校在思想政治教育、
德育实践等方面的创新探索。该报赞赏了高校将社会主义核心价值观融入
人才培养全过程的做法：有的高校将其贯穿学生入学到毕业全程，既注重在
课堂渗透相关理论，又鼓励学生在实践中深化认识，这充分体现了高校落实
立德树人根本任务的决心。《光明日报》还肯定了高校将专业教育与思政教育
深度融合的创新实践：有的高校在专业课程中注重引导学生联系实际、服务
社会，让知识与社会需求有机结合，从而实现了知识传授和价值引领的统一。
此外，该报高度评价了高校将思政教育融入学生日常管理的做法：有的高校
通过"学生党建＋"模式，充分发挥党组织在引领思政教育中的优势，进而
增强学生的政治认同和价值认同。通过这些评论文章，《光明日报》为高校在
育人理念和方法上的创新点赞，充分肯定了高校落实立德树人根本任务的决
心和成果，这必将激励高校为培养社会主义建设者和接班人作出更大贡献。

第四节　借鉴古今中外立德育人经验

道德教育有两大目标："立己"和"立人"。"立己"是指培养个人的
道德品质，如真实、善良、仁慈、公正等。道德教育的首要任务是帮助每
个人形成正直的自我，以便他们在面对人生问题时能追求正义、尊重他人。
"立人"则是指培养个人对他人和社会的道德责任。我们除了需要良好的道
德品质，还需要意识到自己的社会责任，建立起自我与他人、自我与社会

的和谐关系。一个有道德的人，既要"立己"又要"立人"。这不仅是道德教育的理想，也是我们家庭和社会教育需要不断追求的目标。

一、古代立德育人经验

古代立德育人的经验主要源于一些古代伦理教育理念。比如古希腊的"让最优秀的人统治"①，中世纪的"教育应该引导人们走向善良"②，以及近代人文主义的"尊重和保护人的尊严"③ 等观念，都赋予了教育立德育人的功能。

（一）古代立德育人经验

1. 古希腊的伦理教育理念："让最优秀的人统治"

古希腊的伦理教育理念，特别是柏拉图的"让最优秀的人统治"这一观点，深刻影响了后世对于教育和领导力的理解。柏拉图在其著作《理想国》中提出："一个理想的社会应该由哲学王统治，因为他们不仅具备深刻的智慧和对真理的洞察，还拥有高尚的品德和公正无私的判断力。"④ 这种理念强调了教育在培养个体品德和智慧方面的重要作用，认为教育的目的不仅是传授知识，更重要的是塑造个体的道德品质和理性思考能力。在当代教育中，这一理念启示我们应重视对学生进行全面而深入的品格教育，让他们具有同情心、责任感和领导力，使他们能够在未来的生活和工作中作出明智的决策，从而成为社会的积极贡献者。通过这样的教育，我们不仅可以培养出优秀的个人，而且能够培养出促进社会整体进步和和谐发展的领导者。

2. 中世纪的教育理念："教育应该引导人们走向善良"

中世纪教育理念深植于宗教信仰和社会秩序之中，其核心主张是教育应成为引导人走向善良和道德完善的工具。教育不仅传授知识，更应该注重学生的品德修养的培养。教育者被赋予培养学生道德判断力和区分是非

---

① 柏拉图. 理想国［M］. 任乐，等译. 北京：商务印书馆，2010：180－181.
② 托马斯·阿奎那. 神学大全［M］. 刘仲宇，译. 北京：商务印书馆，2001：379－384.
③ 汤姆·库尔代克. 人文主义教育思想［M］. 李克勤，译. 上海：华东师范大学出版社，2006：23－29.
④ 柏拉图. 柏拉图全集：第二卷［M］. 北京：商务印书馆，1986：49.

能力的重任，为的就是让教育者通过宗教教义和道德规范塑造学生的心灵，使他们成为有责任感、有同情心、尊重他人和遵守社会规则的成员。虽然时代变迁，但培养学生的道德良知和正直品质仍是教育不可或缺的一部分。教育应继续强调个人品德培养，鼓励学生持有内在的道德指南针，以确保他们能在复杂多变的世界做出有益于自己和他人的选择，从而成为促进社会和谐与进步的力量。这一理念提醒我们，即便科技和社会结构发生巨变，教育的根本目标仍应聚焦于塑造道德完善的个体。

3. 近代人文主义的教育理念："尊重和保护人的尊严"

近代人文主义的出现标志着个人尊严和价值在教育中的地位得到了提升。近代人文主义教育理念的核心在于"尊重和保护人的尊严"，这一理念在教育领域中推动了对个体全面而深入的关注。人文主义者认为，每个人都有其独特的价值和潜能，教育的目的不仅是传授知识和技能，更重要的是激发个体的内在潜力，从而让学生具备批判性思维、创造力和自我实现的能力。这种教育观念促进了对学生个性的尊重，鼓励学生发展独立人格，表达个人意见，并在教育过程中考虑学生的情感和心理需求。在道德教育方面，人文主义倡导的是一种更加包容和关怀的态度，强调在培养学生的道德观念时，应当尊重每个人的情感、意愿和选择，同时启发教育者应通过榜样的力量和富有同理心的引导，帮助学生建立起对他人尊严的认识和尊重。这样的教育不仅促进了个体的全面发展，也为构建一个更加公正、平等、和谐的社会奠定了基础。

（二）古代教育理念对现代道德教育发展的影响

古代的教育理念在很大程度上奠定了现代道德教育的基础并对其产生了深远影响。

1. 见贤思齐，先进的思想观念对现代道德教育有启示作用

比如古希腊"让最优秀的人统治"的理念，不仅对政治思想产生影响，更在教育上倡导优秀的道德品质。现代道德教育借鉴这一理念，倡导培养学生的道德品质，弘扬社会正义，使学生理解并接受道德规范，从而让他们形成良好的道德行为。

2. 引导学生走向善良，推崇与倡导善行

中世纪的教育理念强调"教育应该引导人们走向善良"，这一理念至今

仍被现代道德教育秉持并发扬。现代教育注重培养学生的道德情感，使他们学会关爱他人，在实现自我价值的同时，也能对社会作出贡献。

3. 尊重和保护人的尊严，迄今仍影响着现代道德教育

人文主义的"尊重和保护人的尊严"理念，对现代道德教育产生了深远影响。它提醒我们，教育是为了人的全面发展，道德教育更应关注个体的情感、意愿和尊严。这种尊重人的方式，使得现代道德教育更注重对个体的理解和接纳，这也是个体化教育理念的来源之一。

古代的教育理念影响并塑造了现代道德教育的发展。道德教育的目标和内容虽然会随着时代的变化而变化，但某些基本的价值理念，比如追求善良、尊重和保护人的尊严等，是不会变化的。我们应该继续借鉴和发扬这些有价值的教育理念。

（三）古代立德育人的经验对现代道德教育实践的借鉴意义

1. 品德培养的重要性

品德培养在古代教育中至关重要，对现代教育有启示意义。课程应融入道德教育元素，引导学生理解伦理道德。教育者应运用示范、模拟、讨论等方式培养学生的责任感、诚信、尊重和同情心等品质。校园文化与环境应促进品德培养，同时学校还可以组织道德教育活动和社区服务。通过综合教育，我们可以培养具备专业能力和高尚品德的个体，使其能在社会中产生正面影响。

2. 个体差异的尊重

尊重个体差异是人文主义教育的核心。现代教育需理解每位学生的独特性，包括学习方式、兴趣和潜能等。个性化教育方案至关重要，学校应调整教学方法、材料和评估标准，确保学生个性化成长。教育环境需支持学生探索兴趣和特长，以培养他们的创造力和解决问题能力，同时，提供多样学习机会以帮助他们激发热情。还要创造包容氛围，让学生感受到价值和认可，培养他们的自尊和自信，让他们成为积极社会活动参与者。

3. 知识与品德的结合

古代教育强调知识与品德结合，这启示了现代教育，教育不仅传授知识和技能，还引导学生理解道德和社会意义。教育者在设计课程和教学活动时，应该使学生能运用知识解决道德困境和应对社会挑战。案例研究、

角色扮演、社区服务和伦理讨论可以培养学生的批判性思维、同理心和社会责任感。学生应将理论应用于环保、社会公正和文化尊重等问题，培养自己的品德，从而使自己成为有道德判断力和社会责任感的公民，为建设更和谐、可持续的世界作出贡献。

4. 终身学习的理念

终身学习是教育理念的核心，强调学习要持续终身。现代教育要求教育者激发学生求知欲，让他们具备自主学习的能力、批判思维和适应力。教育需超越传统教学，采用探究式、项目式和翻转课堂等多样方法，让学生实践并探索知识。教育者鼓励学生培养终身学习的态度，从而促使自己自主进步和成长，以适应世界变化所带来的挑战。教育不仅为学生成才奠定基础，更应该帮助学生成为终身学习者，使他们持续追求知识、智慧和成长。

5. 社会责任感的培育

古代强调培养个体为社会服务的能力，现代教育则体现为塑造学生的社会责任感。学生应认识到自己的社会成员身份和责任，从而在自我管理的同时，积极为社会作贡献。教育者通过课程设计和实践活动，如社区服务、志愿项目、社会正义讨论，培养学生的社会参与感和公共服务意识。学生通过与不同的人合作，解决问题，培养自身的社会责任感和贡献能力。这种教育能够塑造学生的社会责任感，培养有影响力的公民，从而推动社会公正、包容和可持续发展。

6. 情感教育的重视

人文主义教育注重情感，这提醒现代教育需全面关注学生的情感发展，包括提供情感支持和心理健康教育。学校须创设温暖、包容的环境，培养学生的情绪智力，使他们具备同理心且掌握管理情感的技能和处理人际关系的方法。教育者帮助学生认识和调节情绪，使他们增强自我意识和调节能力。学校提供心理咨询服务，促进学生的心理健康，并提升他们的幸福感。通过这些措施，学生实现情感健康成长，建立积极的人际关系，为培养情感成熟和心理健康的自己奠定坚实基础。

7. 教育的全面发展

教育旨在帮助学生实现全面发展，培养身体、智力、情感和社交各方面均衡发展的个体。现代教育需采取综合方法，注重培养学生的学术成就、身体健康、体育锻炼能力和健康生活方式。要激发学生的好奇心，为他们提供多样学习资源和认知挑战，促使他们不断思考和创新。关注学生的情感健康、情绪智力，帮助学生培养积极人际关系和压力管理能力。教育要培养学生的公民意识和社会责任感，通过社会实践和志愿服务，帮助学生学会有效沟通和与人协作，从而让他们为社会作出贡献。全面教育培养学生的自我认知、自我激励、同情心和社会参与，为学生幸福和社会进步奠定基础。

通过汲取古代立德育人的智慧，现代教育可以更加全面地培养学生的道德观念和社会能力，为学生成为有责任感、有同情心、有创造力和有合作精神的公民打下坚实的基础。

二、欧美国家现代立德育人经验

欧美国家现代立德育人经验，主要体现为对普遍人权的尊重、民主公正的价值观，以及个人自主意识的培养等方面。无论在家庭教育、学校教育，还是社会教育中，欧美国家都秉持这样的原则和价值观。

（一）欧美国家的现代立德育人经验

1. 对普遍人权的尊重

欧美国家的道德教育对人权的尊重体现了对个体尊严和价值的维护，这一理念为现代教育提供了重要的指导原则。它要求教育不仅要传授知识，更要培养学生对普遍人权的理解、认同和维护，其中包括但不限于公正、尊重和平等。在教育过程中，学校和教师应通过课程内容、教学方法和学校政策，体现和弘扬这些价值观。如通过社会学习课程教授人权知识，通过反歧视和包容性教育实践来尊重多样性，以及通过让学生自治和参与决策过程来体现平等原则。此外，家庭和社会也应共同营造一个支持和促进人权的环境，让个体在自由和安全的氛围中成长和发展。通过这样的教育，学生能够学会如何在多元和变化的世界中尊重他人的权利，维护自己的权益，并积极倡导和实践社会正义，从而为建设一个更加公正和平等的社会作出贡献。

2. 民主公正的价值观

欧美国家的教育系统倡导民主和公正价值观，为学生提供了一个实践和体验这些原则的环境。在学校，通过参与到班级和学校决策过程中，学生不仅学会了如何在尊重他人意见的基础上进行公正的讨论和决策，还培养了解决问题和领导的能力。这种参与感和被尊重的经历，有助于学生理解民主的价值和重要性，增强了他们作为公民的责任感和社会参与度。在家庭教育中，父母通过鼓励孩子表达自己的观点和想法，支持他们独立思考和自我表达，从而培养孩子的独立人格和批判性思维能力。例如，美国的科尔伯格道德发展阶段理论就是通过对道德冲突问题的讨论，引导学生进行深入的道德推理，让他们形成理性的道德判断——这不仅促进了学生认知能力的发展，也加深了他们对民主和公正的理解。通过这些教育实践，学生能够在实际生活中更好地理解和践行民主和公正的价值观，为成为有责任感和有影响力的公民打下坚实的基础。

3. 个人自主意识的培养

个人自主意识的培养在欧美国家的道德教育中占据核心地位，它旨在通过培养学生的自我认知和自主能力，使他们能够独立面对道德挑战。科尔伯格的道德发展阶段理论便是这一理念的体现，该理论通过设计道德困境和讨论冲突问题，促使学生在深入探讨中逐步形成自己的道德判断标准。这种教育方法不仅教会学生如何运用批判性思维来分析问题，而且鼓励他们从内心出发，发展个性化的道德理念和生活规范。通过这样的过程，学生学会了自我反思和自我指导，能够在多元价值观中做出明智的选择，并对自己的行为负责。这种教育实践有助于学生成长为具有独立人格、自我驱动和道德自主能力的个体，使他们能够在复杂多变的社会环境中，坚持自己的道德信念，从而让个体实现自我价值和社会责任感的统一。

（二）欧美国家的道德教育在帮助学生形成独立道德判断上的方法

1. 讨论式教学

讨论式教学在西方国家的道德教育中扮演着至关重要的角色，它通过创造一个开放和包容的学习环境，鼓励学生参与到具有挑战性的道德议题的讨论中。这种方法使教师不仅是知识的传递者，更是引导者和促进者，因为他们提出的具有争议性的道德问题会激发学生的思考和讨论。在这个过程中，学生们被鼓励表达自己的观点，同时倾听和考虑其他同学的意见，这种多元视角的交流有助于学生认识到道德问题的复杂性和多样性。通过这种互动，学生能够锻炼自己的批判性思维能力，学会从不同角度分析问题，并在此基础上形成自己独立的判断和立场。此外，讨论式教学还有助于培养学生的沟通能力、同理心和社会责任感，使他们能够在尊重差异的基础上，积极参与社会议题的讨论，并让他们为建设一个更加公正和理解的社会作出贡献。

2. 案例分析

案例分析在道德教育中的应用是一种有效的教学策略，它通过引入真实的道德冲突情境，让学生置身于决策者的角色，亲身体验并分析问题的复杂性。这种方法使学生能够从不同角度审视问题，考虑各种可能的行动方案及其后果，从而深入理解道德判断的多维性和情境依赖性。在这个过程中，学生不仅学会了识别和评估道德困境中的各种因素，还锻炼了批判性思维和道德推理能力。通过探讨案例中的伦理问题，学生能够更好地认识到个人价值观与社会规范之间的关系，以及懂得如何在现实生活中应用这些原则来解决道德冲突。这种经验的积累，有助于学生在未来遇到类似道德挑战时，能够做出更加深思熟虑、成熟和全面的决策，从而展现出高度的道德自觉和责任感。

3. 提倡批判思维

欧美国家教育中提倡的批判性思维是一种重要的智力技能，它鼓励学生不满足于被动接受知识，而是主动提出问题、分析假设并评估论据。这种思维方式赋予学生质疑现有观念的勇气，培养他们对信息的分析和评估能力，以及在复杂情境中进行独立思考的习惯。在道德教育领域，批判性思维尤为重要，因为它使学生在面对道德问题时，能够超越简单的道德标准，深入探讨行为背后的价值观和原则。学生通过批判性思维，能够识别和挑战自己的偏见，考虑不同文化和社会背景下的道德多样性，从而形成更为成熟和全面的道德理解。这种能力不仅有助于学生在学术上取得成功，也使他们能够在个人和社会生活中作出明智、负责任的决策，进而成为具有独立人格和社会责任感的公民。

4. 科尔伯格的道德发展阶段理论

科尔伯格的道德发展阶段理论为道德教育提供了深刻的理论基础，揭示了个体道德认知发展三个层次，即从儿童时期的服从权威和遵守规则，到青少年及成人时期的社会契约意识，最终达到基于普遍伦理原则的道德判断。这一理论强调，个体的道德理解并非一成不变，而是在不断的社会互动和教育引导中逐步成熟。教育者在这个过程中扮演着至关重要的角色，他们通过提供丰富的道德讨论情境来鼓励学生探索和质疑，以及引导学生从不同角度考虑问题，从而帮助学生形成更为复杂和高级的道德推理能力。通过这样的教育实践，学生能够学会独立思考，发展出基于原则的道德判断，而不仅仅是遵循他人的指示或社会规范。这种能力的提升，不仅有助于学生在个人层面上做出更加明智和负责任的决策，也为他们成为具有社会责任感和道德领导力的公民奠定了基础。

欧美国家的这些方法，旨在帮助学生建立自己的道德判断，而不是简单赋予他们成型的道德观。通过这种个体参与和体验的方式，学生能够在面临道德问题时做出独立、自主的道德选择。

（三）欧美教育系统中学生参与决策的机制和活动

在欧美教育系统中，有许多机制和活动可以让学生参与决策，并学习公正和公平地对待他人。

1. 学生会

学生会作为学生参与学校决策的平台，为学生提供了一个参与民主过程和学习公民责任的实践场所。通过民主选举，学生们能够选出自己的代表，这些代表随后参与到学校的管理和决策中，包括规划校园活动、解决学生关注的问题，甚至参与制定或修订校规。这一过程不仅锻炼了学生的领导力，还培养了他们的团队协作精神和公共演讲能力。在与同伴合作、讨论和解决冲突的过程中，学生学会了倾听、尊重不同意见，并在多元化的环境中寻求共识。此外，参与学生会的活动使学生们理解到公正和公平的重要性，这教会他们在权力和责任中找到平衡，为将来成为积极参与社会并为公共利益作出贡献的公民打下了坚实的基础。通过这些经历，学生能够发展出独立思考和自我倡导的能力，同时认识到个人行为对社区的影响，从而培养出对社会正义和责任感的深刻理解。

2. 小组工作

小组工作是课堂教学中促进学生合作与社交技能发展的重要方式。通过小组合作，学生不仅能够在分工合作中培养责任感和团队精神，还能在共同完成任务的过程中，进行决策参与和问题解决。这种方式鼓励学生积极表达自己的见解，同时以开放心态接纳同伴的意见，学会如何在多样性中寻求平衡和共识。在小组互动中，每个成员都有机会贡献自己的力量，无论是在工作分配、策略讨论还是在最终成果的整合中，都需要彼此尊重和公正对待。这种经历教会学生如何在多元化的团队中协作，从而培养他们的同理心和尊重差异的能力，同时也锻炼了他们解决冲突和有效沟通的技巧。通过小组工作，学生能够体会到团队合作的力量，理解在集体中实现个人和共同目标的重要性，从而为将来在更广泛的社会环境中成功协作和生活打下坚实的基础。

3. 社区服务

社区服务作为学校教育的重要组成部分，为学生提供了走出课堂、参与社会实践的机会。通过参与支援弱势群体、环境保护、公益宣传等社区服务活动，学生能够直接体验到社会责任和公民意识的具体实践。这些活动不仅让学生认识到社会中不同群体的需求和挑战，而且培养了他们对公平和公正的深刻理解。在服务过程中，学生学会关心他人，从而唤起同情心和利他主义精神，同时也锻炼了自己的组织能力、沟通技巧和团队合作能力。社区服务的经历有助于学生建立起紧密的社会联系，让他们认识到个人行为对社会的影响和价值，从而激发他们成为积极参与社会事务、勇于承担社会责任的公民。通过这些活动，学校教育与社会实践紧密结合，为学生的全面发展和社会责任感的培养提供了丰富的土壤。

4. 班级会议

班级会议是学校教育中学生民主参与和培养沟通能力的有效平台。在这样的会议中，学生被鼓励就班级内部或与学校生活相关的各种问题发表自己的见解，提出建设性的建议。通过集体讨论，学生学会如何倾听不同的声音，尊重多元的观点，并在意见不一的情况下，通过协商和妥协寻找共识。这个过程不仅锻炼了学生的批判性思维和解决问题的能力，还有助于他们认识到在集体中实现公正和公平的重要性。班级会议提供了一个实践民主决策的环境，让学生体验到自己的意见被重视的感觉，感受到参与决策过程的价值。这种经历有助于学生建立起自信和自主性，同时培养了他们的社会责任感和集体荣誉感，为他们将来成为积极参与社会、能够有效沟通和协作的公民打下了基础。

5. 规则设定

规则设定的过程是教育中培养公平意识和集体责任感的关键环节。当教师邀请学生参与制定新学期或新活动的规则时，这不仅确保了规则的透明性和可接受性，而且让学生在规则制定的每一个步骤中实践公平和正义。学生通过讨论、协商，共同确定班级或活动的准则，这个过程使他们理解规则对于维护秩序、保障公平和促进集体福祉的重要性。学生在这个过程中学会权衡个人利益与集体利益，认识到每个人的行为如何影响整个群体。此外，参与规则的制定还有助于学生发展自我管理能力，提高自我效能感，因为他们知道自己对规则有话语权，因而更愿意遵守和维护这些规则。这种参与感和归属感能够激发学生的内在动机，使他们成为更加负责任和积极参与的成员，从而为建立一个和谐、尊重和公平的学习环境作出贡献。

（四）欧美国家的道德教育注重培养学生的自我认知和自主能力

1. 鼓励表达心声

老师鼓励学生在课堂上主动发言，表达自己的想法和观点。这种环境不仅可以帮学生找到自己的声音，还能让他们意识到自己的想法是有价值的。在这样的环境中，学生不再是被动的知识接受者，而是主动的思考者和表达者。它不仅可以帮助学生找到自己的声音，更能在多个层面上对学生的成长和发展产生积极的影响。

2. 自主学习

许多教育机构正在推行自主学习方案，为学生提供更多选择权，让他们自主选择感兴趣的课程和学习内容。这种教育模式改变了传统教育方式，为学生带来新机遇。学生不再受固定课程和统一内容的限制，而是能够根据兴趣、特长和未来规划去自由选择学习内容。这种自主权激发了学生的积极性和主动性，使学习变成探索与追求的过程。个性化学习尊重学生的差异，以此实现因材施教。学生能够深入学习自己擅长的领域，或发展其他兴趣。自主学习提升了学生对学习目标和过程的控制水平，培养了学生的责任感和自律能力。学生学会制定计划、评估进度，从而成为学习的主人。自主学习激发学生的内在学习动机，培养他们的自驱力和持久学习热情，从而让学生在挑战中坚持努力。此外，自主学习让学生综合考虑做出决策，促进决策能力的发展，锻炼他们解决问题的能力，培养创新思维。

3. 反思和自我评估

反思和自我评估是提升自我认知的有效途径，在教育过程中，这一方法具有不可忽视的重要性和深远影响。教师会定期让学生对自己的学习进度和行为进行反思和评估，这是一项极具意义的教育举措。当学生被引导去深入思考自己在学习中的表现时，他们开始关注自己所取得的进步、所面临的困难以及自身行为对学习成果的影响。这种思考不仅仅是简单的回顾，更是一种有深度、有目的的内省。

4. 问题导向学习（PBL）

问题导向学习（PBL）是一种以学生为中心的教育方法，此方法让学生通过解决实际问题来促使自己深入学习和锻炼批判性思维。学生以主动探索解决问题的方式，整合知识，提出解决策略，以培养逻辑思维和决策能力。在这个过程中，协作是关键，学生通过小组合作，启发彼此，共同完善解决方案，以培养团队合作和沟通能力。此外，学生还需自主探索新资源，拓宽知识面，培养信息检索和筛选能力。自主能力就是培养独立思考、自主决策、增强适应性和竞争力的能力，它能激发学生对学习的内在兴趣，使其更积极投入学习过程中。

5. 科尔伯格的道德发展理论

科尔伯格的道德发展理论将道德认知分为前习俗水平、受社会规范影响的习俗水平和基于普遍道德原则的后习俗水平，揭示了个体道德判断的逐步成熟过程。儿童阶段主要考虑个人利益，随后受社会规范影响，追求社会认可，最终可能达到基于普遍原则的道德判断。科尔伯格强调通过解决道德冲突培养独立判断能力，引导个体独立思考，让个体从不同角度看待问题，从而培养解决问题的能力。核心目标在于能独立进行道德判断和培养自主意识，使个体基于内心信念做出道德选择，进而推动社会道德进步。

三、中国立德育人经验

基于儒家思想，中国的立德育人经验尤其重视道德品质的培养，如仁、义、礼、智、信等。在这个过程中，家庭教育和社会教育都起到了重要作用。例如，"家训"是中国家庭教育的一种传统形式，它强调的是道德规范和家庭责任。与此同时，社区、学校等公共领域也会组织各种道德教育活动，如德育课程，道德实践活动等。

（一）儒家文化的影响

儒家文化根植于中国社会长达千年之久，包含了仁爱、正义、礼仪、智慧、诚信等精髓思想。这些理念倡导人际关系的关爱与尊重、超越私利追求正义、维护社会秩序的礼仪、追求知识提升和诚信品德。这些价值观影响了道德教育，塑造了社会稳定与发展的人文关怀态度，不仅对中国，也对东亚及全球文化有深远影响。

1. "仁"的教育

"仁者爱人"。儒家文化中的"仁"是一种以爱人为核心的道德理念，它要求个体在与人交往时体现出深厚的同情心、发自内心的尊重和善意。在教育过程中，"仁"的教育理念被融入孩子的日常生活和学习中，老师们通过故事、榜样和实践活动来培养孩子的同情心和利他精神。孩子们被教导要尊重他人，无论是在言语还是在行为上，都要体现出对他人的尊重和理解。同时，教育者也会鼓励孩子们在日常生活中主动帮助他人，无论是帮助同学解决学习上的困难，还是参与社区服务活动，都能让孩子们体会到帮助他人带来的内心满足和快乐。通过这样的教育，孩子们能够学会站在他人的角度思考问题，培养孩子的同情心和利他精神。这不仅有助于他们形成良好的人际关系，也有助于他们成为有责任感和仁爱精神的社会成员。"仁"的教育还强调自我修养，鼓励孩子们通过自我反思和自我提升来达到更高的道德标准，从而在个人成长和社会贡献中实现自我价值。

2. "义"的教育

"君子喻于义，小人喻于利"。儒家文化中的"义"，是一种深植于个人内心的社会责任感和道德担当。在教育中，"义"的培养着重于让孩子认识到自己作为社会成员的角色和义务，鼓励他们从小树立对社会、国家乃至世界的关怀意识。通过历史故事、公民教育和社会实践活动，孩子们去理解为社会作贡献的重要性。"义"的教育还强调在面对道德困境和选择时，要有勇气坚持正义，即便这可能需要牺牲个人利益或遭受困难；教导孩子们要勇于站出来维护公平和正义，不因外界压力而放弃自己的道德信念。这种教育旨在培养孩子们的道德勇气和判断力，使他们能够在复杂的社会环境中做出符合道德原则的决策。通过"义"的教育，孩子们学会将自己的行为与社会福祉联系起来，从而让自己培养出一种以社会利益为重的责任感，这不仅有助于他们成为有道德和社会责任感的公民，也为构建和谐社会和促进社会正义奠定了基础。

3. "礼"的教育

"不学礼，无以立"。儒家文化中的"礼"，是一种深植于日常生活的规范性行为和社会礼仪，它不仅是对个人行为的约束，也是维护社会秩序和谐的重要工具。在教育中，"礼"的培养着重于让孩子了解并遵守社会公德和规范，如尊敬长者、礼貌待人、遵守规则等，这些都是构建和谐人际关系和社会环境的基础；教导孩子们在与人交往时，要以尊重和谦逊的态度，无论是在言语上还是在行为上，都要体现出对他人的尊重和礼貌。同时，"礼"的教育也强调在面对冲突和矛盾时，要以礼待人，寻求和平解决问题的方法，这体现了"和为贵"的价值观。通过"礼"的教育，孩子们学会如何在不同的社会情境中恰当地表现自己，如何在尊重他人的同时维护自己的尊严，这有助于他们形成良好的社交习惯和公民意识。"礼"的教育还鼓励孩子们在日常生活中实践礼仪，如餐桌礼仪、学校礼仪等，这些实践不仅能够提升他们的个人素养，也能够促进社会的文明进步。通过这样的教育，孩子们能够学会在多元化的社会中尊重差异，和谐共处，为构建一个文明、和谐的社会作出贡献。

4. "智"和"信"的教育

"知者不惑，仁者不忧，勇者不惧"，"人而无信，不知其可也"。儒家文化中的"智"和"信"是教育的两个重要方面，它们共同构成了个体全面发展的基础。

"智"的教育不仅关注知识的传授，更重视实践经验的积累和思维能力的培养。鼓励孩子们通过阅读、探索、实验和创造性思考来扩展他们的知识视野，同时，教导孩子们如何将理论知识应用于实际问题的解决中，从而培养批判性思维和解决问题的能力。这种教育旨在激发孩子们的好奇心和求知欲，帮助他们形成终身学习的习惯，以及锻炼在复杂多变的世界中作出明智判断的能力。

"信"的教育则强调言行一致，是对诚实和信用的重视。孩子们被教导要诚实地表达自己的想法和感受，不说谎、不欺骗，并且在承诺和责任面前保持诚信。这种教育有助于孩子们建立起可靠的个人品质，赢得他人的信任和尊重。在社会交往中，"信"的教育教会孩子们理解诚信的重要性，学会如何建立和维护信任关系，这对于维护他们的人际关系和社会声誉都是至关重要的。

综合来看，"智"和"信"的教育是培养孩子成为知识渊博、思维敏捷、诚实守信的社会成员的重要途径。通过这种教育，孩子们不仅能够获得丰富的知识和技能，还能够发展出对社会有益的品质和价值观，进而为他们的个人成长和社会贡献奠定坚实的基础。

儒家关于"仁、礼、义、智、信"的核心思想，是儒家教育的基础，也成为中国传统文化的重要组成部分。在教育的过程中，儒家文化的这些精髓思想被融入学习、生活和社会实践中，从而助力全方位、多层次的教育体系的形成。

（二）家庭教育

在中国的道德教育中，家庭教育占据了重要的地位。家长通常扮演着孩子最初的道德教育者的角色。家训、家规等具有中国特色的家庭教育方式，包含了丰富的道德和伦理教育内容。

1. 家训的教育

家训在中国家庭中至关重要，是传承家族历史和文化的教育资源。家训包含智慧和经验，强调孝、敬、忠、诚、仁、义等传统美德，教导家庭成员尊敬长辈、孝顺父母、忠诚诚实，鼓励同情心、公平感和维护正义。父母的行为展示价值观，孩子对此进行学习、观察、模仿。家庭活动结合传统庆典，强化家族凝聚力和文化认同。家训还培养个性创新能力，让家庭成员继承传统的同时发展特长；还教导家庭成员要具备道德责任感，尊重传统的同时勇于创新。家训教育根植于中国家庭，能帮助孩子塑造正确的世界观、人生观、价值观，为孩子全面发展和适应社会奠定基础。

2. 家规的教育

家规是家庭教育中关键的一环，对孩子成长至关重要。首先，家规包含明确的行为准则，教导孩子尊重长者、处理冲突、维系社会关系，培养基本礼仪、道德判断力，这能帮助孩子建立内在道德标准。其次，家规教导权责关系，让孩子学会承担个人责任、尊重他人权利，同时也培养孩子的情感表达、社会技能，帮助他们促进社交发展和情感健康。最后，家规教育内涵全面，涵盖行为规范、道德判断、权责理解、情感表达和社会技能。在这样有序支持的环境中，孩子将成长为有责任感、同情心和有社会适应能力的成年人。

3. 道德品质的培养

家庭是孩子道德品质培养的首要场所，家长的言传身教对孩子影响深远。家长需以正直、诚信、尊重等品质来做示范，引导孩子内化这些道德标准。家长要积极与孩子沟通、讨论道德问题，从而培养孩子的批判性思维和道德推理能力，还要鼓励孩子参与决策，让他们学会责任与关怀。此外，家长要创造安全环境，让孩子拥有尝试、犯错、自我反省的机会。家长支持和理解并鼓励孩子坚持正直和尊重多样性，培养他们的包容心和公平感。道德教育是长期过程，需要家长的耐心引导、榜样示范和情感支持，以帮助孩子建立坚定道德信念，进而培养其有益于社会进步的品质。

4. 情感附力的培育

情感附力在家庭教育中至关重要，影响着孩子的情感认同和道德发展。温馨且充满爱的家庭环境给予孩子安全感和支持，培养他们的自信和自我价值感。关爱和支持有助于培养孩子的善良和同情心，这体现在家长的言行和对孩子的倾听、理解、鼓励中。家长示范如何关心他人、处理困难，以培养孩子的同理心和人文关怀。同时，家长鼓励孩子情感表达，这能促进孩子识别和尊重自他情感，有助于他们建立健康人际关系。参与社会活动和志愿服务让孩子体验帮助他人的重要性，加深同情心和责任感。培养孩子真诚、关爱他人的品质，这能助力建立稳固人际关系和培养有社会责任感的公民。综上，家庭的关爱为孩子情感健康成长奠定坚实基础。

（三）学校教育

学校教育在塑造学生的道德素质方面发挥着不可或缺的作用。在中国，学校普遍开设道德与法治课程，这些课程不仅传授道德规范和社会法律知识，而且通过多样化的教学方法，如案例分析、角色扮演、小组讨论等，激发学生的思考和参与。通过课堂学习，学生能够了解社会公德、职业道德等基本概念，并学习如何在不同的社会情境中应用这些规范。学校还鼓励学生参与社会实践活动，如志愿服务、社区服务和公益活动，这些活动让学生有机会将课堂上学到的道德理念付诸实践，体验服务社会的过程，并从中培养责任感和公民意识。在实践中，学生能够更深刻地理解道德行为的社会价值和个人意义，同时也能够锻炼自己的组织能力、沟通能力和团队协作能力。此外，学校还通过校园文化建设、学生社团活动和各种专题教育活动，营造一个积极健康的校园环境，促进学生全面发展。在这个环境中，学生不仅学习知识，更学习如何成为一个有道德、有文化、有能力的社会成员。学校教育还注重培养学生的自我认知和自我管理能力，鼓励学生进行自我反思，认识自己的优点和不足，并在此基础上进行自我改进。通过定期的自我评价和同伴评价，学生能够更好地了解自己在道德行为和社会责任方面的表现情况，从而不断进步。

（四）社会实践

社会实践是中国道德教育中的重要组成部分，它强调通过实际行动来深化学生对道德规范的理解和体验。学校和社区组织的社会实践活动，如志愿服务、校园文化活动、社区服务等，为学生提供了一个将道德理念转化为具体行为的平台。

在志愿服务中，学生可以直接参与到帮助他人和社会的活动中，这些活动可能包括探访老人院、参与环保项目、协助社区建设等方面。通过这些活动，学生不仅能够培养同情心和责任感，还能够学习到团队合作、沟通协调以及解决问题的实际技能。志愿服务的经历帮助学生认识到个人行为对社会的影响，从而增强他们的社会责任感和公民意识。校园文化活动则通过举办各种形式的文化节、主题月、讲座、展览等活动，丰富学生的校园生活，同时传递正面的价值观和道德观。这些活动往往围绕特定的主题，如诚信、尊重、公平等，通过互动和体验式学习，让学生在轻松愉快的氛围中接受道德教育。社区服务活动则让学生走出校园，参与到更广泛的社会实践中，与社区居民互动，了解社会的不同层面和需求。这种参与有助于学生建立起对社会问题的认识，培养他们解决实际问题的能力。此外，社会实践活动还鼓励学生进行自我反思，评估自己的行为是否符合道德标准，以及如何改进。这种自我评估和反思的过程有助于学生形成自我监督的习惯，从而提高他们的自我管理能力。

（五）法治教育

法治教育是培养学生道德意识和法治观念的重要途径，它通过教育学生了解和遵守法律法规，帮助他们认识到法律是社会秩序和道德行为的基石。在法治教育中，学生首先学习法律的基本原则和功能，理解法律对于维护社会正义和保障公民权利的重要性。学生通过案例分析、模拟法庭、法律讲座等互动形式，深入探讨法律问题，学习如何运用法律知识解决实际问题。这种教育方式不仅增强了学生对法律条文的理解，而且锻炼了他们的批判性思维和逻辑分析能力。法治教育还强调法律与道德的联系，让学生明白法律是道德的最低标准，遵守法律是每个公民的基本义务。通过讨论法律背后的道德原则，学生能够更好地理解法律的精神和目的，从而在日常生活中自觉遵守法律，维护社会秩序。此外，法治教育还培养学生的权利意识和责任意识。学生了解到自己作为公民所享有的权利，同时也认识到相应的责任和义务。这种教育有助于学生形成正确的权利观和责任观，学会在法律框架内行使权利和履行义务。法治教育还关注预防犯罪和自我保护，通过教育学生识别和抵制不良行为，能够提高他们的法律意识和自我保护能力，从而预防青少年犯罪，保护他们的合法权益。总之，法治教育通过传授法律知识、培养法律意识、强化道德教育，为学生提供了全面的法治教育。这种教育不仅有助于学生成为遵纪守法的公民，而且为他们在社会中健康、安全地生活和发展奠定了基础。通过法治教育，学生能够在法律的指引下，形成正确的价值观和行为准则，为构建和谐社会贡献自己的力量。

（六）网络道德教育

网络道德教育在当今社会变得尤为重要，因为互联网已成为信息传播、社交互动和学习的重要平台。学校和家庭正致力于引导学生形成正确的网络行为习惯，提升他们的网络素养，确保他们能够安全、健康、负责任地使用网络资源。首先，网络道德教育强调信息识别和判断能力，教育学生识别网络中的虚假信息、谣言和不良内容，培养他们筛选和评估网络信息的能力。这有助于学生建立批判性思维，避免被错误或有害信息误导。其次，网络道德教育着重于培养学生保护个人隐私的能力和网络安全意识。学生需要了解如何保护自己的个人信息，以及如何避免网络诈骗和其他安全风险，这包括使用强密码、谨慎分享个人信息以及识别可疑链接和网站。此外，网络道德教育还包括网络行为规范的指导，如尊重他人、避免网络欺凌和骚扰、不传播有害内容等；教导学生在网络空间中同样需要遵守社会道德规范和法律法规，因而要让他们意识到自己的网络行为可能对他人产生影响。网络道德教育还鼓励学生发展健康的网络使用习惯，比如合理安排上网时间，避免沉迷网络游戏或社交媒体，以及利用网络资源进行学习和个人发展。家庭和学校还应提供网络安全工具和过滤措施，帮助学生避免接触不适宜的内容，同时与学生进行开放的沟通，讨论网络行为的后果，以及如何在网络世界中做出有道德和负责任的选择。最后，网络道德教育也关注培养学生的数字公民意识，使他们意识到作为网络社会的成员，每个人都应对网络环境的健康发展负责任。

作为教育的核心任务，立德育人贯穿古今中外，其重要性在不同的文化和时代背景下均有体现。无论是古代儒家的"仁爱"、"礼义"教育，还是西方的"德性伦理"、"公民责任"教育，都强调了培养个体的道德品质和社会责任感。我们应该从这些丰富的教育传统中汲取经验，学习其优点，以促进道德教育的实践和发展。

本章小结

国家教育政策体系通过多维赋能机制，为立德树人根本任务提供了系统化的制度保障、多元化的投入支持和科学的理论指引。学校教育是立德育人的主阵地，需要在课程设置、实践活动、校园文化、师生互动等多个层面系统推进，以确保立德树人落地生根；家庭教育和社会教育是学校教育的重要补充——此三者相互配合，共同构建全方位、全过程、全员育人大格局，为学生健康成长奠定基础。我们要借鉴古今中外的立德育人经验，明白家庭教育、学校教育、社会实践是家校社共同参与的立德育人大格局，这需要各方密切配合，形成教育合力，从而促进学生全面发展。

第四章
高质量发展背景下我国高校立德育人的现实审视

在第三章论述了高质量发展背景下立德育人的基本经验及相关问题、梳理了国内外学校、家庭和社会协同育人的经验后，本章重点描述高质量发展背景下我国高校立德育人取得的成绩、存在的问题及成因。通过问卷调查（线下问卷调查和网络问卷调查）、个别访谈、实地观察等方式对全国 10 省市 50 所高校的学生、教师和思想政治教育工作者展开调研，从高校党的建设、"三全育人"、教师队伍、课程思政、思政课地位等方面描述我国高校立德育人的现状和存在的问题，并从思想认识、教师队伍建设、育人载体、思政建设保障机制等方面分析存在问题的成因，以期为提出完善高质量发展背景下我国高校立德育人的对策提供现实依据。

第一节　高质量发展背景下高校立德育人的调查方法

在当前高质量发展背景下，立德育人成为我国高校育人工作的核心任务之一。立德育人不仅关乎高校学生的知识传授和能力培养，更注重其思想品德的塑造与德性修养的提升。随着社会经济的发展和国家对高等教育的重视，高校在学生德育方面的工作面临着新机遇和新挑战。特别是在构建具有中国特色的高等教育体系的过程中，如何有效落实立德树人这一根本任务，成为高校教育改革与发展的重要课题。因此，开展有关高校立德育人现状的调查研究，探讨提升德育工作质量的方法路径，具有重要的现实意义。

一、调查对象的统计学特征

本研究数据来源于"育人的根本在于立德的理论和实践研究"课题组于 2024 年 2 月至 2024 年 6 月所开展的调查。该调查覆盖了湖南、广东、广西、江西、重庆、四川、黑龙江、湖北、陕西和北京这 10 个省市的高校，调查对象包括学生、教师以及思想政治教育工作者，且采取现场问卷调查、网络问卷调查和现场访谈三种方式进行。共发放调查问卷 1000 份，回收 933 份，回收率 93.3%；其中学生填写 400 份，教师填写 400 份，思想政治教育工作者 200 份，有效卷 896 份（学生的有效卷为 371 份），有效率 96.03%。样本的描述性统计情况见表 4 - 1：

表 4 - 1　样本描述性统计情况（样本总量 N = 525）

项目	内容	百分比
性别	男性	42.9%
	女性	57.1%
教师年龄	30 岁以下	30.9%
	31～40 岁	32.4%
	41～50 岁	25.1%
	51～60 岁	11.6%
教龄方面	0 年	12.8%
	1～5 年	29.4%
	6～10 年	33.5%
	11～15 年	24.3%
学历方面	本科学历	10.7%
	硕士研究生	59.4%
	博士研究生	29.9%
职称方面	助教	11.2%
	讲师	27.6%
	副教授	31.4%
	教授	29.8%

（续表）

项目	内容	百分比
教育背景方面	师范教育	52.4%
	非师范教育	47.6%
任职前的经验	学习时当过教学助理	31.6%
	独立教过某门课程	34.7%
	在其他高校教过	16.4%
	没有任何教学经验	9.5%
	其他情况	7.8%

二、高质量发展理念融入高校立德育人工作的现状

高校将高质量发展理念渗透于思政教育工作，有利于增强立德育人的适用性和实效性。笔者通过网络问卷调查的方式，了解了当前高质量发展理念融入高校立德育人工作的现状。调查基于问卷星网络平台，共计发放1000份有效问卷，其中学生填写400份，教师填写400份，思想政治教育工作者填写200份，通过问卷星平台分析数据，信度分析Cronbach系数为0.870，效度分析KMO值为0.894，问卷信度和效度良好。81.05%的人认为高质量发展理念融入高校立德育人工作"非常有必要"和"比较有必要"，51.50%的人认为"非常了解"和"比较了解"高质量发展理念的内涵。SPSS相关分析（见表4-2）显示，对高质量发展内涵了解越深入的受访者越认同其价值，并更愿意投身于高质量发展实践活动。因此，高质量发展理念融入立德育人工作过程，实际上是一个从输入文化内容，到吸收思想价值，再到输出实践行动的全链条育人行动。

表4-2　当前高质量发展理念融入高校立德育人工作的现状

项目	平均值	标准差	了解高质量发展内涵	认同高质量发展内涵价值	愿意投身高质量发展实践活动
了解高质量发展内涵	2.45	0.86	1		
认同高质量发展内涵价值	1.78	0.77	0.456**	1	
愿意投身高质量发展实践活动	1.48	0.84	0.432**	0.38**	1

注：*表示 $p < 0.05$，**表示 $p < 0.01$。

　　然而，通过分析发现，当前高质量发展理念融入高校立德育人工作的路径还不够清晰，比如：在输入端，教育内容不够完善，43.75%的人认为缺乏系统性研究和未能有效利用平台，45.47%的人认为学习资源和平台不足。在吸收端，精神层面较难共情，48.36%的人认为相关宣传教育方式未能结合时代特征和学生成长特点，57.14%的人认为相关宣传教育活动缺乏趣味性和吸引力。在输出端，实践锻炼缺少平台，59.65%的人认为缺少实践锻炼高质量发展的机会，40.54%的人认为参与实践活动的渠道不畅。"输入不足"，则会思想营养不良，导致对高质量发展理念缺乏正确认知；"吸收不好"，则会难以产生共鸣，从而导致参与的主动性与积极性不强；"输出不畅"，则会无法践行高质量发展理念，难以检验育人成效。如果要提高高质量发展理念赋能立德育人工作的实效性，必须把好"输入关、吸收关、输出关"三个环节。

第二节　高质量发展背景下我国高校
立德育人工作取得的成绩

　　随着社会对人才素质的需求日益多元且标准越来越高，高校在立德育人方面不断探索创新、积极实践。这不仅是高校自身发展的需要，更是为国家和社会输送德才兼备人才的关键所在。深入探究我国高校立德育人工作所取得的成绩，能够为进一步推动高校教育改革、优化育人模式提供宝贵的经验和启示。同时，也有助于我们更清晰地认识到高校在人才培养中的重要作用，从而为未来的发展指明方向。

一、"加强党对高校工作的全面领导"成为共识

　　中国特色社会主义高校的最大特点和最大优势，就是坚持党对高校工作的全面领导。习近平总书记多次强调，要使高校成为坚持党的领导的坚强阵地。党的十八大以来，通过集中轮训、开展主题教育等方式，高校党的建设明显加强。调研发现，高校"党建工作的规范化程度有所提高，党

建领导机制、工作机制中均有育人意识与思想"①。2018 年，教育部提出"双带头人"培育工程，要求高校选拔思想政治素质高、教学科研能力强的学术带头人担任教师党支部书记，发挥"头雁效应"。截至 2023 年，全国超 90% 的高校实现了这一目标。总的来说，各高校从坚持党委领导下的校长负责制到基层党组织建设，都显现出党对高校工作的全面领导效应显著加强，这为高校有效推进立德树人根本任务的落实提供了坚实保障。

（一）坚持党对高校工作的全面领导

中国特色社会主义高校的最大特点和最大优势，就是坚持党对高校工作的全面领导。党中央多次强调，要使高校成为坚持党的领导的坚强阵地。在党对高校工作全面领导的保障下，我国高校通过完善思想政治教育体系、创新育人模式、强化教师队伍建设等多方面的措施，确保了立德树人工作的深入推进。

1. 思想政治教育体系日趋完善

在党中央的领导下，我国高校不断健全思想政治教育体系，深入开展思想政治理论课程教学。习近平总书记提出的"思政课是落实立德树人根本任务的关键课程"② 得到了广泛落实。高校通过思政课教育、主题讲座、实践活动等方式，积极引导学生树立正确的世界观、人生观和价值观。以"四史"教育（四史即党史、新中国史、改革开放史、社会主义发展史）为载体，各高校不断增强学生的思想认同与政治认同。

2. 育人理念与教学目标的全面结合

高校紧紧围绕立德树人的根本任务，将德育与智育、体育、美育、劳育有机融合，通过"课程思政"建设推动专业课程与思想政治教育的相互渗透，形成了全员、全过程、全方位育人的教育格局。各类专业课程不仅传授知识，更注重培养学生的家国情怀、社会责任感和创新精神。

3. 党对高校的全面领导得到强化

在党的坚强领导下，我国高校通过健全党委领导下的校长负责制，确

---

① 袁振国，沈伟. 立德树人的落实机制：现状、挑战与对策［J］. 苏州大学学报（教育科学版），2021（1）：1-8.
② 习近平. 论教育［M］. 北京：中央文献出版社，2024：184.

保党的路线方针政策在高校工作中的全面贯彻落实。各高校通过成立党委、配备专职党务工作者等方式，进一步强化了高校基层党组织的建设，形成了党组织、教师、学生"三位一体"的教育体系。

4. 大学生思想政治素质明显提高

在多样化思想政治教育手段的推动下，高校学生的思想政治素质有了显著提升。高校通过开展志愿服务、社会实践、创新创业等活动，培养了大批具有坚定理想信念、爱国主义精神和社会责任感的青年人才。越来越多的学生自觉树立社会主义核心价值观，并在学术、社会服务、基层工作等方面发挥先锋模范作用。

5. 教育模式创新和信息化技术应用

在高质量发展背景下，我国高校积极探索信息化技术与教育教学的融合，借助网络课程、虚拟课堂等手段扩展思想政治教育的覆盖面与影响力。在线教育的普及使得思政教育能够通过多种渠道进行，增强了教育的互动性和参与度，进一步推动了立德树人目标的实现。

6. 教师队伍思想政治素质全面提升

教师是立德树人的关键主体。在党的全面领导下，高校加强了对教师队伍的思想政治建设，提升了教师的思想素质和育德能力。各高校纷纷开展师德师风建设，设立了政治理论学习、党性教育等培训项目，使教师能够自觉承担起教书育人的责任，为学生树立良好的榜样。

（二）高校党的建设明显加强

高校党的建设的加强，使我国高校在高质量发展背景下的立德树人工作取得了显著成就。从完善的党建体系、全方位育人模式到创新型人才培养体系，高校通过党建引领，不断推动思想政治教育与实际教学工作的深度融合，为国家培养了一大批政治过硬、德才兼备的社会主义建设者和接班人。

1. 高校党的领导核心地位巩固，立德树人方向更加明确

党的建设在高校中的加强，使得党对高校工作的全面领导得到进一步巩固，确保了立德树人根本任务的准确执行。高校通过健全党委领导下的校长负责制，把党的领导贯穿于学校决策、教学和管理的全过程，形成了党委统一领导、党政分工合作、齐抓共管的工作格局。党的领导核心地位

使立德树人方向更加明确，从而推动高校始终围绕为党育人、为国育才的中心任务来运行。

2. 党建与思想政治教育紧密结合，构建全方位育人体系

随着高校党的建设深入推进，思想政治教育工作得到了系统性加强，形成了党建引领、全员育人的新模式。各高校在"课程思政"建设中，积极将党的思想政治理论和社会主义核心价值观融入各类专业课程，通过专业教育和思想政治教育相互渗透，提升学生的政治意识和社会责任感。思想政治理论课作为立德树人的主渠道，课程内容进一步丰富，教学效果显著增强，从而使得学生的思想道德水平和政治素养显著提升。

3. 党建工作促进师德师风建设，教师育人能力显著提高

高校党的建设不仅为学生思想政治教育提供了坚实保障，也在教师队伍中发挥了引领作用。通过党建工作的落实，高校加强了教师的思想政治理论学习和师德师风建设，推动教师更好地承担起教书育人的责任。教师不仅是学术上的引导者，更是思想政治工作的践行者，他们在课堂上潜移默化地影响学生的思想道德修养，成为立德树人的中坚力量。

4. 基层党支部建设夯实，增强育人实效

高校基层党支部建设的不断完善，使党的教育工作更加扎根于高校日常工作之中。高校通过设立教工党支部和学生党支部，建立起党组织、教师、学生紧密联系的"三位一体"育人模式。这种模式使得党组织能够在思想引领、道德教育、创新创业等多方面发挥更直接的作用，促进了师生互动，增强了思想政治工作的实效性。基层党组织活动的多样化和实效性提升了学生参与的积极性，使党建活动和思想政治教育相结合，实现了育人工作的全覆盖。

5. 党建引领社会实践与志愿服务，培养全面发展的学生

高校党的建设与社会实践活动紧密结合，通过组织党日活动、志愿服务、社会调研等形式，培养学生的实践能力与责任担当意识。在党的引领下，学生在校期间不仅接受课堂教学的知识熏陶，还通过参与社会实践、创新创业活动等项目，增强了服务社会的意识和能力。越来越多的学生通过党组织安排的实践活动深入基层、了解国情，增强了家国情怀和社会责任感，成为德才兼备、全面发展的新时代青年。

6. 党建工作推动创新教育，培育高层次创新人才

高校党的建设为创新型人才的培养提供了强大的思想保证和组织支持。通过加强党对高校科研和教学工作的领导，高校在推动科技创新、学术研究、人才培养等方面不断探索和进步。党建引领下的学术研究更注重社会需求和国家战略，使高校不仅成为知识传授的阵地，也成为创新思想的孵化器。越来越多的学生在党的引领下积极投身于科技创新、创业实践，成为推动国家高质量发展的人才力量。

（三）"双带头人"培育工程

2018 年教育部提出，高校要选拔思想政治素质高、教学科研能力强的学术带头人担任教师党支部书记以发挥"头雁效应"，使得学术带头人作为教师党支部书记的比例迅速提高，截至 2023 年，超 90％的高校实现了这一目标。

1. "双带头人"提升思想政治教育水平，育人能力显著增强

"双带头人"培育工程的核心是将思想政治素质高、教学科研能力强的学术带头人选拔为教师党支部书记，发挥他们的"头雁效应"，让他们在立德树人中起到关键作用。这些"双带头人"不仅在学术领域具有较高的造诣，还能够通过党支部工作把党的理论、政策与学术研究相结合，在日常教学中渗透思想政治教育，从而扩大和提升了思想政治工作的覆盖面和实效性。通过"双带头人"的示范作用，教师队伍的育人能力得到了全面提升，立德树人成为全员、全过程、全方位的共同任务。

2. 党建与教学科研融合，推动课程思政建设

"双带头人"工程有效推动了高校党建工作与教学科研工作的深度融合。这些学术带头人在担任党支部书记后，不仅负责党建工作，还引领课程思政建设，将思想政治教育有机融入专业课程中。在他们的带动下，专业教师能够将专业知识与社会主义核心价值观相结合，探索出了多学科、多层次的思政课程体系。通过"双带头人"引领，课程思政建设深入到各个学科的教学之中，使培养的学生不仅具有扎实的专业知识，还具备家国情怀、社会责任感和正确的价值观。

3. 师生关系更加紧密，思想政治教育全覆盖

"双带头人"工程增强了教师党支部与学生党支部的互动与联系，形成

了"教师带动学生、党员带动群众"的双重引领效应。在"双带头人"的指导下，教师党支部积极参与到学生的思想政治教育工作中，通过组织党日活动、实践调研等方式，增强了师生之间的思想交流。这种密切的联系不仅提高了学生对思想政治教育的接受度，还增强了师生间的信任感和凝聚力，从而形成了育人工作的"全覆盖"模式。

4. 带头示范作用增强，师德师风建设取得新进展

"双带头人"不仅是学术科研的领军人物，更是教师队伍中的榜样和标杆。他们通过自身的言行引领教师队伍，带动全体教师提高思想政治素养和师德师风水平。在"双带头人"的带动下，越来越多的教师意识到自己不仅是知识的传播者，更是学生品德和价值观的塑造者，从而积极投入到立德树人的工作中。高校的教师师德师风建设取得了新的进展，教师队伍的整体素质和育人意识显著提升。

5. 科研带动思想引领，培养创新型人才

作为学术带头人，"双带头人"在科研领域的示范作用也显著增强。他们不仅通过学术研究引领学科发展，还通过党建工作提升学生的创新能力和科研素养。通过"双带头人"工程，高校在培养创新型人才方面取得了新的突破。教师党支部书记引导学生将科研与国家发展战略相结合，激发学生的创新思维与实践能力，使学生在创新创业领域展现出更强的社会责任感与爱国精神。

6. 基层党组织活力增强，育人模式更加多样化

"双带头人"工程推动了高校基层党组织的全面激活。作为教师党支部书记的"双带头人"，他们通过丰富的党建活动和思想政治教育活动，增强了党组织的凝聚力和活力。教师党支部不仅积极参与教学科研工作，还通过社会实践、志愿服务、创新创业等活动丰富育人模式，使立德树人的形式更加多样化。这种多样化的育人模式不仅培养了学生的学术能力，还增强了他们的实践能力和社会责任感。

二、"三全育人"形成典型示范效应

"三全育人"作为教育领域的重要理念，强调全员育人、全过程育人和全方位育人的重要性。随着社会对教育质量的日益关注，这一理念逐渐形

成了广泛的典型示范效应，推动了教育实践的创新和发展。这种典型示范效应不仅为其他教育机构提供了可借鉴的成功经验，也为学生的全面发展创造了良好的环境。

（一）学生综合素质的提升

随着多所高校实施"三全育人"理念，学生的综合素质得到了显著提升，尤其在学业成绩、创新能力和实践技能方面表现突出。

1. 学业成绩的提升

在实施"三全育人"理念的过程中，多所高校通过全面的教育改革，使得学生的学业成绩普遍有所提高，这就反映了这一理念的有效性。这一提升主要体现在几个方面：

（1）学校优化了课程设置，结合学生的兴趣和职业发展需求，推出多样化的选修课程，使学生能够根据自身特点选择最适合的学习路径。

（2）学校创新教学方法，采用互动式和项目导向的学习模式，增强了学生的参与感和主动性，从而提高了学习效率。

（3）通过定期的评估与反馈，教师能够更好地了解学生的学习进度和困难，及时调整教学策略，以满足不同层次学生的需求。这样的个性化关注，不仅增强了学生的学习动力，也提升了其学业成绩。再者，校园内营造的良好学习氛围、学生间的合作与交流、知识的共享和探讨，这些因素共同作用，使得学生在各科目中的表现均有所改善，体现了全方位育人的优势。

2. 创新能力的增强

"三全育人"背景下，学生的创新能力得到了显著增强。这一教育模式强调老师不仅要传授学生专业知识，还要培养学生的创新思维和实践能力，使他们能够在复杂多变的社会环境中更好地应对挑战。

（1）学校通过跨学科的课程设计，鼓励学生进行多领域的学习和探索。例如，结合科技与人文社科的课程，培养学生在不同领域间的思维联结，从而激发他们的创造力。这种跨学科的教育方法，使学生在面对问题时，能够从多个角度进行分析，从而提出更具创新性的解决方案。

（2）学校还注重实践环节的设计，通过驱动性学习项目和实践性课程，使得学生能够将理论知识应用于实际情境中。在此过程中，他们不仅锻炼了动手能力，还增强了在真实环境中进行创新实践的信心。例如，学生在参与科研项目、创业竞赛或社会服务活动中，能够亲身体验创新过程，从中积累宝贵的经验。

（3）学校不仅积极营造创新文化氛围，鼓励学生勇于尝试和挑战自我，还通过设立创新工作坊、创客空间等方式，让学生有机会与同行进行互动和交流，分享各自的创意和经验。

3. 实践技能的增强

高校在落实立德树人根本任务中，高度重视理论与实践的有机结合，为学生提供丰富的实践锻炼机会，培养他们的实践能力。具体体现如下：

（1）搭建校内外各类实践平台。高校建立了各种实习实训基地、创新创业中心、社会实践基地等平台，为学生搭建实践展示和锻炼的舞台。学生通过参与各类实践活动，将所学理论知识灵活运用，不断提高动手操作、协同配合等综合实践技能。

（2）融入专业实践教学环节。在专业课程教学中，高校注重安排实验实习、课程设计、毕业设计等实践性环节，引导学生将理论知识转化为解决实际问题的能力。这些实践性教学环节有助于培养学生分析和解决问题的能力。

（3）开展社会实践活动。高校鼓励和组织学生参与社会调研、志愿服务、社区建设等社会实践活动，让他们在服务社会中锻炼自己，从而提高他们沟通协调、组织管理等综合素质。这些实践活动有利于学生形成责任心和社会担当意识。

（4）重视创新创业教育。高校设立创新创业学院、创客空间等活动场所，培养学生的创新创业意识和能力。学生在创新创业实践中学会独立思考、团队协作、资源整合等技能，为未来职业发展奠定基础。

4. 综合素质的提高

"三全育人"强调高校要全面推进学生的德智体美劳教育，使学生得到全面而协调的发展，成为德智体美劳全面发展的社会主义建设者和接班人。具体体现如下：

（1）品德修养的提升。高校通过开展理想信念教育、社会主义核心价值观教育和传统美德教育等活动，引导学生树立正确的世界观、人生观和价值观，同时增强他们的社会责任感和历史使命感，从而培养良好的品德修养。学生的思想道德素质由此得到全面提升。

（2）身心健康的增强。高校重视学生身心健康教育，通过开展心理健康教育、体育锻炼等项目，帮助学生养成良好的生活作息和运动习惯以提高身体素质和心理调适能力。学生的身心健康水平由此得到全面提升。

（3）审美情趣的培养。高校积极开展艺术赏析、文化交流等项目，培养学生的艺术鉴赏能力，激发创作热情，使学生的审美情趣和艺术修养得到全面提升。这样，学生不仅拥有了良好的道德品质和健康的身心状态，还培养了丰富的文化素养和高尚的艺术修养。

（4）实践能力的增强。高校注重学生的实践锻炼和动手能力培养，使学生在实践中锻炼出良好的组织协调能力、创新创业精神等优秀品质，为未来的职业发展奠定基础。

（二）社会服务意识与责任感的增强

1. 志愿服务参与人数增加

高校在落实"双带头人"理念过程中，鼓励并组织学生广泛参与各类志愿服务活动，使得学生参与人数显著增加，这表明学生的社会参与意识和服务意识不断增强。

（1）学校组织开展多形式的志愿服务活动

高校积极贯彻落实"双带头人"理念，在学校层面组织学生广泛参与各类社会服务活动，涉及教育扶贫、环境保护、养老服务、应急救援等多个领域。这些丰富多彩的志愿服务项目吸引了越来越多的学生投身其中。

（2）学生自主参与志愿服务实践

学生主动参与学校组织的各类志愿服务活动，同时也积极发起自己的服务项目，在服务他人中感受到社会责任与价值。学生的参与热情高涨，志愿服务成为他们展现自我、回馈社会的重要渠道。

（3）校园文化氛围推动志愿服务

高校十分重视营造学生参与志愿服务的校园文化氛围。学校开展志愿服务宣传活动，表彰优秀志愿者，营造了良好的社会服务环境。在这种文化影响下，学生主动参与的意愿越来越强。

2. 社会责任感显著增强

通过开展广泛的志愿服务实践，学生将社会主义核心价值观内化为自身的价值追求，主动担当社会责任，自觉服务于社会发展。学生的社会责任感由此得到显著提升。

（1）价值观内化

通过参与丰富多样的志愿服务活动，学生亲身感受到为他人服务的价值和意义，将无私奉献、关爱他人等社会主义核心价值观深深地融入自己的思想和行动中。这种价值观的内化，使学生的社会责任感和服务意识不断增强。

（2）主动担当社会责任

学生在志愿服务中感受到个人力量对社会发展的重要性，主动担负起应尽的社会责任。他们自发组织服务项目，主动回应社区需求，积极投身于扶贫济困、环境保护等公益事业。学生的责任意识和社会担当意识不断增强。

（3）自觉服务社会发展

通过开展广泛的志愿服务实践，学生切实感受到奉献社会的价值与意义，自发践行社会主义核心价值观，自觉将个人发展与社会发展紧密结合，成为主动服务社会发展的生力军。学生的社会责任感因而显著增强。

3. 校园与社区良性互动

学生积极参与社区建设、社会服务等实践活动，主动融入社区生活，服务于当地群众，这有效促进了校园与社区的良性互动。这种校园与社区的紧密联系，有利于形成良性的社会教育格局。

（1）学生主动融入社区生活

高校鼓励学生走出校园，积极参与到当地社区的建设中。学生主动与社区居民交流，了解他们的实际需求，并通过各种方式提供志愿服务，融入社区的日常生活中。这种主动融入有助于加深学生对社区的了解和认同。

（2）服务当地群众需求

学生在社区服务实践中，充分倾听群众需求，设计出切合实际的志愿服务项目，如社区环境整治、儿童关爱、老人服务等。学生以实际行动回应社区发展需求，得到了当地群众的认可和支持，增进了校园与社区的良性互动。

（3）促进校园与社区良性互动

学生积极参与社区服务，主动融入社区生活，这不仅提升了学生的社会责任感，也增进了校园与社区的紧密联系。学校与社区之间的互动交流更加频繁和深入，从而形成了良性的社会教育格局，实现了校园、社区的双向发展。

4. 社会影响力的提升

学生在广泛开展的志愿服务实践中，以实际行动传播正能量，彰显了青年学生的社会担当精神。这不仅提升了学生自身的社会影响力，也有助于树立高校的社会形象，为学校发展注入新的动力。

（1）学生以实际行动传播正能量

广泛开展的志愿服务使学生有机会亲身参与社会公益事业，让他们用自己的行动回应社会需求，为困难群众提供帮助。学生的无私奉献、勇于担当的精神，以及在服务中收获的成就感，形成了积极向上的正能量，为社会注入了新鲜力量。

（2）彰显青年学生的社会担当

学生在志愿服务中主动担起社会责任，以实际行动践行社会主义核心价值观，展现出青年学生积极向上、勇于担当的良好形象。这种社会担当精神，成为高校培养社会主义建设者和接班人的生动注脚。

（3）提升学生自身的社会影响力

学生在服务中收获成就感，树立了正确的价值观和社会责任感，自身的社会影响力也随之增强。他们的言行被社会广泛关注和认可，影响力不断扩大，成为推动社会发展的生力军。

（4）为学校发展注入新动力

学生通过广泛参与志愿服务的实践，有效促进高校树立良好的社会形象。学校在培养社会主义事业建设者和接班人方面的成效得到社会广泛认同，为高校的发展注入了新的活力和动力。

三、高校教师队伍建设卓有成效

（一）师德建设长效机制逐步健全

为加强高校教师队伍建设，国家出台了一系列重要举措。2018 年，中共中央、国务院印发《关于全面深化新时代教师队伍建设改革的意见》，对师德师风建设提出了明确要求。各高校积极响应，不断完善师德建设长效机制。

1. 通过出台系列师德建设文件，为师德建设提供制度保障

各高校在建立健全师德考核、表彰奖励等制度的基础上，还将师德建设纳入干部考核、职称评定等重要环节，充分体现了学校对师德建设的重视程度。同时，高校还设立了师德宣传教育月等活动，持续营造良好的师德氛围。

2. 采取多种方式深化师德养成教育

例如，不断选树一批优秀教师典型，发挥他们的示范引领作用；通过举办培训讲座、编写师德案例等方式，提升全体教师的师德意识和加强教师自我修养。此外，教育部组织的第三方评估也显示，高校师德建设在全员参与、全过程涵盖、全方位覆盖方面取得了显著成效。

总的来说，各高校通过持续推进师德建设长效机制的建立健全，不断增强教师的职业操守和责任担当，为实现立德树人目标提供了坚实保障。下一步，高校应继续巩固成果，不断创新师德建设举措，为培养德智体美劳全面发展的社会主义建设者和接班人贡献更大力量。

（二）配齐思政教师队伍

为保证高校立德育人工作的师资力量，各级教育部门也加大了对教师配置的监督力度。特别是思政课教师、心理健康教师、辅导员等关键岗位，各高校都严格按规定及时配齐配足。

教育部于 2017 年印发的《高等学校马克思主义学院建设标准（2017 年本）》针对马克思主义学院的建设给出了具体的要求。在师资配备方面，教师需要达成"四有"以及坚持"四个相统一"，高校需依照师生比不低于 1：350 的比例来设置专职教师岗位，将专兼职教师队伍配备齐全并加强管理。该文件着重强调要选聘高水准的专家担任特聘教师，对八支队伍统筹安排使

其登上思政课讲台，并建"传帮带"的工作机制，以提升教师的教学能力。

此外，教育部还采取动态数据填报等措施，加强对高校师资配置的监管，确保立德树人工作的师资保障。这些举措有力地推动了全国高校在这些关键岗位的教师配备落实，为落实立德树人根本任务奠定了坚实基础。

四、课程思政建设取得实质性进展

（一）更新理念，树立全员全过程全方位育人新理念

近年来，高校在推进课程思政建设的过程中，不断更新育人理念，树立了全员育人、全过程育人、全方位育人的新理念。

一方面，各高校深刻认识到立德树人是根本任务，切实把思想政治工作贯穿人才培养全过程。他们充分理解新时代高校思想政治工作的新要求，把课程思政建设摆在突出位置，努力将价值引领、知识传授、能力培养三者有机融合，确保学生在学习专业知识的同时，也能形成正确的世界观、人生观和价值观。

另一方面，高校不断推动全员参与育人，实现全员全过程全方位育人。他们要求教师在专业课教学中融入思政元素，做到润物无声地引导学生树立正确的思想价值观。同时，广大教师也积极响应号召，主动将职业道德、社会责任等内容融入教学，在日常教学、科研、管理等各环节发挥育人作用。这种全员参与的育人模式，为学生全面发展创造了良好的环境。

总之，高校在推动课程思政建设中，更新育人理念，切实执行立德树人根本任务，为学生成长成才奠定了坚实基础。下一步，高校要继续巩固这一育人新格局，发挥教师在培养社会主义建设者和接班人中的关键作用。

（二）机制建设日益健全

为确保课程思政建设顺利推进，高校不断健全相关的制度机制。首先，各高校出台了一系列规章制度，明确任务分工和考核标准。比如制定课程思政建设实施方案，细化目标任务和责任分工；建立健全教师教学评价、职称评聘等方面与课程思政建设相结合的考核机制，切实推动广大教师参与其中。其次，学院层面也结合自身学科特点，制定了具有专业特色的课程思政实施方案。他们充分发挥专业优势，将思政元素与专业知识融入教学全过程，打造出一批品牌课程和示范课堂。

五、思政课战略地位更加凸显

（一）思政课战略地位凸显的重要意义

办好思政课事关根本，关乎党和国家事业发展全局，更与实现中华民族伟大复兴紧密相连。从事关根本问题的角度来看，思政课直接关系到"培养什么人、怎样培养人、为谁培养人"这一根本问题。它承担着传授马克思主义基本理论知识、引导学生树立正确的世界观、人生观和价值观的重任，在立德树人工作中具有不可替代的地位和作用。从党和国家事业发展全局的角度来看，思政课建设不仅是学校党的建设工作的一项重要任务，也影响着学科建设、办学质量的评估。在当前百年未有之大变局中，把思政课建设摆到重要位置，让其更好地为党和国家事业发展服务，这具有极其重要的战略意义。从实现中华民族伟大复兴的角度来看，思政课肩负着培养中国特色社会主义建设者和接班人的重任，这直接关系到中华民族伟大复兴的目标能否顺利推进。因此，要充分认识思政课在实现中国梦中的重要地位。

（二）党和国家出台一系列指导性政策

为进一步凸显思政课的战略地位，党和国家相继出台了一系列指导性文件。

2019 年，中共中央办公厅、国务院办公厅联合印发《关于深化新时代学校思想政治理论课改革创新的若干意见》，提出要把思政课建设作为全面提高人才培养质量的支撑点，充分发挥其在学校的党建工作考核、办学质量和学科建设评估中的重要作用。2021 年，中共中央办公厅印发《关于加强新时代马克思主义学院建设的意见》，将思政课建设作为马克思主义学院建设的重中之重，要求把思政课建设当作学校的第一要务。与此同时，教育部还出台了《高等学校思想政治理论课建设标准（2021 年版）》，从课程设置、师资队伍、教学资源等方面，为思政课建设提供了更加明确的指导和要求。

这一系列政策文件的发布，充分彰显了党和国家高度重视思政课建设的决心，从而将其牢固地树立为学校立德育人工作的关键课程。这进一步凸显了思政课在高校人才培养中的战略地位。

（三）推动思政课成为学校工作重中之重

在党和国家政策的指引下，各高校正在推动思政课建设成为学校事业发展的重中之重。一方面，高校切实贯彻落实上述政策要求，把思政课建设纳入学校党的建设、教学质量、学科建设等重要评估指标。干部考核、教师职称晋升、教学奖励等环节都与思政课建设成效挂钩，充分体现了思政课建设在学校工作中举足轻重的地位。另一方面，高校进一步完善思政课体系，着力提高思政课教学质量。各高校加强马克思主义学院建设，致力于打造一支政治素质过硬、业务能力强的思政课教师队伍；充分利用现代信息技术，探索线上线下相结合的教学新模式；大力推动思政课程与专业课程的融合，实现知识传授和价值引领的有机统一。

第三节　高质量发展背景下我国高校立德育人存在的问题

马克思说："教育的艺术不在于惩罚违法行为，而在于增进好影响，消除坏影响。"① 在经济全球化和文化多元化的背景下，高校立德育人工作取得了一定成效，但同时也存在着一系列的问题，严重影响着大学生思想政治教育的效果。

一、高校思政建设理念有待进一步加强

高质量发展背景下，高校立德树人的根本任务更加凸显。然而在实际工作中，部分高校在思政建设理念上仍存在一些问题，亟待进一步解决。具体表现在以下几个方面：

（一）部分高校对立德树人根本任务的认识不到位

部分高校对于立德树人这一根本任务的认识尚不够深入。他们在实际工作中，过多地关注专业知识传授，忽视了学生的思想政治教育、品德养成等环节，使育人工作偏离了应有的方向。

---

① 中共中央马克思恩格斯列宁斯大林著作编译局．马克思恩格斯全集：第一卷［M］．2 版．北京：人民出版社，1995：164.

1. 认识不足导致重视程度不够

我国高等教育发展迅速，国家不断增加对高等教育的投入，高校办学规模日益扩大。然而，一些高校在发展过程中过分追求规模效应，忽视了教学质量的提升。它们在注重校园硬件设施建设的同时，盲目设置热门学科，注重招生和知名度的提升，而在教师队伍建设、教学内容优化和教学质量提升方面却投入不足。这种片面追求规模扩张的做法，反映了部分高校对立德树人根本任务及育人育才相统一原则的认识不足。也有部分高校在教学工作中，过于注重知识传授和技能培养，将立德树人放在次要甚至边缘位置，从而难以真正落实这一根本任务。

2. 把握不准导致重点不清

部分高校在进行思想政治建设时，存在着对立德树人这一根本任务的内涵和外延把握不准的问题。这种把握不准导致了高校在推进思想政治教育、品德养成以及能力培养等方面存在重点不清、方向模糊的现象。具体而言，一些高校在思想政治教育的内容设计上，未能系统地将思想道德教育、学生品德的塑造和综合能力的培养有机结合起来。由于对这些核心要素的具体内容和实施路径缺乏清晰的理解和规划，高校在实际操作中无法有效整合教育资源，形成系统的教育体系。因此，思想政治建设在实施过程中，往往停留在表面形式上，无法深入学生的内心世界，也就难以实现对学生思想和行为的深层次引导和塑造。这不仅使得高校的思想政治教育成效打折扣，也影响了立德树人根本任务的顺利实现。要克服这些问题，高校需要对立德树人的本质进行深入理解和准确把握，并制定切实可行的实施策略，确保思想政治建设与人才培养的目标相一致。

3. 责任意识不强导致执行力度不足

在部分高校的思想政治建设过程中，责任意识薄弱成为影响工作的一个关键因素。一些高校的领导和教师在落实立德树人这一根本任务时，缺乏强烈的责任感和主动担当的精神，导致相关工作在执行过程中力度不足、成效不显著。具体表现为，高校的管理层和教师团队未能将思想政治教育作为核心任务加以优先考虑，在实际操作中存在重形式、轻实效的现象。这种责任意识不强的状况，使得思想政治建设的整体规划和具体措施难以有效落实，许多原本应该起到重要作用的教育活动和政策措施，最终流于形式，未能产生应有的教育效果。这种执行力度的不足不仅影响了思想政治教育的实际成效，也制约了高校在立德树人方面的长远发展。部分高校对立德树人根本任务的认识仍停留在表面，缺乏深入理解和系统把握。这种认识不到位直接影响了思政建设的高质量发展，导致教育工作在规划和实施上出现偏差和盲点。

（二）部分高校育人理念不够全面，重智育轻德育

1. 过于强调知识传授而忽视德育

部分高校在人才培养过程中，存在过于强调知识传授而忽视德育教育的倾向。这些高校往往把重点放在学生的知识结构完善和技能掌握上，力求通过学科知识的传授和专业技能的培训，使学生在短时间内具备较强的学术能力和实践能力。然而，在这种以知识和技能为导向的教育模式下，德育教育却往往被忽视甚至被边缘化。高校对于学生在价值观形成、社会责任感培养、道德修养提升等方面的教育投入明显不足，导致学生在全面发展上出现失衡。具体来说，部分高校的课程设置、教学评价体系以及培养方案，主要围绕知识传授和技术培训展开，德育课程往往被安排在次要地位，甚至被视为附属或可有可无的环节。这种重智育、轻德育的教育模式，忽略了学生在成长过程中对社会价值观的认同、责任感的培养以及正确人生观和世界观的树立。长此以往，学生可能会在知识和技能上表现突出，但在面对复杂的社会问题和道德困境时，却缺乏正确的价值判断和责任担当。这种片面追求知识传授的教育方式，不仅违背了教育的全面性原则，也削弱了高校在立德树人方面的教育担当。教育的真正目的不仅是传授知识，更是培养具有健全人格、崇高道德和强烈社会责任感的公民。

2. 将教学重心放在技能培养而不注重全面教育

部分高校在教学过程中，过于强调专业技能的培养，忽视了全面教育的理念，导致学生的全面发展受到了限制。这些高校往往将课程设置和教学方法集中在技术层面，力求通过精细化的技能培训，使学生具备特定领域内的高水平专业能力。然而，在这种技能导向的教育模式下，学生的思想品德教育、心理健康培养和社会适应能力等方面却未能得到应有的关注和重视。

（1）许多高校在制定课程计划时，优先考虑的是如何提高学生在某一领域的专业技术水平，如何让学生掌握更多的实用技能，以便他们在毕业后能够迅速适应职场需求。在这种导向下，课程内容通常以技术操作、案例分析和实践训练为主，而缺乏涉及思想道德教育、人文素养提升和心理健康支持的课程。

（2）教学方法也多以技术训练为核心，强调学生的操作能力和应用能力，而忽视了他们在道德判断、情感调节、社会交往等方面的综合素质培养。这种教学重心的偏移，使得学生在专业技能上可能表现优异，但在面对复杂的社会环境和人生挑战时，容易出现心理素质不足、道德判断力缺失、社会责任感薄弱等问题。全人教育强调的是对学生全面素质的培养，包括智力发展、道德修养、情感培养、心理健康和社会责任等多个方面。它不仅关注学生在学术和技术上的成就，更关注他们作为完整的社会个体，在价值观、人格、心理健康等方面的成长和成熟。

3. 难以协调知识传授和价值引导的有机统一

部分高校在教学过程中，存在着知识传授与价值引导相互割裂的问题，难以将二者有机融合在一起。这种割裂现象导致学生在学习专业知识的同时，未能同步形成正确的理念和价值观，从而在知识积累和价值观塑造之间产生了明显的脱节。

（1）高校的课程设计和教学实践往往过于强调知识点的传递和专业技能的掌握，而对学生思想理念的引导和价值观的培养关注不足。在许多课程中，教师将教学重心集中于学术内容的讲授、理论知识的传授和技术技能的训练，而忽略了如何在教学过程中渗透和融入正确的价值观引导。结果是，学生在课堂上获取了大量的专业知识，但这些知识与他们的个人信仰、社会责任感和道德判断力之间却缺乏有效的联系。这种知识传授与价值引导的割裂，使得学生在应对现实生活中的道德和社会问题时，常常缺乏清晰的价值判断和道德指导。他们可能掌握了丰富的专业知识和技能，但在面对复杂的社会情境时，却表现出迷茫和困惑，难以运用所学知识去践行正确的社会价值观。

（2）由于价值引导的缺失，学生可能会在学习过程中形成狭隘的功利主义思维，将学习视为仅仅是获取高分或就业的手段，而忽略了教育的真正目的在于培养健全的人格和高尚的道德品质。

（三）部分高校课程思政建设推进力度需进一步加大

近年来，各高校不断推进课程思政建设，但在实际工作中仍存在一些短板，需要进一步补齐。

1. 部分高校对课程思政建设重要性认识不足

部分高校在课程思政建设方面，存在对其重要性认识不足的问题。这些高校对课程思政建设的战略意义缺乏深刻理解，往往将其视为额外的工作负担，而未能将其纳入整体教育体系中给予应有的重视。

（1）一些高校在推进课程思政时，更多是基于应付上级检查或政策要求的心态，形式上有所落实，但在实际教学中未能深入推进。部分高校领导和教师对于课程思政的概念停留在表面，认为思想政治教育只是思想政治理论课教师的职责，与专业课程关系不大，因此在设计和实施专业课程时，忽视了将思政元素有机融入的必要性。

（2）教师们可能认为自己的主要任务是传授专业知识和技能，而将思想政治教育视为与教学主业无关的附加任务，因而在课程设计、教学内容安排以及课堂实施过程中，没有主动思考如何将立德树人、价值观引导与专业教育相结合。这种认识不足导致了课程思政在一些高校的推行不力，形式大于内容，流于表面。虽然在文件和政策层面上，课程思政的概念被提出和强调，但在实际的教育实践中，其核心价值未能真正渗透到课程的各个环节。教师们可能会简单地在课堂上提及一些政治或道德话题，但这些内容往往缺乏系统性和深度，无法有效引导学生在学习专业知识的同时，树立正确的人生观和价值观。结果是，课程思政建设未能发挥其应有的教育作用，学生在接受专业教育时，思想政治素养的提升未能同步进行。

2. 部分高校综合实施水平有待提升

一些高校在课程思政建设中，仅停留在单一课程或专业层面，缺乏全校一体化推进，难以形成整体合力，这限制了课程思政建设的整体成效。

（1）部分高校在推进课程思政建设时，往往将工作重心局限于思想政治理论课或个别专业课程，缺乏统筹谋划和整体推进。他们只注重对某些单一课程进行思政元素的融入，而忽视了对其他专业课程乃至学校整体教学体系的全面考虑。这种做法很难从根本上提高学生的思想政治素质和促进学生价值观养成。

（2）部分高校在组织实施课程思政建设时，往往缺乏全校范围内的统一领导和协同配合。各院系、各专业之间的工作推进缺乏有效衔接，难以形成整体合力。这不利于实现思政元素在全校课程体系中的全面覆盖，也无法保证各个环节的思政教育质量。

（3）一些高校在课程思政建设中，也存在重投入轻产出、重过程轻成效的问题。他们过于注重各单位投入的硬件资源和工作量，而忽视了建设实施的整体效果评估和质量提升。这使得课程思政建设难以取得预期成果，影响了整体育人成效的发挥。

3. 部分高校配套措施不够完善

部分高校在推进课程思政建设时，存在配套措施不够完善的问题。这些高校在制度建设、师资培养、考核评价等方面的配套机制尚未健全，导致课程思政建设缺乏系统性和持续性，难以取得预期效果。

（1）部分高校在课程思政建设中，制度建设还不够完善。缺乏对课程思政建设的顶层设计和整体规划，相关制度体系不健全，无法对教学实践进行有效引导和保障。譬如，缺乏课程思政建设的总体方案、标准规范、责任分工等制度性文件，导致建设无法有序推进。

（2）部分高校在师资培养方面的配套措施也存在不足。未能建立完善的教师培训机制，未能系统培养教师的思政教学能力，使得教师在课程思政实践中缺乏必要的理论基础和方法指导。同时，高校在教师考核机制中也未能充分体现课程思政建设的权重，影响了教师的积极性。

（3）部分高校在课程思政建设的考核评价机制上也存在问题。缺乏科学的评价体系和量化指标，难以对课程思政建设的实际成效进行全面客观的评估。这不利于建设的持续改进和质量提升，也无法为学校管理决策提供有力依据。

二、高校思政教师队伍建设仍存短板

高校思想政治教育工作关系着培养什么样的人、如何培养人以及为谁培养人这个根本问题。然而，当前高校思政教师队伍建设仍存在一些短板，这无疑给高校思政教育的有效开展带来了挑战。

（一）思政课教师专业素质和教学水平有待提升

作为高校思想政治教育的主体，思政课教师的专业素质和教学水平直接影响着育人成效。但在实际工作中，部分高校思政课教师队伍建设还存在一些问题，需要进一步解决。

1. 部分教师理论水平有待提升

一些思政课教师的马克思主义理论功底不够扎实，对相关学科知识的理解和掌握还存在一定局限性。他们在上课时难以做到深入浅出、生动活泼地阐释重要概念和理论，无法充分激发学生的学习兴趣。部分高校的思政课教师存在教学与科研相互割裂的情况，没有主动学习党的最新理论成果，或者研究和学习不够，导致不能将最新的理论和时事热点充分融入教学。

2. 部分教师实践经验不足

当前，在众多高校的思政课教学中，存在着一个颇为显著且亟待解决的问题，那就是许多思政课教师严重缺乏丰富的社会实践经验。由于这一缺陷，他们在教学过程中往往难以将思政理论知识与当下的时事政治、社会发展的实际情况等紧密有效地联系起来。在课堂上，面对学生的求知目光，这些教师无法生动且贴切地阐释思政相关的各种问题，致使教学内容显得枯燥乏味、脱离实际。如此情形极大地削弱了学生在思政课学习中的获得感，也降低了他们对思政课的认同感，使得思政教育难以充分发挥其应有的作用和价值。

3. 部分教师教学能力亟待提高

一些思政课教师在开展教学工作时，所采用的教学方法和手段依然较为传统。他们墨守成规，难以积极主动地运用现代信息技术手段来创新课堂形式。这就导致了教学过程显得单调枯燥，缺乏足够的吸引力，无法充分调动学生的学习积极性和主动性。而且，这些教师在互动交流方面的能力也存在明显的不足，在与学生进行沟通和交流时，难以有效地捕捉学生的需求和想法，很难与学生建立起一种和谐、融洽且良好的师生关系，进而影响了教学效果的提升和思政教育目标的达成。

4. 部分教师责任意识不强

不可否认，在高校思政课教师队伍中，确实存在一些责任意识不强、缺乏主动作为精神的情况。这些教师在备课、授课、辅导等方面的投入不够，难以真正走进学生、了解学生的实际需求。他们缺乏对思政课教育规律和学生特点的深入研究，教学内容不够贴近学生生活，教学方式也难以引起学生的积极共鸣。这就使得思政课在引导学生树立正确价值观和增强社会责任意识等方面的育人效果大打折扣。

（二）思政课教师待遇水平与重要地位不太匹配

尽管思政课教师肩负着立德树人的重要责任，但在实际工作中，部分高校对他们的待遇水平和地位重视程度还不够，这影响了教师队伍建设。

1. 薪酬待遇有待进一步提高

相比于其他专业课教师，部分高校的思政课教师的薪酬待遇状况不容乐观，其薪酬水平明显偏低，相关的福利待遇也不够优厚。这种情况所带来的负面影响是多方面的。首先，它在很大程度上削弱了思政课教师的工作积极性，使他们在教学工作中难以全身心地投入，从而降低了教学质量和效果。其次，这也极大地损害了教师对所在高校的归属感，让他们在心理上产生了一种被忽视和不公平对待的感受。最为关键的是，这样的薪酬待遇状况加大了高校吸引和留住优秀思政课教师的难度。高校在人才竞争中处于不利地位，难以招揽到高素质的思政教育人才，同时也面临着已有优秀教师流失的风险，这对高校思政教育的长远发展构成了严重的阻碍。

2. 职称晋升渠道有待拓宽

在一些高校的职称评聘机制中，确实存在过于注重科研成果和论文发表、忽视思政课教师在教学和育人方面的贡献的情况。这使得思政课教师在职称晋升的过程中面临一定的障碍，难以获得其应有的地位和荣誉。

3. 社会地位有待进一步提升

总体而言，在当前的部分高校所处的社会环境中依然存在着一定程度的偏见。社会上有一些人错误地认为思政课教师的地位相对较低，他们所从事的工作较为轻松，无需付出太多的努力。然而，这种观点是极其片面且错误的。这种偏见不仅不利于社会公众全面、正确地认知思政课教师工作的重要性，也阻碍了他们对思政课教师应有的尊重和理解。长此以往，这必然会对思政课教师队伍整体的社会地位产生消极影响，使得思政课教师在社会中的认可度降低，难以获得应有的尊重和支持，进而可能削弱他们的职业自豪感和工作动力，进而对高校思政教育事业的健康发展造成不利局面。

（三）思政课教师队伍结构有待优化

思政课教师队伍的结构对于思政课建设的整体水平和效果也有重要影响。但在实际工作中，部分高校在这方面仍存在一些问题，需要加以解决。

1. 师资结构存在较大年龄差距

在部分高校的思政课教师队伍构成中，呈现出了一种不太平衡的状况。其中，以中老年教师占据主导地位，而年轻教师的数量相对较少，这种人员分布导致教师队伍出现了较大的年龄跨度。年龄差距过大带来了一系列问题，首先，不利于知识与经验的良性传承，中老年教师丰富的教学经验和深厚的学术知识，难以有效地传递给年轻一代的教师；其次，也难以充分吸收新思想、新理念，年轻教师通常能够带来新颖的观点和前沿的思维方式，但由于人数较少，其作用未能得到充分发挥。这种年龄结构的失衡，限制了教师队伍的创新活力和发展潜力，对高校思政课教学质量的提升和教学方法的创新产生了一定的阻碍作用。

2. 专业背景存在较大差异

部分高校的思政课教师的来源十分广泛，其中既有毕业于政治学、法学等与思政紧密相关专业的，也有出自历史、哲学等其他专业领域的。不可否认，这种专业的交叉性在一定程度上为思政课教学注入了新鲜的血液和新的元素。不同专业背景的教师能够从各自独特的视角出发，为课程带来多元化的观点和思路。然而，与此同时，这种专业背景的多样性也可能引发一些问题。对于那些并非出身于思政相关专业的教师来说，他们在思政方面的理论知识或许还有待进一步的补充和完善。由于专业基础的差异，部分教师可能在对某些核心理论的理解和掌握上存在不足，从而影响教学的深度和精度，对学生的知识传授和思想引导可能不够系统和全面。

3. 实践经历参差不齐

一些高校的思政课教师实践经验差异较大。一部分教师在社会实践方面的经验相对匮乏，缺少丰富的社会经历和实践历程。这使得他们在教学过程中，很难有效地将教学内容与实际生活紧密地有机结合起来，导致教学内容显得空洞抽象，无法引起学生的共鸣和兴趣，最终对学生的学习效果产生了不利的影响。然而，与之相反的是，还有另一些教师虽然具备较强的实践能力，在社会实践中积累了一定的经验和案例，但由于教学经验的不足，在课堂教学的方法和技巧上存在欠缺，不善于将自身的实践优势转化为教学优势，同样难以充分发挥育人的积极作用，无法有效地引导学生将理论知识运用到实际生活中，实现学以致用的教学目标。

4. 职称层次有待提升

当前，部分高校的思政课教师以中级职称为主，高级职称教师较少。这种职称层次的不均衡，致使教师队伍的整体学术水平出现了较大的差异，导致参差不齐的学术能力难以真正发挥出思政课的领航和引领的重要作用。一方面，高级职称教师的稀缺使得思政老师在学术研究和教学创新方面缺乏足够的带头力量，从而难以推动学科的深入发展和教学质量的显著提升。另一方面，这一现象还对教师个人的职业预期和发展前景产生了不良影响。中级职称的教师可能会因高级职称的晋升困难而感到职业发展受限，从而降低了自己的工作积极性和主动性，这不利于教师队伍的稳定和长远发展。

三、高校实践育人载体有待丰富完善

高校作为培养中华民族未来栋梁的重要阵地，其实践育人载体的丰富程度直接影响着学生全面发展的深度。但在实际工作中，部分高校在这方面的建设还存在一些问题，有待进一步解决。

(一) 学生社团、志愿服务项目等实践平台有待进一步拓展

高校学生社团和志愿服务项目是学生亲身参与、体验实践的重要渠道，对于培养学生的社会责任感、实践能力等方面具有重要作用。但目前来看，部分高校在这方面的建设仍有待持续完善。

1. 学生社团数量和种类有待扩充

在一些高校中，现有的学生社团状况存在着明显的不足。目前所开设的学生社团在数量上较为有限，无法形成一个庞大而丰富的社团体系。同时，社团的种类也显得相对单一，覆盖的领域不够广泛。这种现状难以充分满足不同学生多样化的兴趣爱好和发展需求。学生社团的这种单一情况在思政类和公益类社团方面，表现得尤为突出，需要高校进一步加大力度去增加其数量和丰富其形式与内容。由于这类社团的稀缺，学生在思想政

治教育和公益实践方面的参与机会受到限制，无法通过社团活动深入地培养相关意识和能力。这不仅影响了学生的全面发展，也不利于校园文化的多元化和丰富性建设。

2. 社团活动内容有待进一步优化

部分高校在学生社团活动建设上，存在一些亟须改进的问题。首先，一些社团活动内容较为固化，缺乏创新性和实践性，难以充分激发学生的主动参与和积极性。其次，部分社团活动的设置还不够贴近学生的实际需求和社会发展的现实需要，难以有效发挥社团在引导学生树立正确价值观和社会责任感方面的作用。

3. 志愿服务项目有待进一步扩展

一些高校目前所开展的志愿服务项目数量有限，无法满足学生多样化的需求。同时，这些项目的覆盖面较窄，主要集中在校内以及学校附近的社区，无法实现大范围的覆盖。此外，还存在服务效果形式化比较严重的问题，"走流程、出新闻"成为志愿者活动的代名词，这严重违反了志愿者活动的本真意义，严重地削弱了志愿活动产生的积极效应，降低了社会对志愿活动的认可程度。这导致学生参与程度不高，热情不够高涨，难以充分发挥志愿服务的育人功能。

4. 实践平台资源配置有待加强

部分高校在为学生社团和志愿服务项目提供场地、经费、指导等方面投入不够，难以满足学生日益增长的参与需求。这在一定程度上制约了实践类育人载体的发展。

（二）实践育人内容和方式需更加贴近学生需求

学生参与实践育人活动的积极性和效果，很大程度上取决于高校能否在内容设计和方式选择上充分照顾到他们的实际需求。但从当前情况来看，部分高校在这方面仍存在一些需要完善的地方。

1. 实践内容有待更加丰富多样

在一些高校当中，实践育人活动的内容呈现出较为固化的态势。其长期遵循着固定的模式和套路，缺乏创新与变化。并且，这些实践项目在活动内容的设计上未能充分考虑到不同专业特点以及学生各自不同的兴趣爱好，缺乏有针对性的个性化设置。这种情况导致学生在面对实践育人活动时，参与的热情普遍不高。因为这些活动无法真正吸引他们，无法与他们的专业需求和个人兴趣相契合。如此一来，高校便难以充分发挥实践育人应有的价值。实践育人活动本应是提升学生综合素质、促进其全面发展的重要途径，但由于内容的单一和僵化，其所能起到的教育作用大打折扣，无法有效地培养学生的实践能力、创新思维和解决实际问题的能力。

2. 实践方式需要更加灵活创新

部分高校在组织实践活动时，仍然沿袭着传统的单一实践方式。往往局限于诸如实地勘察、专题讨论等较为常规的形式，而未能积极探索和引入新的元素与手段。尤其在当今信息技术高度发达的时代，这些高校缺乏利用现代信息技术进行线上互动、虚拟仿真等创新尝试。这种因循守旧的做法，极大地限制了学生主动参与和深度体验的空间。学生本应在丰富多样、充满活力的实践环境中充分发挥自己的主观能动性，积极探索和学习，但传统且单一的实践方式无法激发学生的兴趣和创造力，使得他们在实践过程中只能被动接受，难以深入其中，无法真正实现实践活动应有的教育目标和效果。

3. 实践成果评价体系不够完备

部分高校在实践育人中，对学生参与过程和最终效果的评价还不够全面和系统。评价指标过于单一，缺乏对学生思维能力、社会责任心等多方面的全面考核，这影响了实践育人工作的精准性。项目绩效评价涉及多个维度的评价，需建立完备的评价体系，但在实践中存在不完善的问题。首先是评价指标之间缺乏关联，例如评价指标间没有相互补充、相互协调，导致评价结果无法全面反映项目的绩效；其次，评价体系缺少科学性和实际操作性，缺乏可操作性和可衡量性，导致评价结果不够准确。

（三）实践育人的考核机制有待健全

实践育人的考核机制是确保实践活动顺利开展、发挥应有育人效果的关键环节。但从目前情况来看，部分高校在这方面仍存在一些亟须解决的问题。

1. 考核标准过于单一

一些高校在实践育人的考核中，过于侧重学生参与程度和完成任务的情况，缺乏对实践过程中学生思想观念、能力素质等多角度的全面考核。这使得考核结果无法全面反映学生的实际收获。学生在实践中所获得的诸

如思维方式的拓展、团队协作能力的增强、社会责任感的培养等无形但却
至关重要的成长，无法在这种单一的考核标准下得到应有的体现和衡量。

2. 考核方式缺乏灵活性

部分高校在实践育人的考核上，过于依赖考勤签到、活动总结等传统
形式，难以充分发挥学生的主观能动性。学生可能只是为了完成签到和撰
写总结而参与实践，而非真正积极主动地投入其中，更别说为了去探索、
去创新、去成长。而且，这些高校还缺乏一种能够适时调整考核标准和方
式的有效机制。由于没有这种灵活的调整机制，即使在实践育人工作中出
现了新的问题、新的需求，高校也无法及时对考核标准和方式进行相应的
优化和改进，因而极大地限制了实践育人工作的持续优化和提升。

3. 考核结果应用不够深入

一些高校在实践育人的考核上，虽然建立了相应的奖惩制度，但对考
核结果的分析应用不够深入。由于缺乏对考核结果的深度挖掘，高校难以
精准地把握实践育人工作中存在的问题和优点，无法有针对性地调整实践
活动的内容、形式和组织方式。同时，这种浅显的处理方式也无法真正发
挥考核结果对学生全面发展的促进作用。学生无法从考核结果中获取有价
值的反馈，难以清晰地认识到自身的优势与不足，进而无法有针对性地进
行自我提升和完善，这在很大程度上制约了实践育人工作的质量和效果。

4. 跨部门协同配合有待加强

部分高校在实践育人的考核中，教学、学工、团委等相关部门之间配
合不够紧密，职责分工不明确，缺乏系统性和协同性，这影响了考核工作
的整体效果。这种职责不明、协同缺失的状况，使得各个部门在实践育人
的考核工作中各自为政，难以形成有效的合力。

四、高校思政建设保障机制有待进一步健全

高校作为培养社会主义建设者和接班人的重要阵地，其思政建设情况
直接影响着人才培养质量。但从实际情况来看，在思政建设的政策保障、
制度完善、资源投入等方面，高校仍需进一步健全和完善。

（一）相关政策标准落实力度还需进一步加强

党中央和教育部门出台了一系列关于加强高校思政建设的重要政策和

标准，但从目前的执行情况来看，部分高校在贯彻落实上还存在一些不到位的问题。尽管党中央和教育部门出台了一系列关于加强高校思政建设的重要政策和标准，但在实际执行过程中，部分高校仍存在一些不到位的问题。如在学习贯彻上级思政建设政策时，主动性和责任感不强，仅停留在表面认识上，未能真正推动政策在本校落地实施；在执行上级思政建设标准时，缺乏自身的规章制度支撑，仅限于简单落实，难以形成持续有效的工作机制，导致标准切实执行力度不强；在对上级部门下发的政策标准实施情况进行督导检查时，力度和频次相对较低，难以及时发现和解决执行过程中的问题；此外，对于部分高校在思政建设上取得的好的经验和做法，学校之间缺乏相互间的分享交流，导致资源共享不足，错失了相互借鉴、共同提升的良好机会。因此，政策标准落实力度亟须进一步加强。

（二）高校思政工作投入和资源配置还需加大和优化

思政建设关系到高校人才培养的全局，需要学校通过持续加大投入和优化配置来支撑。但从目前情况来看，部分高校在这方面的工作还需进一步加强。其一，经费投入力度仍需增强。一些高校在思政工作方面的经费投入相对偏低，难以满足思政建设各项任务的需要，这在一定程度上影响了思政建设的整体水平。其二，师资力量建设有待加强。部分高校在思政课程教师的选拔、培养、激励等方面还不够重视，导致思政课程师资队伍建设滞后，从而难以满足高质量教学的需求。其三，实践载体建设有待加强。一些高校在建设思政实践育人基地、学生社团等方面的投入不足，缺乏完善的基础设施和工作机制，导致实践效果大打折扣。其四，信息化建设有待加强。部分高校在思政工作的信息化建设上重视程度不够，缺乏全面的信息化支撑体系，进而制约了思政工作手段和方式的创新。

（三）高校思政建设督导评估体系仍需进一步完善

高校思政建设的督导评估是确保思政工作持续改进的关键环节。但从实际情况来看，仍有一些需要进一步完善的方面。其一，督导评估体系有待健全。一些高校在思政建设督导评估上，缺乏完整的制度体系和标准体系，无法准确反映高校思政建设的实际情况和效果，导致评估过程中存在标准不明确、方法不科学等问题。其二，督导评估力度有待加强。部分高校在思政建设督导评估中，重视程度不够，评估频次较低，难以及时发现并解决实际工作中存在的问题。其三，督导评估结果运用有待深化。一些高校在思政建设督导评估中，虽然形成了一定的评估结果，但对这些成果的分析应用不够深入，难以真正推动思政建设的持续优化。其四，评估结果反馈机制有待改进。部分高校在思政建设督导评估中，对评估结果的反馈渠道和方式相对单一，难以充分吸收各方意见，制约了建设质量的不断提高。加上上级部门评估结果可能不能及时反馈给高校，这导致高校无法及时了解自身思政建设的不足之处，无法及时采取改进措施。

第四节　我国高校立德育人现实问题的成因解析

立德树人是我国高校教育的根本任务，是培养中国特色社会主义事业建设者和接班人的关键环节。然而，当前我国高校在立德育人方面仍然面临一些现实问题，这制约了人才培养质量的提升。这些问题的成因复杂，既有政策执行层面的不足，也有体制机制上的缺陷，还受到社会环境、文化因素以及高校自身建设等多重因素的影响。本节将通过对我国高校立德育人现实问题的成因进行深入解析，以期为提升立德树人的实效性提供理论支持和实践参考。

一、思想认知不足

思想政治教育是高校培养社会主义合格建设者和可靠接班人的重要手段之一，其建设理念直接影响着育人的成效。然而，当前许多高校在思政建设中仍然面临着理念不够明确、实践效果不尽如人意等问题。随着时代的变迁和社会的发展，高校的思政教育面临着新的挑战，如学生多元化的价值观、信息化时代带来的思想冲击，以及传统教育模式与新生代学生需求的不匹配等，这些都对高校思政建设提出了更高的要求。

（一）对立德树人根本任务的认识不到位

部分高校领导和教师对立德树人这一根本任务的重要性认识还不够深入。他们未能真正把思想政治教育置于人才培养的首要位置，更倾向于将高校的主要任务定位于知识传授和技能培养，忽视了学生的价值观塑造和综合素质培养。这种片面的理念导致高校在思政建设中缺乏全局性思考和系统性部署。学校更多地将思政教育与其他教学环节割裂开来，从而难以真正发挥立德树人的根本作用。他们未能深刻认识到，只有把思想政治教育贯穿于人才培养全过程，才能培养出德智体美劳全面发展的社会主义建设者和接班人。

（二）育人理念过于狭隘

一些高校在育人理念上过于注重知识灌输，而忽视了学生德育的实效性。他们往往将思政教育简单地等同于思想政治课的教学，未能充分发挥课程思政的整体功能。这种理念偏差使得高校的思政教育流于形式，难以真正帮助学生培养正确的世界观、人生观和价值观。学校过于注重知识传授，忽视了学生综合素质的全面发展，很难培养出德智体美劳全面发展的社会主义建设者和接班人。同时，这种育人理念的偏差也造成了思政教育与专业教育之间的脱节。高校未能将两者深度融合，致使思政教育的影响力受限，难以渗透到学生的日常学习和生活中，也就无法全面提升人才培养质量。

（三）课程思政推进不力

由于对立德树人任务认识不足，以及育人理念过于狭隘，部分高校在推进课程思政建设时缺乏系统性思路和整体布局。他们更多地将思政元素简单地植入到课程中，却难以实现思政教育与学科专业的有机融合。这种做法流于表面，无法真正发挥各类课程在培养学生价值观、思维方式等方面的应有作用。学校缺乏对课程思政建设的全局性设计和系统性部署，难以构建起完整的思政教育体系。课程思政在实施过程中往往显得零散，难以真正达到价值引领、能力培养、知识传授的有机统一，影响了思政教育在人才培养中的核心地位。

二、师资力量薄弱

高校思政教育的成效在很大程度上取决于教师的专业素质和教学能力。然而，当前许多高校在师资力量建设方面存在薄弱环节，这成为制约思政课教学质量的重要因素。优秀的思政课教师不仅需要扎实的理论基础和广博的知识储备，还应具备高超的教学技巧和创新精神，以吸引并激发学生的学习兴趣，提高其思考能力。面对新时代的复杂挑战，提升思政课教师的综合素质和教学水平已成为亟待解决的关键问题。

(一) 思政课教师专业素质和教学水平有待提升

当前,部分高校思政课教师的理论功底和教学能力还需进一步提高。一些教师本科专业背景并非思政类,在马克思主义理论、时事政治等方面的理解和把握还存在一定局限性。同时,部分教师的教学方法和技能也有待提升,难以充分调动学生的学习兴趣和参与度,从而影响了思政课堂教学的实际效果。他们在运用多媒体等现代化教学手段、营造生动互动的教学氛围等方面还存在一些问题,难以有效激发学生的主动性和创造性。这种师资队伍建设方面的问题,直接影响了高校思政课的教学质量和实效性。

(二) 思政课教师待遇水平与重要地位不太匹配

尽管思政课教师承担着培养社会主义建设者和接班人的重大职责,但在高校中的地位和待遇却往往不如一些学科专业教师。这种现象一定程度上影响了思政教师的积极性和责任心,不利于建设一支高素质的思政课教师队伍。一些思政课教师感到自己的工作受到一定程度的轻视,在职称评聘、工资待遇、各种资源配置等方面与其他老师相比存在明显差距。这势必挫伤他们的工作热情,削弱他们的使命感和责任心,也就导致学校难以吸引更多优秀人才加入思政教师队伍。

(三) 思政课教师队伍结构有待进一步优化

当前,高校思政课教师队伍的年龄、职称、学历等方面的结构较为单一,难以形成梯次合理、优势互补的格局。缺乏经验丰富的高级教师引领,又缺乏充沛的年轻教师补充,使得思政课教学团队难以发挥应有的育人合力。一些高校思政课教师队伍中,高级职称教师较少,中青年教师居多,而青年教师又普遍缺乏丰富的教学经验。这种结构性失衡,不利于思政课教学的连续性和系统性,从而难以实现思政课程的整体优化和教学质量的持续提升。

三、实践载体匮乏

在高校立德树人的过程中,实践育人作为重要环节,能够有效促进学生的思想政治素质和社会责任感的培养。然而,目前许多高校在实践育人载体的建设上仍然存在明显的短板,未能充分发挥其实践作用。这些不足不仅限制了学生在实际情境中的锻炼机会，也影响了思想政治教育的整体效果。因此，如何拓展和丰富实践育人的平台，成为高校亟待解决的现实问题。

（一）实践育人平台还需进一步拓展

当前，高校在实践育人平台的建设上还存在较大不足，直接影响了育人效果的发挥。虽然许多高校已经建立了学生社团、志愿服务活动等实践平台，但这些平台的数量和质量仍需进一步提升。首先，部分高校的学生社团和志愿服务活动覆盖面较窄，仅能吸引少部分学生参与，难以形成广泛的影响力和辐射效应。这些实践平台的吸引力不强，缺乏创新性和时代感，导致学生参与热情不高，甚至流于形式，未能真正达到育人的目的。此外，一些高校的实践育人活动内容单一，缺乏与专业学习的紧密结合，使得学生在参与实践的过程中难以将理论知识与实际应用有效结合，导致育人成效有限。再者，部分高校在实践平台的资源配置和支持力度上存在不足，限制了实践活动的多样性和深度，未能充分调动学生的主动性和创造力。要实现真正的立德树人目标，高校必须进一步拓展和创新实践育人平台，提升其覆盖面、吸引力和实效性，使学生能够在丰富多样的实践活动中锻炼自我，提升综合素质。

（二）实践内容和方式有待进一步优化

在实践育人过程中，高校不仅需要构建丰富多样的实践平台，还必须注重实践内容和方式的设计，以确保这些活动能够真正吸引学生并产生实效。然而，目前部分高校在设计实践育人的内容和方式时，尚存在较多问题，亟须解决。

1. 未充分考虑学生需求与兴趣的实践育人方案设计

活动安排往往过于死板和单一，缺乏灵活性和创新性，导致学生参与的积极性不高。例如，某些实践活动固定在特定时间和地点举行，缺乏灵活调整的空间，使得一些有兴趣的学生因时间冲突而无法参与。此外，实践内容缺少多样性，许多活动形式相似，缺乏新意和挑战，难以激发学生的热情和创造力。

2. 内容设计与学生生活脱节

这种脱节表现为实践活动往往与学生所学专业知识关联不大，导致学生无法在实践中有效应用课堂上学到的理论知识，从而难以达到理论与实践有机结合的育人目标。例如，一些志愿服务活动虽然有助于培养学生的社会责任感，但如果内容设计不与专业学习相关联，学生在活动中获得的知识和经验可能难以转化为专业能力的提升。

3. 传统实践方式与信息技术发展不适应

随着互联网和数字技术的普及，学生的生活方式和学习习惯也发生了变化，单一的线下活动已难以满足他们的需求。线上实践平台的缺乏使得学生无法充分利用碎片化时间进行学习和实践，进而削弱了实践育人的效果。

（三）缺乏健全的实践育人考核机制

在高校实践育人过程中，考核评价机制的完善程度直接影响着学生参与的积极性和实践育人工作的实际效果。当前，许多高校在实践育人环节中缺乏健全的考核机制，导致实践活动的效果难以得到准确评估，从而削弱了实践育人的整体成效。

1. 依赖量化数据忽视活动质量

量化数据的简单统计考核方式通常只注重学生参与活动的次数、时长等表面数据，却未能充分考虑学生在活动中的实际表现和收获。例如，学生在参与某项志愿服务或社会实践活动后，考核往往仅限于简单的签到记录或任务完成情况，而对学生在活动中获得的实际经验、能力提升及思想变化则缺乏具体评价。这种量化导向的考核方式，不仅无法全面反映实践育人的效果，还可能导致学生为追求参与次数而忽视活动的实际意义，从而使实践育人流于形式。

2. 缺乏系统性实践活动评价

许多高校仅在活动结束时进行简单的总结和反馈，而缺乏全过程的跟踪和指导。这样一来，学生在实践过程中遇到的问题和挑战得不到及时的支持和帮助，影响了他们的实践体验和成长。同时，考核的随意性和不系统性也使得实践育人活动难以形成闭环，无法通过评价反馈来改进和优化后续的实践教育工作。这不仅降低了学生的参与热情，也使得实践育人工作难以持续改进，效果难以达到预期。

3. 缺乏个性化考核标准

学生在实践活动中的表现因人而异，一刀切的考核标准难以全面、公正地反映每个学生的实际情况。例如，有些学生可能更擅长组织和领导，而另一些学生则在专业技能的应用上表现突出，但现有的考核机制往往无法充分考虑这些差异，导致评价结果单一，不利于学生个性化发展。

四、保障机制不完善

（一）相关政策标准落实力度不足

尽管国家和相关部门已经出台了一系列旨在加强高校思政建设的政策法规，但在实际执行过程中，部分高校的落实力度仍有待提高。这种落实力度不足的现象，不仅影响了政策初衷的实现，也给高校思政建设的全面推进带来了诸多挑战。

1. 缺乏对标国家政策的精准措施

国家出台的思政建设政策往往具有宏观指导性，而高校在实施过程中需要结合自身特点进行细化和落实。然而，一些高校在这一过程中，未能深入理解和把握政策的核心要求，导致所制定的措施与国家政策存在一定的脱节。例如，某些高校在落实课程思政方面，只是简单地增加了思政课程的数量，却忽视了如何在专业课程中有效融入思政教育内容，结果未能达到预期的教育效果。

2. 缺乏政策执行监督与评估机制

一些学校虽然出台了相关的制度文件，但在具体实施时往往流于形式，缺乏有效的监督和问责机制，无法确保政策措施真正落地。例如，某些高校虽然在文件中明确要求加强师资队伍建设，但在实际操作中由于缺乏资金、人员或管理支持，政策落实的效果大打折扣。这种缺乏执行力度的现象，不仅削弱了政策的权威性，也影响了学校整体思政建设工作的推进。

3. 高校国家政策相关资源配置不足

一些高校，特别是地方性或资源相对匮乏的学校，因资金、设施和人力资源的不足，难以全面落实政策要求。这些高校在落实思政建设政策时，往往受到资源限制，导致政策的实施效果大打折扣。例如，在推进实践育人活动时，由于缺乏必要的场地、设备和指导教师，许多活动只能停留在理论层面，难以付诸实践。

（二）思政工作经费投入和资源配置不足

1. 倾斜经费分配，忽视思政工作

随着科研竞争的日益激烈，许多高校将有限的经费用于提升学术科研水平，加强硬件设施建设，而对思政教育的投入相对减少。例如，某些高校在建设新实验室、引进高端科研设备时一掷千金，但在思政工作领域，如思政课程开发、教师培训和学生思想教育活动等方面的投入却相对有限。这种不均衡的经费分配使得思政工作的基础设施建设和内容创新受到阻碍，从而难以形成有力的支持体系。

2. 资源不足影响思政工作效果

许多高校在资源配置上未能充分考虑思政建设的特殊需求，例如，思政课教师的数量不足、教学设施的配备不够完善，这些都影响了课程的开设和教学质量的提升。此外，思政教育活动所需的场地、设备等支持性资源也往往缺乏，导致活动开展的规模和频率受限，无法满足学生多样化的教育需求。例如，一些高校的思政课程仍依赖于传统的讲授方式，缺乏必要的多媒体设备和互动教学平台，导致学生在学习过程中难以获得生动的实践体验，从而降低了思政教育的吸引力和影响力。

3. 缺乏经费系统规划和长期投入

尽管有些高校会在特定时期或活动中临时增加思政工作的经费投入，但这种短期行为无法替代持续稳定的经费保障。思政教育是一项长期的系统性工程，需要持续的资源投入并进行不断改进与优化。然而，部分高校在资金使用上缺乏长远眼光，使得思政工作的资金支持往往呈现出阶段性、不稳定的特点。这种现象不仅影响了思政教育的连续性和系统性，也使得许多思政建设项目难以长期维持，削弱了工作的实效性。

（三）思政建设督导评估机制不健全

1. 缺乏系统思政建设督导评估体系

现有的评估机制往往较为粗放，缺乏对思政工作各环节的精细化管理和监控。例如，一些高校的评估工作主要集中在对思政课程的课堂出勤率、学生考试成绩等表面数据的统计，而对教师的教学质量、课堂氛围的营造以及学生在课程中的实际收获和感悟等方面则关注不足。这种单一化、数据化的考核方式，难以全面反映思政教育的真实效果，也无法为改进教学方法、提升教育质量提供有价值的反馈。

2. 思政建设考核指标未评估软实力培养

思政教育的核心在于学生价值观的养成和思维方式的转变，但这些关键目标往往难以通过简单的量化指标来测量和评估。目前的考核体系大多集中于硬性指标，如学生的课程成绩、参与活动的频率等，而对于学生在价值观塑造、思想道德提升、社会责任感增强等方面的进展，则缺乏有效的评估手段。例如，在考核学生参与社会实践活动时，往往只记录参与的时间和次数，而忽视了学生在活动中的实际表现和成长，这导致评估结果无法准确反映思政工作的育人成效。

3. 思政建设评估机制操作不到位

一些高校虽然制定了相应的评估标准和流程，但在实际执行中却缺乏监督和反馈机制，以致评估结果往往难以落到实处，无法真正推动思政工作的改进。例如，评估过程中的形式化倾向较为严重，考核更多地被视为一种例行公事，而不是一个促进教育质量提升的工具。评估结果也往往缺乏针对性的分析和改进建议，未能形成有效的反馈机制，从而导致评估对实际工作的指导作用有限。

本章小结

本章从高质量发展的大背景出发，全面审视了我国高校立德育人工作的现实状况。首先，通过对调查对象的统计学特征进行分析，全面展示了高质量发展背景下高校立德育人的整体情况，为后续研究提供了可靠的数据支撑。其次，对高校立德育人取得的成绩进行了梳理，如党的建设、思政课教学改革、课程思政建设、学生实践育人机制等方面取得的积极进展，这些成果为高校进一步推进立德树人工程奠定了基础。然而，章节也直面了高质量发展背景下我国高校立德育人工作存在的问题，如思政课教学效果不尽如人意、育人机制不够完善、校企协同育人不够等。最后，深入分析了导致这些问题的根源，包括思想认识不到位、制度机制不健全、师资培养不充分等，为下一步破解难题提供了启示。

第五章
高质量发展背景下完善高校立德育人的对策

在新时代高质量发展的背景下，高校立德育人工作面临着新的挑战和机遇。立德树人作为高校教育的核心任务，不仅要回应社会发展的需求，更要顺应教育现代化的趋势，实现育人质量的全面提升。前文分析了高校立德育人在思政建设、师资力量、实践载体、保障机制等方面的现实问题及其成因，发现当前的高校教育在政策落实、资源配置、教师素质提升、实践育人平台建设以及考核评估机制等多个层面存在不足。这些问题不仅制约了高校立德育人的实际成效，也与高质量发展要求存在一定差距。为应对这些问题，推动高校立德育人工作的深化和优化，亟须从多方面入手制定针对性的对策。以下将基于前述问题，提出相应的解决方案，以期为高校在高质量发展背景下的立德育人工作提供理论参考和实践指导。

第一节　推动思政建设理念的创新与落实

随着我国高等教育事业的不断发展，高校在促进学生全面发展、培养社会主义建设者和接班人的过程中，必当越来越重视思想政治教育的作用。在高质量发展的大背景下，高校必须进一步加强思政建设，不断创新思政工作理念，确保相关政策在校内得到有效落实，切实提高思政教育的针对性和实效性。理念创新是加强思政建设的关键先导，而将创新理念切实落实到位则是推动思政建设取得实效的重要保障。

一、强化理念创新

高校在思想政治教育领域，大力强化理念创新。现今的学生群体展现出显著的多样化特性，他们的兴趣爱好、学习方式、价值观念等方面都存在差异，且有着各不相同的需求。与此同时，社会的发展态势复杂多变，新的思潮、新的问题不断涌现。在这样的背景下，思想政治教育倘若依旧墨守成规，沿用传统的方式和理念，必然难以满足学生的需求，也无法应对社会发展带来的挑战。因此，思想政治教育必须紧跟时代步伐，持续不断地更新教育理念，以适应新的形势和需求。树立立德育人的教育理念，就是要以人为本，以学生为本，"围绕学生、关照学生、服务学生，不断提高学生思想水平、政治觉悟、道德品质、文化素养，让学生成为德才兼备、全面发展的人才"①。

（一）开展立德育人专项实践活动，推进教育理念的树立

开展立德育人专项实践活动对于推进教育理念的树立具有关键作用，而要使这一活动取得理想效果，提高其参与度和知名度则是至关重要的环节。

1. 提高参与度和知名度

为了使立德育人专项实践活动能够深入人心，发挥其应有的作用，提高活动的参与度和知名度是至关重要的。我们应当尽力调动广大师生的积极性，让更多的人了解并参与到这项意义深远的活动中来。只有参与度和知名度得到显著提升，活动的影响力才能不断扩大，其教育理念也才能更广泛地传播和深入人心。

（1）借助宣传手段，提高师生对立德育人活动的关注度。要实现参与度和知名度的提高，有效的宣传手段是必不可少的。高校可以利用校园广播、校报、校园网站以及社交媒体等多种渠道，全方位、多角度地宣传立德育人活动的意义、目标和具体内容；可以通过展示过往活动的精彩瞬间、分享参与者的收获与成长，来激发师生的兴趣和好奇心；还可以定期组织宣传活动，如主题讲座、成果展览等，让师生更直观地感受到活动的价值

---

① 习近平. 习近平著作选读：第一卷［M］. 北京：人民出版社，2023：540.

与魅力，从而提高他们对立德育人活动的关注度。

（2）规范活动设置，使其成为学校教育重点工作。为了确保立德育人专项实践活动能够长期、稳定、有效地开展，必须对活动进行科学、规范的设置。各高校可以采取以下措施：明确活动的目标和定位，使其与学校的整体教育目标相契合；精心设计活动的内容和形式，使其具有吸引力和针对性，能够满足不同师生的需求；制定详细的活动计划和流程，确保每个环节都能够有序进行。同时，要将这项活动纳入学校教育的重点工作，给予充分的资源支持和保障，实现教育目标与社会需求的有效对接。

2. 提高针对性和专业性

（1）建立专门部门，统筹规划和组织立德育人活动。为了确保立德育人活动能够高效、有序地开展，建立一个专门的部门来进行统筹规划和组织工作是十分必要的。这个专门部门应由具备丰富教育经验、深刻理解立德树人理念以及具有出色组织协调能力的人员组成。他们将承担起全面规划活动的重任，从活动的长期目标设定到短期的具体实施步骤，都进行精心的谋划和安排。在组织方面，该部门要负责协调各方资源，包括人力、物力和财力，以保障活动的顺利进行。同时，要与学校的各个部门和师生保持密切的沟通与协作，充分了解他们的需求和意见，及时解决活动推进过程中出现的问题和挑战。

（2）在立德育人活动设计中，需兼顾师生实际需求。高校需深入调研师生兴趣、学习习惯，确定多样主题。活动内容包括道德修养、社会责任、文化传承等方面，形式多样，如讲座、实践活动等。举办"道德楷模分享会"、社会责任辩论赛、传统文化工作坊、公益挑战活动、道德情景剧表演等项目，激发师生的参与热情。注重层次性和针对性，设计"大学适应与道德启航"、文明行为倡导月、专业伦理研讨会、社区服务实践、学术诚信竞赛、企业伦理案例大赛、求职道德指导、毕业感恩与责任担当等活动，以助实现良好教育效果。

（二）深化立德育人理论研究，夯实教育理念的基础

1. 提高理论的真理性

我们想要提高立德育人理论的真理性，首先需要广泛收集和整理国内外相关领域的研究成果，进行深入的文献综述和比较分析，找出已有理论的优点和不足。在此基础上，运用多种研究方法，如问卷调查、实验研究、案例分析等，对理论进行实证检验。同时，鼓励跨学科的合作与交流，融合教育学、心理学、社会学等多学科的理论和方法，从不同角度审视和完善立德育人理论。此外，建立严格的学术评审机制，对理论研究成果进行严谨的评估和筛选，确保其科学性和可靠性。

2. 增强理论的指导性

想要增强大学生立德育人理论的指导性，需要从明确大学生的特点和需求入手。通过对大学生的心理发展、价值观念、社会认知等方面的深入调研，精准把握他们在道德成长过程中的困惑与期待，从而制定出贴合大学生实际的指导策略。

首先，增强理论指导性需要加强对马克思主义教育观和中国特色社会主义教育理论的系统学习和研究。其次，教育工作者应结合时代特征，将理论指导与社会发展需求紧密结合，增强理论的实用性和针对性，如将创新、协调、绿色、开放、共享这些理念渗透到育人工作中，切实关注学生的成长需求和事业职业发展的实际要求。此外，高校要注重教育理论的多学科融合发展，帮助教育工作者更加科学地理解和把握学生成长发展的规律和特征，从而更有效地设计教育内容和方法，提高立德育人工作的科学性和适应性。

3. 巩固理念的科学性

为巩固针对大学生的立德育人理念的科学性，高校要坚持目标导向和问题导向相统一。首先，高校要紧紧围绕培养德智体美劳全面发展的社会主义建设者和接班人这一目标，深入剖析大学生在道德观念、价值取向、行为习惯等方面存在的问题，有针对性地开展教育教学活动。其次，坚持以人为本的教育理念，从学生出发，注重学生的多元发展，关注个体差异和长远发展。

二、制度建设与教育引导

在当今社会，大学生的思想政治教育至关重要。健全的思政工作制度体系犹如坚固的基石，为培养有理想、有道德、有文化、有纪律的新时代大学生提供有力保障。

（一）健全思政工作制度体系

1. 制定明确的规章制度

（1）高校要深入调研大学生的思想特点和需求，以及当前思政工作中存在的问题和不足。在此基础上，明确思政工作的目标定位，即培养具有坚定政治信仰、高尚道德情操、深厚家国情怀和强烈社会责任感的大学生。

（2）详细划分思政工作的任务分工，例如，将理论教学任务分配给专业教师，实践活动组织交由辅导员负责，而思想动态监测和心理辅导工作则安排给专门的心理健康教育教师。

（3）制定清晰的工作流程，包括课程设计流程、活动策划流程、问题反馈处理流程等。以课程设计为例，流程应涵盖确定教学目标、选择教学内容、设计教学方法、安排教学进度以及评估教学效果等环节。

（4）规范相关人员（教师、管理人员等）的职责和行为标准。对于教师，要求其认真备课、生动授课、积极引导学生参与讨论；还要求其定期参加思政教育培训，提升自身的政治素养和教学水平。对于管理人员，应确保其为思政工作提供必要的资源支持，及时协调解决工作中的困难和问题，并严格遵守工作纪律和保密制度。

2. 建立完善的监督评估机制

为了建立针对大学生思政工作的完善监督评估机制，高校首先要明确监督评估的目标，即确保思政工作制度能够有效地促进大学生思想政治素质的提升，培养他们正确的世界观、人生观和价值观。

（1）建立日常监督检查制度，确保制度得到严格执行。成立专门的监督小组，成员包括教师代表、学生代表和管理人员。监督小组定期对思政工作的开展情况进行巡查，检查教学活动是否按照既定的规章制度进行，教师是否按时授课、教学内容是否符合要求等方面。同时，设立举报邮箱和热线电话，鼓励师生对违反制度的行为进行举报。对于发现的违规行为，及时进行严肃处理，并在一定范围内通报，以起到警示作用。

（2）定期开展绩效评估，及时发现问题并完善制度。制定详细的绩效评估指标体系，涵盖教学效果、学生满意度、实践活动成效等方面。每学期末组织全面的绩效评估，通过问卷调查、学生座谈会、教师自评和互评等方式，收集各方对思政工作的评价和意见。对评估中发现的问题进行深入分析，找出制度中存在的漏洞和不足之处。根据评估结果，及时调整和完善思政工作制度，确保制度的科学性和有效性。例如，如果发现某些教学方法效果不佳，及时调整教学策略；如果发现学生对实践活动的参与度不高，应及时优化活动形式和内容。

（3）加强对监督评估结果的运用。将评估结果与教师的绩效考核、职称评定等方面挂钩，激励教师积极履行职责；同时，将评估结果作为改进和完善思政工作制度的重要依据，不断推动大学生思政工作的质量提升。

3. 确保思政工作在学校中的核心地位

为确保思政工作在学校中占据核心地位，服务于大学生的成长成才，高校需要从以下方面着手。

（1）将思政工作纳入学校总体发展规划和年度任务重点。在制定学校的长期发展规划时，明确思政工作的目标、任务和实施路径，使其与学校的教学科研、人才培养等工作有机融合。例如，规划中要明确在未来几年内，建设一支高素质的思政教师队伍、开发具有本校特色的思政课程体系等具体目标。在制定年度任务时，将思政工作的重点项目列入其中，如举办大型思政主题活动、开展思政教育专项研究等，并明确责任部门和时间节点，以确保工作的有序推进。

（2）在资源配置方面给予支持和倾斜。加大对思政工作的人力投入，招聘更多具有专业背景和丰富经验的思政教师，并为他们提供持续的培训和发展机会。在物力方面，为思政教学和实践活动提供充足的场地、设备，例如，建设专门的思政教育实践基地、购置先进的教学设备等。在财力方面，设立思政工作专项经费，保障思政课程建设、教学改革、实践活动等项目的顺利开展。同时，合理分配学校的科研资源，鼓励教师开展思政教育相关的研究项目。

（3）在考核激励方面给予支持和倾斜。建立科学合理的考核评价体系，对从事思政工作的教师和管理人员的工作绩效进行全面、客观、公正的评价。考核指标不仅包括教学工作量和教学效果，还应涵盖学生思想政治素质的提升情况、参与思政教育活动的积极性等方面。对于在思政工作中表现出色的教师和管理人员，应给予表彰和奖励，如颁发荣誉证书、提供晋升机会、给予物质奖励等。在职称评定、评优评先等方面，对思政工作成绩突出的人员予以优先考虑，从而激发他们的工作积极性和创造性。通过这些措施，各高校才能切实保障思政工作在学校中的核心地位，为大学生的思想政治教育提供有力支持。

（二）深化师生思政教育引导

高校思政工作的落实离不开师生的积极参与和主动实践。只有广大师生充分认识到思政工作的重要性，才能真正把立德树人的根本任务落到实处。因此，高校必须采取有效措施，不断提高师生的思政意识，引导他们积极参与、主动实践思政工作，从而共同营造良好的育人氛围。

1. 提高师生思政意识

（1）组织各类培训和讲座。为了有效提高师生的思政意识，高校可以定期开展思政工作专题培训。首先，在培训的组织方面，提前与相关领域的知名专家学者进行沟通和协调，确定其授课时间和课程内容。培训内容应涵盖思政工作的理论基础、实践经验、最新政策解读等方面，帮助师生深入理解思政工作对于个人成长和社会发展的重要性和意义。其次，可以结合时事热点，精心策划并举办主题讲座。通过对国内外重大政治事件、经济形势、社会热点等方面的深入分析，引导师生关注国家大事，增强其对社会现象的洞察力和分析能力，进而强化社会责任感。最后，积极开展主题班会、读书交流等活动。在主题班会的策划上，提前确定具有针对性和启发性的主题，鼓励学生积极参与讨论和分享；在读书交流活动中，推荐一系列与思政相关的经典著作和最新研究成果，组织师生共同阅读和交流心得，营造浓厚的思政氛围。

（2）引导师生主动参与。为引导师生主动参与思政工作，高校要鼓励教师积极在教学全过程中融入思政元素，制定详细的教学指导方案，为教师提供具体的融入方法和案例参考，使其能够在专业课程中自然而有效地发挥思政引领作用。还要组织学生参与社会实践、志愿服务等活动。在活动的组织上，与社区、公益机构等建立长期合作关系，提供多样化的实践和志愿服务项目选择。活动前进行充分的动员和培训，明确活动目的和要求；活动中加强指导和监督，确保学生能够真正有所收获；活动后组织总结和分享，进一步深化学生的社会责任意识。建立师生双向交流机制。此外，高校应设立专门的交流平台，如线上论坛、线下座谈会等，定期收集师生关于思政工作的意见和建议，对于师生的诉求及时进行整理和分析，并通过公开渠道给予回应和解决。

（3）完善激励保障措施。在绩效考核、职称晋升等方面，高校要制定明确的激励性政策，对在思政工作中有突出表现的教师给予适当加分和优先考虑。同时，将学生在思政活动中的参与度和表现纳入综合素质评价体系，为其在评优、评奖等方面提供有力支持。健全教师思政工作支持体系。定期组织教师参加思政教育培训课程，邀请资深教师进行经验分享和指导。为教师提供丰富的思政教学资源，包括教学案例库、在线学习平台等。在校内营造重视思政工作的良好氛围，通过表彰大会、宣传报道等方式，让师生为参与思政工作感到荣誉和自豪，从而激发更多师生积极投身于思政工作。

2. 提升师生思想政治教育能力

（1）针对不同群体开展分层分类的教育培养。对于教师群体，高校可根据其教龄、学科背景和思政教育经验等因素进行分类。对于新入职的教师，可重点开展思政教育基础理论和方法的培训，通过集中授课、案例分析等方式，帮助他们熟悉思政教育的基本要求和规范。对于具有一定教学经验的教师，组织他们参加高级研修班，邀请知名专家进行前沿理论和实践成果的分享，鼓励他们开展思政教育教学改革与创新项目，提升其教育教学水平。对于资深教师，要给他们提供参与国内外学术交流和合作研究的机会，促进其在思政教育领域形成独特的教学风格和研究成果。

对于学生群体，高校要对他们按照年级和专业进行分层。对于低年级学生，开设必修的思政基础课程，采用课堂讲授、小组讨论、实践活动相结合的教学模式，培养他们对思政知识的初步理解和应用能力。对于高年级学生，设置选修的思政拓展课程，如马克思主义经典著作研读、社会热点问题分析等，通过专题讲座、学术报告、论文写作等方式，深化他们对思政理论的理解，提高分析和解决问题的能力。

（2）在培养师生运用马克思主义立场观点方法的能力方面，高校要加强马克思主义理论课程建设，优化教学内容和教学方法。在教学中，引导师生关注社会现实问题，让他们运用马克思主义的立场观点方法进行分析和判断。组织案例研讨活动，选取具有代表性的社会现象或问题，让师生在分析和讨论中锻炼运用马克思主义方法的能力。鼓励师生开展相关的课题研究，在研究过程中深入理解和运用马克思主义理论。此外，建立实践教学基地，让师生在实际工作和生活中运用马克思主义立场观点方法解决问题。加强与企事业单位、社区等场域的合作，为师生提供实践机会，如社会调研、政策宣传、社区服务等。诸如此类的实践活动能使师生深刻体会马克思主义的科学性和实用性，从而使他们不断提升运用马克思主义立场、观点、方法的能力。

3. 营造良好思政氛围

营造良好的校园思政氛围，对于推动立德树人理念在高校落地生根至关重要。这需要充分发挥典型引领作用，所以高校需要树立一批师生先进典型。同时通过丰富多彩的校园文化建设，营造浓厚的育人环境，让师生在潜移默化中受到思政教育的熏陶。

（1）发挥典型引领作用，树立一批师生先进典型。高校要通过广泛征集和深入挖掘，树立师生先进典型。关注个人和集体在思政方面的突出表现，如参与竞赛取得好成绩、践行社会主义核心价值观等。利用校园网、校报等多种方式对这些先进典型进行宣传并定期举办表彰大会，从而激励更多师生去效仿他们。宣传教师的潜心育人行为和学生在社会实践中的优秀表现，通过事迹报告会、专题宣传等形式讲述其成长故事，激励他们发挥影响力。鼓励师生学习典型人物，总结经验并设立激励机制，以营造积极学习氛围。

（2）通过校园文化建设营造育人环境。"既然人的性格是由环境造成的，那就必须使环境成为合乎人性的环境。"[①] 高校立德树人环境会影响到个人的性格和道德，塑造良好的环境是高校立德树人的必然要求。首先，高校要加强校园物质文化建设，在校园建筑、景观设计中融入思政元素，创作反映时代主题、彰显社会主义核心价值观的优秀文艺作品。建设体现立德树人理念的文化设施，如雕塑、文化墙等，开展"我的中国梦"、"向党的二十大报告学习"等主题系列活动，使师生在潜移默化中受到熏陶。其次，丰富校园精神文化内涵，开展各类思政主题文化活动，如举办思政主题文艺演出、诗词朗诵比赛、书画展览等，激发师生的参与热情和创造

---

① 马克思，恩格斯. 马克思恩格斯全集：第 2 卷［M］. 北京：人民出版社，1957：166 - 167.

力。再次，推动校园制度文化建设，完善与思政相关的规章制度，如制定学生行为规范准则、教师职业道德规范等，营造风清气正的校园环境。最后，加强校园网络文化建设，打造思政教育网络平台，开设思政专题网站、微信公众号、微博账号等线上项目，及时推送优质的思政教育内容，开展线上互动交流活动，引导师生正确使用网络，传播正能量。此外，高校要鼓励师生积极参与校园文化建设，充分发挥其主体作用。开展校园文化创意征集活动，征集师生的意见和建议，让他们为营造良好思政氛围贡献智慧和力量。

三、建立健全政策落实机制

高校思政建设关系到国家发展大局，关系到广大师生的长远利益。近年来，国家出台了一系列关于加强高校思政工作的重要政策，这为这一关键领域指明了前进方向。然而，单纯依靠上级部门的政策引导是远远不够的，高校必须建立健全的政策落实机制，确保国家相关政策能够在校园中切实落地生根。这就要求高校从以下几个方面着手，以确保思政建设各项政策措施得到有效执行。

（一）建立专门的政策研究和执行团队

1. 组建由校领导、职能部门、教师代表等人员组成的政策研究小组

深入研读国家高校思想政治教育政策文件，制定系统学习计划，组织小组学习，邀请专家解读；结合实际思考提问，逐字研读政策，讨论案例，收集其他高校经验进行对比分析；调研学校现状，广泛收集意见，制定可行的政策执行方案。方案需考虑资源和目标，明确任务目标、步骤、责任和时间。此外，高校的政策研究小组要提供预防措施，征求相关方人员的意见并对方案进行反复修改，提交决策层审议以确保方案科学有效。

2. 设立专门的政策执行部门或工作小组

该政策执行部门或工作小组负责统筹协调各部门政策以执行工作，因此他们首先需要明确组织架构和人员配置，选拔具备协调能力和深刻理解力的负责人，建立沟通机制，定期召开协调会议汇报进展和问题，制定工作流程和规范，明确职责和协作方式。运用信息化手段建立管理平台，更新数据便于监控和解决问题。明确责任分工，梳理任务并分解之，合理分

配任务，制定责任清单，建立监督考核机制，将成效纳入绩效考核，表彰有功者，问责不力者。加强培训指导，解决重点难点问题，建立反馈机制，鼓励及时反馈问题和建议，调整策略以确保政策取得实效。

（二）加强与上级部门的沟通协调

高校思政建设工作的顺利推进，离不开上级主管部门的有力指导和支持。高校只有主动加强与上级部门的沟通协调，才能确保国家关于思政建设的政策要求在学校层面得到切实落实。一方面，高校要密切关注上级部门的政策动态，及时掌握工作要求和指导意见；另一方面，高校也要主动反映学校在政策执行过程中遇到的实际困难和问题，积极寻求支持与帮助。只有通过双向良性互动，高校和上级部门才能携手推进思政建设各项任务的顺利完成。

1. 主动与上级主管部门保持密切联系

高校想要及时了解上级政策动态，就需要指定专人负责联络上级主管部门。这个人必须具备沟通能力和政策敏感度，要按时查阅政策信息、参加解读会议，定期汇报执行情况。此外，高校还需建立内部问题收集机制，设立反馈渠道，组织座谈会收集问题，梳理分析困难，向上级部门递交书面报告，详细说明问题、原因和解决方案，寻求支持和建议。唯有如此，高校与上级主管部门之间才能积极沟通协调，从而跟进问题处理进度，调整工作措施。

2. 开展工作交流和经验分享

院校之间要建立常态化交流机制，举办定期交流会议来分享政策执行成果，制作成果手册传播经验，彼此邀请对方进行实地考察。在交流前收集难点问题，交流会议中对此进行深入讨论并成立联合研究小组，建立解决问题的跟踪反馈机制。各院校要利用在线平台随时交流问题，并组织专题研讨会深入探讨解决方案，从而促进资源共享和合作。

（三）建立健全的监督和反馈机制

1. 制定科学的考核评估体系

各高校要深入研究国家关于高校思政建设的政策要求和目标，确保考核评估体系与国家政策导向相一致。同时，广泛调研国内外高校在思想政治教育政策执行方面的考核评估实践，借鉴其成功经验和先进做法。成立多方组成的评估小组，确保评估的专业性和全面性。明确指标，确定原则，综合定量和定性指标，同时考虑不同环节和阶段。定期审查和更新指标，根据政策和反馈意见来修订评估标准，设定合理评估周期。采用多元评估方法，包括自评、上级评、同行评、师生调查。组织专业评估团队，严格执行评估方案，撰写详尽报告并公开结果，同时推进评估方案的改进，按时开展对优秀者的表彰工作。

2. 畅通反馈渠道，及时发现问题

各高校要鼓励师生积极反馈政策执行过程中的困难，并激励他们提供针对性的建议。通过广泛宣传、奖励机制、定期座谈会和专人沟通，提高知晓度、激励积极性，维护沟通渠道畅通。此外，高校还要建立快速问题反馈机制：搭建多元反馈平台，规范处理流程和责任分工，建立信息数据库，定期总结、分析问题，形成沟通闭环，并开展相关培训来提升师生处理有关问题的能力。

3. 持续完善和优化执行方案

根据评估结果和反馈意见，高校要不断修正、优化执行方案：成立专业小组，深入分析评估结果，制定修正计划，考虑资源和实际需求，定期跟踪评估进展。此外，还要确保政策执行的准确、完整、有效，加强培训和教育，建立监督机制，制定操作指南的规范流程，总结经验，加强沟通协作，建立健全的评估指标体系。

四、制定个性化教育方案

高校思政教育要真正发挥作用，必须针对学生的学科特点和专业需求，制定个性化的教育方案。每个院系和专业都有其独特的培养目标和知识结构，思政教育必须与之紧密结合，才能增强自身的针对性和实效性。高校只有通过因材而教，才能使思政理念深入学生的专业学习和人生发展之中，最终培养出全面发展的优秀人才。

（一）因院系特点而异

1. 理工科专业：结合科技创新案例，培养创新精神和社会责任感

一方面，理工科的相关院系和专业要结合科技创新案例提升理工科学生的创新意识：教师引入中国科技领域的成就，如航天、量子计算、人工

智能，展示自主创新推动社会发展的案例，如"嫦娥工程"和"天问探测器"，从而激发学生勇于创新的意识。另一方面要通过科技创新案例培养学生社会责任感：学生通过了解"神威·太湖之光"超级计算机助力大气污染模拟与治理，北斗卫星导航系统在地质灾害预警、应急救援中精准定位、高效调度等案例，认识科技解决社会问题的使命，从而明白未来科技工作者应关注社会进步。还可以指导学生分析华为、腾讯等企业创新实践，帮助他们实现理论与实践的结合，塑造其职业观与价值观。通过参加实践活动如创新创业大赛、社会服务项目，学生掌握解决实际问题的方法，培养自己的责任感与奉献精神，从而加深对科技创新的理解。

2. 文科专业：通过文学作品、历史事件等媒介，引导学生树立正确价值观和人生观

文科专业的学生，作为社会人文科学的探索者，在学习过程中不可避免地接触到大量的文学作品和历史事件。这些文化和历史的瑰宝不仅是知识的载体，更是人生观和价值观教育的重要资源。文学作品如《红楼梦》《悲惨世界》揭示人性与社会变迁，引导学生树立正确价值观。历史事件如五四运动、改革开放等，记录着价值选择，可引导学生培养社会责任感。结合文学与历史，学生多维度审视社会与人生，深刻领悟个人选择与历史之间的关系。通过多样教学方式如角色扮演、情景模拟，学生能够加深对这些文学与历史的理解，而通过参观博物馆这样的实践活动能激发他们对历史文化的体会，从而深化思政教育内容。

（二）增强思政教育的针对性和实效性

1. 充分考虑学生的实际需求和认知特点

充分考虑学生的实际需求和认知特点至关重要。

（1）了解学生需求与认知特点是基础。现代大学生的背景与思维模式越发多元，思政教育须随之更新，通过数据调研等方式深入了解学生困惑、社会关切与未来期许。

（2）课程设计要因人而异。不同年级学生心理发展各异，低年级可注重基础价值观培养，高年级则更关注就业与人生规划。教育方案须具有针对性，理论内容须贴近实际，易于学生接受。

（3）学生认知特点变化显著。在网络信息影响下，学生注意力持续时

间短暂，偏好互动性强的教学模式。高校应摒弃单向灌输的模式，采用启发式、讨论式、案例分析等方法，结合热点话题引导学生互动、思考，从而加深他们对思政内容的理解。

2. 提高思政教育的吸引力和影响力

在新时代背景下，思政教育要想真正发挥作用，必须进一步增强其吸引力和影响力。传统的单向知识灌输式思政教育模式，常常因为缺乏互动性和趣味性而难以吸引学生的注意。因此，提升思政教育的吸引力，不仅要在内容上做到紧跟时代脉搏，还要在形式和传播方式上进行创新，力求通过多样化的手段让学生乐于参与、主动思考，并最终内化为自身的价值观念。

（1）思政教育的内容需要更加贴近学生的实际生活与社会现实。教师结合当代社会热点问题，如互联网时代的价值观冲突、人工智能的社会伦理问题、全球化对青年影响等，引导学生寻找答案，从而增强教育内容的实效性。爱国主义等主题也需结合实际案例，融入学生情感体验与认知中，这样才能增进他们对爱国主义教育的认可。

（2）思政教育的形式需要不断创新，提升趣味性和互动性。教师可以通过新媒体技术、线上平台、社交网络等工具，将思政教育融入学生熟悉的数字化生活中。比如，利用短视频、动画、VR 技术等工具，打造情景模拟教学，或通过"沉浸式"的学习体验让学生更直观地感受历史、文化和思想的碰撞与融合。同时，还可以引入微电影、纪录片、热点事件分析等生动的多媒体素材，使思政教育更具视觉冲击力和感染力。

（3）教师的教学风格也是影响思政课吸引力的重要因素。教师要注重与学生之间的互动交流，营造平等、轻松的课堂氛围，激发学生的参与感。通过案例讨论、情景演绎、辩论赛等方式，鼓励学生自主思考和表达个人观点，使课堂从"被动听讲"转变为"主动参与"，从而增强思政课的吸引力与感染力。

（4）思政教育的传播方式也要与时俱进，借助现代传播媒介扩大影响力。学校和教师可以通过微信公众号、抖音、微博等平台，推送思政教育的相关内容，以"润物细无声"的方式渗透到学生的日常生活中。通过灵活运用这些媒介，学校可以使思政教育不再局限于课堂，而是拓展到学生的日常社交和信息获取中，从而在更广泛的层面上发挥其教育和引导作用。

第二节　提升思政课教师的专业素质和教学水平

思政课教师在高校思想政治教育中发挥着关键作用，因此加强对思政课教师的培养，提升其理论素养和实践能力至关重要。

一、增强对思政课教师的培训力度

为了不断提升思政课教师的专业素养和教学水平，增强对思政课教师的培训力度是一项至关重要的举措。

（一）明确培训目标

1. 提升理论水平

为提升思政教师的理论水平，高校可采取如下措施：帮助教师系统掌握马克思主义理论、习近平新时代中国特色社会主义思想等核心理论，深化他们对党的路线方针政策的理解，确保教师在理论上做到"讲清讲透"；组织教师学习党的重大决策部署，深化他们对党的路线方针政策的认识和把握；邀请专家学者开展专题辅导，帮助教师准确理解和阐释党的方针政策；鼓励教师理论联系实际，在工作中诠释和应用党的路线方针政策，从而提高思政教育的理解力和说服力。

2. 增强教学技能

通过培训，帮助教师掌握现代化教学手段和技术，使他们提升课堂互动能力和教学设计水平，做到教学方法的多样化。组织教师系统学习信息化教学工具的使用方法和技巧，如 PPT 制作、视频录制等。引导教师合理利用互联网、移动终端等现代技术手段，丰富教学形式和内容。鼓励教师运用仿真实验、案例分析等手段，增强思政课的直观性和吸引力。

3. 更新教学观念

积极引导广大教师牢固树立以学生为中心的教学理念。这意味着教师不能仅仅依据传统的教学模式和自身的主观意愿来开展教学活动，而是要充分考虑学生的认知特点和实际需求。通过这种方式，教师能够精心设计教学环节和内容，运用生动有趣的教学方式和手段，让课堂充满活力和魅力，从而极大地提高课堂对学生的吸引力。同时，教师还能够切实提升教学的质量和效果，真正实现课堂教学的实效性，使学生能够在课堂中获得更多有价值的知识和能力。

（二）丰富培训内容

1. 理论深度学习

毛泽东同志指出学习马克思主义的关键在于要运用，"对于马克思主义的理论，要能够精通它、应用它，精通的目的全在于应用"①。所以高校要组织教师系统学习马克思主义基本原理、党的思想理论体系、国内外时事政治分析等方面的知识，提高教师的政治敏感度和理论素养。引导教师将所学理论与教学实践紧密结合，从而提升他们的理论应用水平。鼓励教师积极参与社会实践，让他们在实践中不断充实和完善理论知识。

2. 案例教学分析

通过典型案例分析，教师可将国家重大事件、科技成果融入教学，加深学生对理论的理解。比如，结合乡村振兴、京津冀协同发展等战略解读马克思主义社会发展规律；引入航天、量子计算、人工智能等科技成果诠释科学社会主义，展示马克思主义科学性。这种理论与实践相结合的教学方式既能提升学生的思维与实践能力，又能增强学生对马克思主义的信仰和对中国特色社会主义的认同。

3. 教学技术与方法培训

高校要推广多媒体教学手段，如 PPT、视频、动画，生动呈现教学内容，提升学生兴趣与注意力。教师须熟练运用多媒体，确保其与教学有机结合。高校要积极利用在线教学平台，扩展学习时间与空间，促进师生互动，实现线上线下融合；并尝试应用 VR/AR 等前沿技术，让学生沉浸式体验历史场景，以培养他们的创新思维与实践能力。

4. 学生心理与需求分析

高校要组织教师系统学习心理学相关知识，帮助他们深入了解当代大学生的心理特点和需求变化。比如，当代大学生普遍接受过良好教育，思

---

① 毛泽东. 毛泽东选集：第三卷［M］. 北京：人民出版社，1991：418.

想活跃，关注社会热点问题，希望通过思政课了解国家大政方针，从而增强自己的信念感和责任感；同时他们也会受到网络信息冲击，产生价值观迷惘，需要教师对此进行耐心引导。教师只有在掌握这些特点后，才能准确把握学生的实际需求，从而制定相应的教学策略。

（三）创新培训形式

1. 专家讲座与研讨会

高校邀请马克思主义理论研究的权威专家学者进行深度理论讲座，有助于教师更好地掌握马克思主义基本原理，增强他们对新时代中国特色社会主义的理解力；邀请党政领导进行政策分析和工作交流，可以帮助教师了解党和国家的重大决策部署，把握前沿思想动态；定期组织教师参加教学研讨会，交流教学心得，分享教学资源，也能推动教师专业水平的整体提升，提升教师的理论深度和视野开阔度。

2. 教学观摩与示范

高校要组织教师观摩优秀思政课教学示范，交流教学经验，让他们通过同行互评提升教学水平。在观摩过程中，教师们不仅能够直观感受优秀教学设计和课堂管理的具体方法，还能够深入理解思政课的理论和实践如何有效结合；通过观摩结束后的交流环节，教师们可以分享个人见解、讨论教学细节，并开展同行互评。这种反馈和互动有助于教师们反思自身的教学实践，借鉴他人经验，从而进一步优化教学方法，提升整体教学水平。

3. 实地学习与调研

高校要有计划地组织教师前往红色教育基地、各类企业以及社会基层进行实地调研。这样的安排旨在为教师提供丰富多样且真实直观的实践场景，让他们能够亲身感受和体验。通过在这些实地的实践考察，教师能够更加深入地理解所教授的理论知识，不再局限于书本上的抽象概念。同时，他们还能够更准确、全面地把握社会现实的真实状况，清晰地了解社会的发展动态、需求以及存在的问题，从而将理论与实际紧密结合，为教学工作注入更丰富、更具现实意义的内容。

4. 线上线下混合培训

高校要采用多元化的手段，将线上课程、功能强大的教学平台以及传统的线下培训有机结合起来。通过这种方式，能够极大地增强培训的灵活性，不再受时间和空间的严格限制。无论是繁忙的工作日还是闲暇的周末，教师都能根据自身的情况选择参与培训的方式和时间。而且，这种结合形式还能有效扩大培训的覆盖面，使更多的教师有机会接受优质的培训资源。无论是身处偏远地区还是繁华都市的教师，都能享受到同等的培训机会。此外，这种模式显著提高了教师学习的便捷性，他们无需长途奔波参加集中培训，只需利用碎片化时间，通过网络就能随时随地获取所需的学习内容，这极大地提升了学习的效率和效果。

（四）建立持续性培训机制

1. 定期培训计划

高校要精心制定一份长期且系统的教师培训计划，对培训的目标、方式、时间安排等各个方面进行详细且合理的规划，以此确保培训工作能够按照预定的步骤有序开展，避免出现混乱和无序的情况。同时，要密切关注时事动态以及教学领域的新变化和新需求，及时且不断地对培训内容进行调整和更新，使其能够紧密贴合当下的社会实际和教育发展的最新要求，从而为教师提供最具时效性、针对性和实用性的知识与技能，让培训始终保持与时俱进的活力和价值。

2. 培训成果考核

建立一套完善且科学合理的教师培训考核机制至关重要。该机制应涵盖多个方面和维度，全面且准确地评估教师的学习情况。具体而言，高校可以通过多种方式考核教师对培训内容的掌握程度，例如组织严格的书面考试、实际操作考核、教学案例分析等。以这样的方式，能够切实确保培训达到预期的效果和应有的质量，使教师真正将培训所学转化为实际的教学能力和素养，从而推动教育教学水平的不断提升。

3. 教师自主学习机制

高校应大力鼓励教师积极主动地通过自主学习、参加进修课程等多样化的方式，持续不断地提升自身的理论素养和教学水平。为了更好地促进教师的自主学习，高校应为其终身学习提供强有力的支持和充分的资源保障。例如，提供丰富的在线学习资源库，涵盖各类学科的前沿理论知识和优秀教学案例；设立专项进修基金，支持教师参加高级别的学术研讨会和专业培训课程；建立学习交流平台，方便教师之间分享学习心得和经验。

通过这些举措，高校能够激发教师自主学习的积极性和主动性，助力他们在职业生涯中不断进步和发展。

4. 加强团队建设与交流

（1）教师教研团队建设。高校可具体通过精心组建教研小组或具有专业性的学术团队的方式，积极营造良好的合作氛围，大力促进教师之间的密切协作与广泛交流。在这样的团队环境中，教师们能够充分分享彼此的教学经验、教学方法以及学术见解。他们能够集思广益，共同探讨教学中面临的难题和挑战，从而推动教学内容的不断丰富与完善，以及促进教学形式的持续创新与变革。通过团队的协同努力，教师能够开发出更具吸引力和实效性的教学方案，探索出适应时代发展和学生需求的新型教学模式，为教育事业的发展注入源源不断的活力和创造力。

（2）跨校区、跨地区教学经验分享。相关部门及各高校可积极加强不同地区、不同学校之间的教师交流与合作，构建广泛且有效的沟通桥梁。通过组织各种形式的交流活动，如研讨会、座谈会、线上平台交流等，为教师们提供分享教学经验与思政教育成功案例的机会。在这个过程中，教师们能够接触到来自不同教育环境和背景下的多样化理念和方法，从而极大地扩展自身的视野，不再局限于单一的教学模式和思维方式。并且，在交流分享中，教师们能够汲取他人的成功经验和创新思路，进而激发自身的思考和灵感，为教学实践带来新的突破和发展。

5. 政策支持与激励机制

（1）提供培训经费与资源支持。高校可整合资源提供高质量培训资源，包括学术研究成果和教学方法。配备实用培训教材，扩大外出学习机会，让教师亲身体验先进教学模式。这些举措将为教师专业成长提供有力支持。

（2）完善培训激励机制。高校可将教师培训与职称晋升、教学评优挂钩。明确规定培训成果纳入职称晋升和评优考量，奖励表现突出的教师。通过激励机制，激发教师参与培训的积极性，提高其专业素养和教学水平。

二、提升教师理论水平

马克思主义理论是思政教育的根基和灵魂。只有深入掌握马克思主义理论的精髓，思政课教师才能在教学中准确传达其核心思想，从而为学生树立正确的世界观、人生观和价值观奠定坚实的理论基础。可以采用以下几点措施提升对马克思主义理论的认知水平和对时事政治的理解能力。

（一）强化马克思主义理论培训

邓小平同志多次强调："教育必须把坚持正确的政治方向放在首位。只有这样，我们的教育事业才能沿着正确的方向前进。"① 因此，教师想要拥有扎实的思想政治理论功底，就必须不断提高自己的马克思主义理论水平。高校可定期组织思政课教师参加专门的马克思主义理论培训，从而在培训过程中引导教师深入研读马克思主义的经典著作，使其能够精准地掌握马克思主义的核心思想以及基本原理。不仅如此，还要特别邀请在马克思主义理论研究领域造诣深厚的专家，为教师开展深入浅出的理论辅导。通过专家的指导，助力教师不断提升自身的马克思主义理论水平，进而使他们能够在教学中更加准确、深入地传授相关知识。同时，要鼓励教师积极踊跃地参与各类相关的理论研讨会以及学术交流活动，让教师在与同行的交流和思想碰撞中，拓宽视野，获取最新的研究动态和成果，进一步增强自身的实践研究能力，从而更好地将马克思主义理论与教学实践相结合，提高思政课的教学质量和效果。

（二）提升时事政治教学能力

积极引导教师密切关注国内外重大的时事政治动态，使其不断提高对时政问题的敏锐洞察力和深入分析能力。为此，有计划地组织教师参加时政形势分析培训显得尤为重要。这类培训让教师全面了解当前社会的热点问题，使他们准确把握其本质和发展趋势，从而显著增强教学的针对性和实效性。同时，要大力鼓励教师将丰富多样的时事案例巧妙地融入课堂教学之中。教师要以生动鲜活的方式阐释马克思主义理论在现实中的具体运用，让抽象的理论变得更加具体可感，从而激发学生的学习兴趣和思考热情，帮助学生更好地理解和运用马克思主义的立场、观点和方法来分析和解决实际问题，提升学生的综合素质和应对现实挑战的能力。

（三）健全教师培养和激励机制

全力建立健全科学合理的教师职业发展通道，致力于为教师创造优越

---

① 邓小平. 邓小平文选：第三卷 ［M］. 北京：人民出版社，1993：233.

的条件，提供充足的理论研修和实践锻炼机会。进一步完善绩效考核和晋升机制，通过明确而公正的标准，引导教师持续不懈地提升自身的思政理论功底和教学水平。努力营造积极向上、充满活力的良好教学环境，充分尊重和发挥教师的主观能动性，最大程度地调动教师的工作积极性和创造性。在这一过程中，注重为教师搭建广阔的发展平台，让他们能够在理论学习中不断丰富知识储备，在实践锻炼中积累宝贵经验。同时，凭借科学的绩效考核，准确评估教师的工作成果，以公平的晋升机制激励教师追求卓越。高校通过营造这样的环境，可以使教师全身心地投入教学工作中，从而让他们为教育事业贡献更多的智慧和力量。

三、鼓励教师积极参与前沿学科研究

学科研究对于教师而言，不仅是获取知识的途径，更是深化对思政领域理解的关键。通过深入探究学术前沿问题，教师能够突破以往的认知局限，以更加宽广和深入的视角来审视思政领域的各种现象和问题。鼓励教师积极参与前沿学术研究可以采取以下措施：

（一）提供学术资源保障

在当今教育信息化不断发展的背景下，学术资源的充分获取和利用对于提升教育质量至关重要。特别是在思想政治教育领域，教师和学生需要借助广泛而权威的学术资源，深入理解和分析理论问题，以实现更为有效的教学与学习。因此，提供充足的学术资源保障成为推动思政课教学改革和提升教学质量的重要举措。通过丰富的文献、数据库、科研成果等资源的支持，教师能够进行深入的学术研究，从而提升课程内容的学术性和实效性；学生则可以在更为广阔的知识体系中获取多元化视角，从而增强其学术素养和思想深度。

1. 建立专业资料库

学校应当积极投入必要的资金，着力建立一个专门的思政教育资料库。在这个资料库的建设过程中，需要精心收集并系统整理各种各样的权威文献、具有学术价值的论文以及丰富多样的教学案例等重要内容，以便为教师提供极大的便利，使其能够轻松查阅和深入学习。而且，这个资料库的涵盖范围应当广泛且全面，包括但不限于马克思主义理论、思政课程建设、教学方法创新等关键领域。为了使教师能够始终获取最新、最准确的信息，资料库还应当定期进行更新和完善。通过这样的方式，确保教师能够及时了解思政教育领域的前沿动态和最新成果，从而使他们不断丰富自身的知识储备，提升教学水平和教育质量。

2. 订阅权威期刊

除了精心构建学校内部的自建资料库之外，学校还有必要为教师订阅国内外知名且具有重要影响力的思政教育领域学术期刊，例如，像《马克思主义研究》《高校思想政治教育研究》等此类备受认可的专业期刊。这些期刊具有极高的权威性和学术价值，它们全面汇集了当前最新的理论研究成果以及丰富多样的教学探索实践。这些期刊能够为教师的学术研究工作提供源源不断且稳定持续的信息支持，帮助教师紧跟学术前沿动态，使他们拓宽学术视野，激发创新思维，进而不断提升自身的学术研究能力和教学水平，从而为推动学校思政教育的高质量发展注入强大动力。

3. 购买数据库使用权

除了为教师提供丰富的纸质资料之外，学校还务必要充分考虑到教师的研究需求，为教师购买各类学术数据库的使用许可。其中包括在国内广为人知且具有重要地位的数据库，例如 CNKI、万方等；同时也应涵盖一些具有国际性影响力的数据库，像是 Scopus、Web of Science 等。这些数据库所包含的内容极为丰富广泛，涵盖了数量巨大的学术论文、具有重要价值的会议论文以及各类专业专著等方面的资料。这无疑为教师进行文献检索和深入研究提供了极为广阔的资源空间，使教师能够更加便捷、高效地获取所需的学术信息，深入了解国内外相关领域的研究进展和前沿动态，从而为教师开展高质量的学术研究和教学工作提供坚实有力的支持和保障。

4. 建设信息共享平台

为了能够使这些珍贵的学术资源得到更加充分且有效的利用，从而更好地服务于广大教师，学校应当积极主动地建立一个功能完备的信息共享平台。在这个平台的建设过程中，要精心整合学校内部的各类学术资源，包括但不限于自建资料库、订阅的权威期刊以及所购买的数据库使用权等。通过科学合理的分类和管理，实现对这些资源的有效管理和高效利用。与此同时，学校还应当大力鼓励教师之间积极开展学术交流活动。教师们可以在这个平台上自由地分享自己的研究成果和教学经验，相互学习、相互启发。通过这样的方式，高校能够促进思想政治教育理论与实践的深度融合，推动思政教育工作不断创新发展，切实提高思政教育的质量和效果，为培养具有正确世界观、人生观和价值观的学生奠定坚实的基础。

5. 提供技术支持

除了提供丰富的学术资源外，学校还需要为教师在信息检索和资料获取方面给予必不可少的技术支持。例如，学校可以有针对性地开展一系列关于数据库使用的培训活动，详细讲解数据库的功能特点、检索技巧以及相关注意事项等方面的知识，使教师能够熟练掌握数据库的操作方法，从而快速准确地获取所需的信息。此外，学校还应提供远程访问服务，让教师在任何时间、任何地点都能够方便地访问学校的学术资源，打破时间和空间的限制。这些举措的实施确保教师能够充分地掌握和有效地利用好这些学术资源，使其真正在思政课的建设中发挥出应有的重要作用，从而推动思政课教学质量的不断提升，促进思政教育的创新发展，为培养具有坚定理想信念和高尚道德情操的学生提供有力的保障。

（二）制定奖励机制

高校要对在前沿学术研究中取得突出成果的教师给予物质奖励和精神表彰，如奖金、荣誉证书、职称晋升优先等，以激发教师的积极性。还可为教师提供一定期限的学术休假，让他们能够全身心地投入前沿学术研究中。

1. 物质奖励

学校应当建立起一套完备且健全的物质奖励制度，对于那些在前沿学术研究当中取得显著成果的思政课教师来说，可以依据研究项目所具备的创新性程度、实际的实用性价值以及最终所取得的影响力大小等一系列关键指标，精心设置出不同层级的奖金标准。如此一来，这种奖励制度不但能够极大地提高教师参与前沿学术研究的积极性，而且还能够为他们提供充足的研究经费支持。这使得教师在进行思政领域的前沿学术探索时，无需过度担忧经费方面的问题，能够全身心地投入研究工作，进而为推动思政教育的学术发展贡献更多有价值的成果。

2. 职业发展

除了给予教师必不可少的物质奖励之外，学校还理应在教师的职业发展方面赋予其相应的优先权。举例来讲，对于在学术研究领域取得出色成果的教师，应当将他们纳入到职称晋升的优先考虑范畴之中。这使得这些教师能够凭借自身优秀的研究成果，获得原本就应属于他们的职业发展机会，从而激发他们在学术研究方面持续投入热情和积极性。又或者，为这类教师提供领导岗位的优先推荐，让他们能够凭借自身扎实的学术功底和丰富的研究经验，在学校的管理层面发挥出更为显著和重要的作用，为学校的整体发展贡献更多的智慧和力量。这样的举措，不但能够显著增强教师内心的成就感和职业认同感，使他们更加全身心地投入工作当中，同时也十分有利于学校打造一支具备高素养、高水平的思政课教师队伍，为学校思政教育事业的蓬勃发展奠定坚实的人才基础。

3. 精神表彰

除了在物质和职业层面给予教师必要的激励措施之外，学校还务必建立起一套完善且健全的精神表彰制度，对教师所取得的学术研究成果给予公开的表扬和大力的宣传。例如，在学校的整个范围内精心组织并颁发像"优秀思政课教师"之类的荣誉称号。并且，要充分利用学校网站、校报等多样化的渠道，对这些荣誉称号的授予以及教师的学术研究成果进行广泛且深入的报道。通过这种方式，教师的学术贡献能够得到其理应享有的社会认可和赞誉。这样做，不仅能够极大地提升获得表彰教师内心的自豪感和满足感，使其更加坚定地在学术研究的道路上砥砺前行，而且还能够发挥出良好的示范和带动作用，吸引和激励更多的教师积极投身到学术研究工作当中来，形成一种积极向上、追求卓越的学术研究氛围，从而有力地推动学校思政课教学和研究水平的不断提升。

4. 科研休假

为了给教师创造更为有利的条件，使他们能够心无旁骛、全身心地投入具有重要意义的学术研究当中，学校应当为教师们提供一段具有一定期限的专项科研休假。例如，每隔一段固定的时间，学校可以给予教师 3～6 个月的科研休假。在这段休假期间，教师能够暂时摆脱平日里繁重的教学任务所带来的压力和束缚，从而能够集中精力、专心致志地投入前沿理论的探索以及相关的实践活动之中。

这样的安排不仅能够有效地激发教师的创新动力，使其在相对宽松和自由的环境中充分发挥自身的创造力和想象力，而且还能够促使教师在学术研究中获得更多的成果和突破，进而将这些最新的研究成果和前沿理论应用于思政课的教学实践中，最终达到提高思政课教学质量的目的，为培养具有良好思想政治素养的学生提供更为优质的教育资源和教学环境。

5. 组建研究团队

为了进一步提升学术研究的质量和水平，高校应当根据教师的具体研究兴趣和明确的研究方向，精心组建跨学科、跨院校的研究团队。通过这种方式，积极促进不同学科、不同院校之间的合作与交流，从而能够极大地提高研究的深度和广度。在实际操作过程中，要在合理的范围之内，适当减少参与前沿学术研究教师的教学工作量。这样一来，能够让这些教师拥有更多充足的时间和精力，全身心地投入复杂且具有挑战性的研究工作当中。

（三）加强指导与培训

1. 引入资深学者，邀请行业专家进行培训

为了有效提升教师的学术研究水平，学校应当定期邀请学术领域造诣深厚的资深学者来给教师开展培训。这些学者不仅在理论上有着深厚的功底，更在实际研究中积累了丰富的经验。他们的加入能够为教师带来新视角，提供最新的研究方法和动态。通过直接与这些资深学者交流，教师们可以深入了解当前学术研究的前沿趋势，掌握更高效的研究方法，进而提高自身的科研能力。

2. 贴近实际需求，量身定制学术培训计划

培训内容应根据教师的实际需求进行精心设计，确保其内容具有针对性和实用性。例如，针对理工科教师，可以特别设计关于实验设计、数据分析、论文写作等方面的培训。这些量身定制的培训能够帮助教师在日常教学和研究工作中更有效地应用学术研究方法，从而更好地实现科研与教学的结合。这种针对性的培训不仅可以提升教师的科研水平，也能激发他们的科研兴趣，推动他们积极参与学术研究。

3. 长期支持与跟踪，持续提升教师能力

培训不仅仅是一次性的活动，应该注重长期的跟踪与支持。学校可以通过定期组织学术交流会或研究成果分享会，鼓励教师在培训后不断应用学到的研究技巧，并与同事分享实践经验。同时，设置持续的学术指导机制，例如为教师提供一对一的学术导师，或组织研究小组，帮助教师在实际的科研过程中克服困难。这种长期的支持能够保证教师在培训结束后，继续保持对学术研究的热情和持续进步的动力。

4. 鼓励教师参与培训与研究，建立有效激励机制

为了确保教师能够积极参与培训和学术研究，学校应当建立有效的激励机制。例如，针对参与培训并在研究上取得显著进展的教师，可以给予职称晋升、科研经费支持以及教学工作量减免等具体奖励措施。通过这样的激励机制，不仅可以提高教师参与培训和学术研究的积极性，也能帮助他们将学到的研究技巧有效应用于教学和科研工作中，达到提升整体教学和科研水平的目的。

（四）促进产学研结合

1. 构建多元化合作平台，搭建产学研桥梁

促进产学研结合的首要任务是构建一个多元化、紧密合作的桥梁与平台。学校应积极与相关企业、政府部门以及科研机构建立长期、稳定的合作关系。通过这种合作平台，教师能够借助企业的资源优势和实际需求，找到研究中的现实应用场景。政府部门则提供政策和社会需求的方向指引，使得学校的研究成果能够与国家和地方发展目标相一致。通过定期的合作交流会、联合项目研究等方式，合作平台能够持续运转，帮助各方实现互利共赢。

2. 深入企业实践调研，提升教师的产业敏感度

教师应通过深入企业的实践调研，了解企业的实际运营模式、管理机制及所面临的现实问题。这种调研不仅能够为教师带来真实的行业一线体验，还能帮助他们更好地理解企业在技术、管理、市场等各方面的需求。调研的内容可以涵盖从生产工艺、技术创新到商业模式、市场拓展等多个层面，促使教师在学术研究过程中不断调整研究方向，使其更契合实际应用。通过这种方式，教师的研究不再只停留在理论层面，更能为产业的发

展提供实际可行的解决方案。

3. 定向合作项目，促进理论与实践相结合

为进一步促进产学研结合，学校可以推动教师参与定向的合作研究项目，这些项目应当根据企业和政府的实际需求量身定制。教师与企业、政府共同参与研究，能够将理论与实践紧密结合，形成具有实际应用价值的研究成果。例如，理工科教师可以通过参与企业的新技术开发项目或与政府合作进行政策研究，使得科研成果可以迅速转化为现实应用。这种合作不仅有助于提升教师的科研能力，还能推动技术创新和社会进步。

4. 政策引导前瞻性研究，提升研究的社会价值

通过与政府部门的合作，教师能够及时了解政策导向和社会发展的重点需求，使其研究更加具有前瞻性和社会价值。例如，了解政府在环保、科技创新、产业升级等方面的政策动向，教师可以将这些社会热点问题作为研究的切入点，从而在研究中体现出更强的社会责任感和实用价值。在这种政策引导下的研究不仅能够解决社会实际问题，也能进一步增强教师研究的社会影响力，推动他们在相关领域内取得更大的突破。

5. 打造创新人才培养机制，提升学生的实践能力

在促进产学研结合的过程中，不仅教师受益，学生同样可以得到实践机会和创新能力的提升。学校可以通过与企业和政府的合作，为学生提供更多的实习、项目实践以及创业机会。教师通过参与产学研结合的项目，可以将最新的研究成果和企业实际案例带入课堂教学中，使学生在理论学习的同时获得实际应用能力的培养。这种"双轮驱动"的人才培养模式，既能提升学生的就业竞争力，也能为社会输送更多创新型人才。

四、创新思政课教学方式，增强课堂吸引力

（一）利用现代化教学手段，应用多媒体与在线平台

1. 应用多媒体技术，呈现生动形象的课堂

多媒体技术是创新思政课教学的重要工具，能够有效地将枯燥的理论知识转化为生动的课堂内容。教师可以通过精心设计的 PPT 课件，结合图像、音频、视频等多媒体元素，使教学内容更加直观。例如，复杂的政治理论可以通过简洁的图表来展示，历史事件则可以通过纪录片或动画再现，

从而帮助学生更好地理解。图像化的内容不仅吸引学生的注意力，还能够帮助他们建立更深刻的知识联想，进而提升课堂的趣味性和教学效果。

2. 使用视频与动画，简化抽象理论

视频和动画在教学中的使用能够帮助简化复杂的理论概念，将抽象的思政内容转化为更易于理解的视觉信息。例如，对于历史事件或政治体制的讲解，教师可以通过动画短片或者影片中的片段让学生看到具体的情景，这种动态的视觉效果能够在短时间内加深学生对概念的理解。教师还可以结合视频中的典型案例，展开进一步的讨论或分析，增强学生对抽象理论的认知。这种方式不仅能增加学生的兴趣，还能让他们更直观地感受到理论与现实的联系。

3. 在线教育平台互动功能，拓展课堂空间

在线教育平台为教师提供了一个与学生互动的新渠道，使课堂不再局限于实体教室。教师可以通过这些平台设计丰富的线上活动，如实时问答、讨论区互动、线上投票等，增强学生的参与感。线上讨论和互动可以打破时间和空间的限制，使得学生能够在课后继续与教师和同学进行交流，巩固课堂所学内容。教师也可以通过这些平台布置课后测验、作业，利用自动批改功能及时反馈学生的学习成果。这种线上线下结合的教学方式，不仅延展了课堂的空间，还帮助学生在学习过程中更主动地掌握知识。

4. 共享与管理在线资源，实现个性化学习

在线教育平台还为教师提供了资源共享的便利。教师可以上传课件、教学视频、参考文献等材料，方便学生随时随地查阅和学习。同时，平台的管理功能还可以帮助教师根据学生的不同学习进度和需求，进行个性化的资源推送，满足学生的多样化学习需求。例如，教师可以根据学生的学习表现推荐不同难度的扩展阅读，帮助他们在课后进一步提升知识深度。这种资源共享与个性化学习的结合，使学生能够根据自己的兴趣和学习进度，自主掌握学习节奏。

5. 创新线上教学活动，体验丰富多元的学习

通过在线平台，教师还可以设计出更多元化的教学活动，以丰富学生的学习体验。除了传统的课件和作业，教师还可以组织线上知识竞赛、思政热点讨论、案例分析等活动，让学生通过参与线上活动，巩固思政知识。

同时，教师可以借助在线平台的论坛功能，创建开放的讨论社区，鼓励学生发表观点并相互交流。这些活动不仅能增加学生的学习趣味性，也能培养他们的自主思考和团队合作能力，进而增强了思政课的课堂吸引力。

（二）增强课堂互动性，发挥学生的主体作用

1. 设计丰富的课堂活动，激发学生参与热情

为了增强课堂的互动性，教师应设计多样化的课堂活动，激发学生的参与热情。小组讨论、辩论赛、角色扮演等活动都是有效的互动形式。例如，教师可以围绕某个时事热点或社会现象组织小组讨论，让学生在课前进行资料搜集，在课堂上相互交流观点。通过辩论赛的形式，学生不仅要阐述自己的观点，还要进行反驳和逻辑论证，这些形式能培养他们的批判性思维。角色扮演则可以让学生通过角色扮演亲身体验历史或现实中的决策场景，感受不同立场和观点带来的思考过程。这些活动有助于学生更加深入地理解知识，也提升了课堂的活跃度和趣味性。

2. 促进学生自主学习，实现从被动到主动的转变

互动式教学能够有效推动学生从被动接受知识转变为主动探索和构建知识。在传统的教学模式中，学生往往处于相对被动的学习角色，需要更多地依赖教师的引导和启发。而通过增加课堂互动，学生在表达观点、讨论问题的过程中，不仅要应用课堂所学，还要主动去查阅资料、思考问题的不同角度，培养他们的独立思考和自主学习能力。例如，教师可以鼓励学生在课前对某一课题进行自主调研或预习，在课堂上与同学分享自己的见解。这种方式不仅可以增强学生的主动性，还能让他们对知识的掌握更加深刻。

3. 培养批判性思维，碰撞多角度的思维

通过课堂互动，特别是小组讨论和辩论等形式，教师可以引导学生从多个角度思考问题，培养他们的批判性思维。例如，在讨论某个社会热点问题时，教师可以要求学生从不同立场出发，分析问题的不同方面，并提出各自的解决方案。在辩论赛中，学生不仅要支持自己的观点，还要应对对方的反驳，这种思维碰撞有助于他们看到问题的复杂性，培养他们的多维思考能力和论证能力。这种批判性思维的培养不仅有助于提升学生的学术素养，也对他们未来的社会参与具有重要意义。

4. 引导深度讨论，有效组织课堂讨论

有效的互动不仅需要设计精彩的活动环节，还需要教师在课堂上有技巧地引导和组织讨论。教师可以通过提问或设置具体的讨论主题，帮助学生更有针对性地展开思考。例如，在讨论某一政治制度的优缺点时，教师可以从历史背景、经济影响、文化因素等多个方面设立讨论议题，确保讨论深入且有广度。同时，教师在讨论过程中要适时介入，引导学生深入挖掘问题的本质，而非停留在表面。这种引导能够帮助学生在互动中更加深刻地理解理论知识，从而提升思维的深度和逻辑性。

5. 构建合作学习氛围，促进团队协作与互助学习

课堂互动还可以通过合作学习的形式来实现，教师可以通过设计团队合作任务来培养学生的团队精神和合作能力。比如，可以安排小组作业，要求学生共同完成一份报告或进行一次课堂展示。团队合作任务不仅能够增强学生之间的交流与合作，还可以培养他们的责任感和组织能力。通过这种合作式学习，学生在团队中互相帮助、取长补短，不仅能够更好地掌握知识，还能提升他们在团队中协作解决问题的能力，这种能力在他们未来的工作和生活中都至关重要。

6. 激发学生的参与感与投入度，延展课堂互动

互动式教学不仅能够在课堂上产生良好的效果，还可以延展到课外。教师可以通过线上论坛、讨论区等形式，将课堂上的讨论延续到课后，让学生在课后继续深入探讨问题。例如，教师可以为每个班级创建一个在线讨论平台，学生可以在平台上分享自己的观点，回应同学的看法，并且教师也可以在课后继续引导讨论。这样不仅能够让课堂互动更加持久，还能让学生在课后的思考中继续巩固知识，进一步提升他们的课堂投入度和学习效果。

（三）紧跟时代发展，创新与更新教学内容

1. 关注社会热点话题

思政课教学内容应该紧跟当前社会的热点问题，引导学生关注国家大事、社会热点，分析其背后的社会矛盾和思想价值。比如，可以结合乡村振兴、科技创新等热点话题，让学生了解国家重大政策，思考个人在社会发展中的责任担当。这样不仅能增强学生的社会责任感，也能培养他们的

批判性思维。

2. 融入现实生活问题

除了宏观的社会热点，思政课教学内容也要贴近学生的日常生活，关注他们所面临的现实问题。教师可以引导学生从自身出发，分析诸如就业创业、生态环保、道德修养等方面的现实困惑，并以马克思主义理论为指导，帮助学生找到解决问题的路径。这种以学生为中心的教学方式，不仅能提高课堂的吸引力，也能增强学生的获得感。

3. 结合政策解读阐释

随着国家各项改革政策的不断出台，思政课教学内容也要及时跟进，对政策变化进行深入解读。教师可以邀请相关专家学者进行讲解，帮助学生理解改革的目标和意义，并从理论视角分析其对个人发展、社会进步的影响。这不仅能增进学生对国家政策的认同，也有助于他们从宏观角度把握社会变革的脉络。

4. 丰富教学形式载体

为了确保教学内容的贴近性和吸引力，教师还要不断创新教学形式，利用时下流行的视频、动漫、游戏等载体，生动呈现教学内容，激发学生的主动参与。同时，也可以采取讨论式、实践操作等互动教学方式，让学生在参与中深化对理论知识的理解和认同。

第三节　拓展和优化实践育人平台

在思想政治教育中，实践育人是提高教育成效的关键。高校应积极拓展和优化实践育人平台，为学生搭建更加丰富多彩的实践载体，帮助他们将所学理论知识与现实生活紧密结合，培养其创新实践能力，增强其社会责任感。

一、完善校内实践平台建设

在现代高等教育体系中，校内实践平台的建设已经成为培养全面发展的学生的不可或缺的重要环节。学生社团活动作为校内实践平台的重要组成部分，为学生提供了丰富的自主实践机会，有助于培养学生的组织管理、团队协作以及创新能力。然而，随着社会对高素质综合人才的需求日益增加，现有的学生社团活动在内容和形式上仍需进一步完善和丰富。如何通过更有效的校内实践平台建设，帮助学生在学术知识之外，锻炼实践能力和社会责任感，已成为高校教育改革的重要议题。

（一）完善学生社团活动，提升学生的实践技能

1. 增强社团活动的多样性和创新性

增加不同主题和领域的社团活动，涵盖艺术、体育、科技、公益等多方面。比如，可以引入更多跨学科的活动形式，如"科技与艺术融合"的创意活动，以激发学生的兴趣。学校可以定期举办社团活动创意大赛，鼓励学生自主设计并组织具有创新性的活动项目。还可以引入校外专家或导师指导学生完成相关活动。

2. 优化社团管理模式，增强学生自主性

高校要不断优化社团的组织架构和活动规划，为学生创造更多、更优质的自主实践机会。引入民主选举制度，使学生在社团中的管理和决策更具参与感和责任感。学生可以通过公开竞选获得管理职位，从而增强活动参与的透明度和公平性。同时，简化社团的审批流程，降低学生自主组织社团活动的门槛。学校可以设立专门的社团管理部门，负责定期评估社团活动的质量和效果，根据学生的需求和反馈，为社团提供必要的资源和支持，如活动经费、场地设备等。此外，学校还可以举办社团之间的交流分享会，促进各社团之间的经验共享和合作。

3. 加强校内外资源整合，推动社团与企业或社区的合作

高校可通过校企合作、校地合作等形式，将学生社团活动与实际需求相结合。通过合作企业或社区的支持，增加学生在真实环境中的实践机会。学校可以成立专门的校企合作办公室，负责联络校外资源，并定期举办社团与企业对接的论坛和活动。例如，技术类社团可以与科技企业合作，共同完成项目研究或技术开发；公益类社团可以与社区组织合作，开展社会服务活动。

4. 提供更多的实践和指导机会，提升学生的实践技能

高校可引入导师制，邀请行业专家和教师担任社团导师，为学生提供个性化的指导。同时，为社团活动设置实践课程，从而实现理论与实践的结合。学校可以设立社团导师制度，让每个社团由一名或多名导师进行指导，以帮助学生提高活动策划、执行和总结的能力。同时，设立实践学分制度，将社团活动与学生的学术成果挂钩，激励学生更积极地参与社团活动。此外，在校内建设具有特色的实践教育场所，例如创新实验室、校园创业园等，方便学生在校园内接触到更多实践机会。

（二）推动志愿服务项目，鼓励学生参与公益实践以培养责任意识

1. 持续推动志愿服务项目建设

（1）与社区、慈善机构等合作，开拓针对性和实效性的志愿服务项目。建立定期沟通机制，包括每月合作会议，与社区、慈善机构探讨服务需求和项目方向。进行深入需求调研，了解服务对象的实际需求，为项目设计提供依据。设立项目策划小组，由不同领域的专业人士组成，结合调研来策划志愿服务项目。签订明确的合作协议，包括目标、计划、资源分配等内容，确保合作顺利。建立项目试点机制，先小范围试点，根据情况调整后推广。加强资源整合，充分利用各方资源来支持志愿服务项目。

（2）开发多样化的志愿服务岗位，如环保宣传、关爱孤寡老人、社区教育等。进行岗位需求分析，确定不同领域的岗位类型和数量。制定岗位说明书，明确职责、工作时间、所需技能，为志愿者提供指导。开展志愿者培训，提升志愿者的服务能力。建立激励机制，奖励表现优秀的志愿者，从而激发他们的积极性。加强宣传推广，吸引更多志愿者。与专业机构合作，提高服务质量。定期评估、调整岗位设置，确保岗位的有效性和适应性。

2. 广泛鼓励学生参与社会公益实践

（1）积极引导学生参与到社会公益实践中。向学生讲解公益实践知识，引导他们积极参与。加强与社区、慈善机构的合作，拓展公益领域，以吸引更多大学生。设立公益奖学金，奖励优秀参与者。建立志愿者服务档案，记录学生参与情况，并以此作为评价依据。

（2）让学生亲身感受社会需求，并进而认识到自身的价值。组织学生深入社区、农村等地进行调研，使他们了解居民需求，关注社会问题。安

排学生参与公益项目，使其发挥专业知识来解决问题，从而在这个过程中认识到自身价值。建立社会实践基地，提供实践机会。组织分享会，促进学生交流。鼓励学生结合专业学习进行实践，深化理解，提高技能水平。

3. 建立完善的志愿服务激励机制

（1）设立志愿服务奖学金、给予荣誉证书。建立志愿服务奖学金制度，奖励表现优秀的学生；设立荣誉证书颁发机制，表彰志愿服务成就；与企业、社会组织合作，设立更多奖励；通过多种渠道宣传，激励更多学生积极参与志愿服务。

（2）将志愿服务经历纳入综合素质评价。制定明确的综合素质评价标准，将志愿服务作为重要内容，明确权重和评价标准；建立志愿服务记录和认证机制，确保真实性；加强与学校部门合作，将志愿服务纳入综合评价体系；建立反馈调整机制，定期评估并完善激励机制，确保其有效性。

4. 营造浓厚的志愿服务氛围

（1）在校园内定期举办志愿服务宣传周。如"关爱他人，奉献社会"的主题活动；组织多样宣传活动，包括讲座、展览、演出；邀请志愿者分享经验，激发学生的参与热情；开展实践活动和社区服务；将宣传周作为学校的常规活动，并建立长效机制，以持续营造志愿服务的热烈氛围。

（2）通过讲座、展览等形式，宣传志愿服务的意义和价值。邀请专家学者举办讲座，介绍志愿服务的历史及未来发展；举办展览以展示志愿者成果；利用校园媒体宣传志愿服务的意义；组织志愿服务主题班会以激发学生的参与热情；建立长效宣传机制，持续营造浓厚的志愿服务氛围。

（三）深化校园文化建设，组织专题活动以培养学生实践与创新精神

校园文化建设是培养学生全面发展的重要载体。学校应该不断丰富校园文化，积极组织具有启发性和挑战性的专题教育活动以及社会调研实践，引导学生主动思考、探索，培养他们的实践创新精神。通过多样化的教育实践活动，不断增强学生的理论素养、创新意识和社会责任感，助力他们成长为德才兼备的高素质人才。

1. 制订校园文化建设计划

（1）明确专题教育活动和社会调研的主题和目标。进行校园文化建设需求调研，了解师生期望；与学校发展战略结合，突出特色；广泛征求意见，确保代表性；定期评估调整，优化活动目标。

（2）确保校园文化建设的系统性和持续性。制订校园文化建设规划，确保其系统性和持续性；成立领导小组，负责规划指导；加强资金保障，设立专项资金；建立评估机制，定期评估并改进；加强宣传推广，通过多渠道传播成果，营造良好氛围。

2. 邀请专家学者开展讲座培训

（1）提升学生的理论水平和思维能力。邀请知名专家学者开展讲座、培训，提供学术指导；确定针对性主题，包括学术前沿、研究方法；组织互动交流，激发学生参与；提供学习资源，如资料和参考文献；建立反馈机制，改进培训内容和方式。

（2）拓展学生的知识视野和专业视角。邀请跨学科专家学者开展讲座、培训，拓宽学生知识视野；组织学术交流活动，提升学生学术水平；提供实践机会，理论与实践结合；建立学术导师制度，指导学生学习与研究，提高学生竞争力。

3. 支持学生开展社会调研实践

为学生的社会调研提供指导教师和经费支持。加强组织领导，建立责任落实机制，积极支持大学生社会实践；各级团组织将实践工作纳入议事日程，加强指导，推动实践工作；为学生配备经验丰富的指导教师；设立专项经费支持社会调研；建立经费管理制度，确保经费使用合理、透明。

4. 建立学生实践成果展示平台

（1）搭建校内展览、网站专栏等平台。建立"学生实践成果管理与展示平台"，汇集学生实践成果；定期举办学生实践成果展览；在校网站设立专栏展示学生成果；利用多媒体技术展示学生优秀成果，如图片、视频、动画。

（2）宣传和推广优秀的实践成果。建立激励机制，奖励优异成绩；提供培训指导，提升学生的学术水平；加强宣传推广，激发学生的参与积极性；组织学生参加竞赛和展示活动，展示学术成果和实践能力。

5. 培养学生的实践创新精神

引导学生进行探索性实践，培养他们的创新意识；设立大学生创新项目、成立创新社团，组织科技竞赛，并提供支持和指导；推行"一院一品牌"竞赛，以培养学生的创新能力；在实践教育中要注重培养学生的创造力，引导学生个性化发展。可以设立创新创业孵化园、创新实验室等项目，定期开展创新、创业训练营、创业比赛等活动，鼓励学生在实践中培育创业意识和创新能力。

二、拓展校外实践基地资源

实践教育是高校思政课程教学的重要组成部分，对于培养学生的社会责任感和实践创新能力具有重要意义。为此，学校应当大力拓展校外实践基地资源，积极开展校外合作，建立稳定的实践基地，为学生提供更丰富的实践机会，增强思政教育的实效性。

（一）加强与政府部门、企事业单位等社会各界的合作，建立稳定的校外实践基地

1. 加强与政府部门的合作

（1）深化与地方政府部门的合作，推动实践教育政策支持。与地方政府部门建立长期稳定的合作关系，能够为校外实践基地建设提供政策支持和资源保障。学校可以通过签署合作协议，与教育、文化、环保、农业等部门合作，在政策框架内设立学生实践基地。例如，参与社区治理、乡村振兴和环境保护等项目，学生不仅可以将理论知识应用于实际，还能通过政府主导的实践项目提升社会责任感和公民意识。学校还应积极参与政府倡导的公共服务活动，为实践教育提供更多机会。

（2）联合政府机关设计特色实践项目，提升学生实践体验。高校通过联合政府机关设计具有地方特色和满足时代需求的实践项目，可以提升学生的实践质量与成效。例如，与当地民政部门合作，参与养老服务体系建设，让学生在实践中了解社会保障政策的实施；与城市规划部门合作，参与城乡发展调研或公益性工程项目，让学生切身体会公共管理与区域发展的重要性。这些特色实践项目的实施，不仅有助于培养学生的综合能力，还能进一步深化高校与政府部门的合作关系，为实践基地的长期稳定运行奠定基础。

2. 深化与企事业单位的合作

（1）与行业领先的企事业单位建立稳定合作关系。建立长期战略合作，设立联合培养项目，定期举办校企对接会，推动企业参与课程设计，设立企业奖学金。

（2）学生在企业进行实习实践，感受职业环境。建立实习安排机制，提供多样化的实习岗位选择，设置企业导师制，模拟真实项目操作，建立成果评估与反馈机制，帮助学生体验企业文化和培养职业精神。

3. 拓宽与社会组织的合作

（1）要与公益机构、社区团体等场域进行合作，为学生提供多元化的社会实践机会。学校应建立多元合作网络，包括公益机构、社区团体，涵盖环保、扶贫、教育等领域，为学生提供多样社会实践机会。引入"服务学习"课程模式，将实践与学术结合。定期组织社会实践活动，如社区服务和义工活动，培养学生的责任感和奉献精神。

（2）为学生提供服务社会的志愿岗位。建立志愿服务信息平台，发布各类社会服务岗位信息，与公益机构、社区团体及政府部门进行合作，从而及时更新志愿服务岗位的需求。成立校园志愿者组织，协调学生参与社会服务，安排适合的机会并进行培训与管理。提供志愿者培训，包括基本理念、服务技巧等方面，邀请经验丰富者分享经验。提供长短期志愿服务岗位，包括长期的社区公益项目与短期活动，以满足学生需求并为之提供多样化经验。

4. 建立健全的校外实践基地管理机制

（1）明确各方的权责，确保合作的长期有效。建立健全的组织管理体系，实践基地由校企双方主要领导负责，以人才培养为目标，探索可持续发展的管理模式和规章制度。改革校外实践教育模式，探索多样化教育方式如实习、实训、毕业设计，以满足不同学生的实践需求。

（2）定期评估反馈，持续优化实践基地建设。建立健全的评估反馈机制，定期评估实践基地建设和运行情况，发现并解决问题。加强对实践基地的指导和管理，定期检查、指导实践基地的运行，及时解决问题。

5. 为实践基地建设提供支持保障

（1）给予必要的经费和政策支持。为促进校外实践基地建设和规范管理，教务处负责全校校外实践基地的统筹规划，各教学单位负责基地的建设、实践教学内容安排、计划、总结，并要做好日常管理工作，拍摄保存实践基地的状况及师生活动的照片等资料，并记录实践基地的基本情况和教学活动。学校组织开展示范性实践教学基地的遴选，对于评选出的示范性实践教学基地将立项予以建设并给予经费、政策等方面的支持。要加强实习基地质量建设，充分发挥国家级工程实践教育中心等高水平实习基地的示范引领作用，以国家级、省级一流专业建设带动一流实习基地建设。

（2）为基地建设招聘优秀指导教师。通过联合课程开发的形式强化校企合作。通过定制化的实习计划以及导师制的形式开展个性化人才培养。

（二）为学生提供与专业发展相关的实习岗位，帮助其在工作中运用所学知识和技能

1. 建立实习岗位信息库

（1）及时更新和发布实习岗位信息。建设实习信息平台，给予学生浏览实习机会的便利，包括分类搜索功能和简化申请流程。建立校企合作信息共享机制，确保实习信息更新及时且可靠。设立实习信息发布团队，负责审核、整理、发布岗位信息。利用社交媒体和校园公告发布实习信息，提高信息覆盖率。定期更新岗位推荐与推送，根据学生个性化需求定期推荐合适的岗位，保证信息有效且及时。

（2）为学生提供与专业紧密相关的实习机会。高校要与各专业领域的企业建立实习合作，从而为学生提供与专业相关的实习岗位。建立定制化的实习推荐机制，根据学生专业背景推荐合适岗位。设立专业对口的实习指导，以更好地服务于学生的实习需要。推广校内外产学合作项目，给学生提供结合专业学习进行企业实践的实习机会。加强与行业协会的联系，帮助学生获取专业实习机会和行业动态。

2. 与合作单位共同制定实习考核标准和评价体系

（1）对学生的实习表现进行客观公正的评价。学校与合作单位共同制定实习考核标准和评价体系，明确考核内容、考核方式和考核标准，确保考核的客观性和公正性。加强对实习学生的指导和管理，及时了解实习学生的实习情况，帮助实习学生解决实习中遇到的问题，提高实习学生的实习效果。加强对实习考核工作的监督和检查，确保实习考核工作的公正、公平、公开。

（2）确保实习质量，提升实习效果。学校加强对实习单位的管理和监督，确保其实力和信誉。同时，实习单位应能为实习学生提供良好的实习环境和条件。

3. 为学生提供实习前的培训和指导

（1）培训和指导职场礼仪、沟通技巧等方面的内容。安排职场礼仪培训，涵盖着装、时间管理、会议规范等方面，确保学生在实习过程中展现出专业形象。组织沟通技巧培训，提升学生的表达能力，通过模拟会议等方式加强学生的交流技能。提供跨文化沟通培训，帮助学生适应多元的文化环境。开展职场问题处理与压力管理培训，给学生传授解决团队冲突、缓解时间压力、接受反馈等技巧，增强他们的职场适应能力。

（2）帮助学生做好实习前的准备工作。帮助学生分析实习岗位需求，包括专业技能、工作内容和业务流程，为每位学生制订个性化实习规划，明确实习重点和目标，促进理论与实践结合。通过指导，学生可确定提升领域和工作方向。根据岗位需求，安排专项技能培训，如财务软件操作或编程设计课程，以帮助学生更好地适应工作岗位。

4. 安排专门的实习导师进行跟踪指导

（1）帮助学生解决在工作中遇到的实际问题。导师定期与学生举行面对面或线上讨论会，学生可提出工作问题。导师通过相关建议帮助学生分析和解决问题，讨论重点包括任务完成、团队合作、工作压力等方面。建立即时反馈机制，学生可随时向导师求助，确保相关问题能得到及时解决。导师提供个性化解决方案，如对经验较少学生详细指导工作流程，对有经验学生则提供高级建议，帮助其提升专业水平。

（2）引导学生将所学知识和技能进行灵活运用。导师定期帮助学生梳理实习任务与理论知识之间的关系，通过案例分析展示理论在实践中的应用。例如，导师引导学生将市场调研方法应用于市场分析项目中。设定实践任务后，与学生回顾知识的应用情况，如数据分析中的统计方法。导师提供真实案例，引导学生灵活运用知识，设计情景模拟让学生在不同场景下使用理论工具，帮助他们调整知识和技能的运用方式。

5. 鼓励学生积极参与实习单位的实际项目和业务活动

（1）通过亲身实践，不断提升专业能力和综合素质。学校组织社区服务、实地考察、实验研究等实践活动，与企业、社会组织合作开展实践项目。教育者将实践教育融入教学计划，设计实践型课程，培养学生解决问题和应用知识的能力。通过实际操作，学生深入理解知识。面对学生在实践中遇到的困难，教育者应支持和鼓励学生坚持。

（2）增强学生运用知识解决实际问题的能力。加强对实习学生的指导和管理，及时了解实习学生的实习情况，帮助实习学生解决实习中遇到的问题，提高实习学生的实习效果。加强对实习效果的评估和反馈，及时了解实习学生的实习效果和实习单位的反馈意见，为改进实习工作提供依据。

（三）邀请企业专家、政府官员等人员走进校园，为学生提供实践指导和就业指导

1. 制定邀请嘉宾的计划和标准

（1）确保邀请到具有丰富经验和较高影响力的专家和官员。设立明确邀请标准，该标准要考虑到嘉宾的资历、专业背景、职务级别和影响力。优先选取具有 10 年以上行业经验、在知名机构任职、有公开演讲经验的专家。建立且维护包括企业高管、政府官员、行业顾问和学者在内的专家数据库，定期更新信息。与各行业协会、商会合作，通过引荐来联系相关领域的专家，如金融领域专家可通过银行业或证券业协会推荐。扩展专家网络，确保邀请资源多元且权威。

（2）满足学生对实践和就业指导的需求。在确定邀请嘉宾前，学校可进行学生的需求调研，了解他们在实习、职业规划、行业趋势等方面的问题和兴趣。根据问卷和座谈会结果，筛选符合需求的嘉宾，如科技企业研发专家或政策决策官员。提前传达学生需求清单，鼓励嘉宾围绕实践问题设计内容。活动注重互动，包括提问环节、分组讨论，让学生直接交流，深入了解嘉宾经验，从中获取就业建议。确保嘉宾的专业领域与学生的需求相契合，从而为学生提供实用指导。

2. 组织多种形式的指导活动

（1）举办专题讲座。根据学生专业背景和兴趣策划专题讲座，讲座应包括行业趋势、创业、职业规划、软技能等主题。选择匹配主题的企业专家或政府官员作为嘉宾，提前沟通讲座重点，确保内容贴近学生需求。讲座要结合嘉宾经历和案例进行分析，为学生提供关于相关专题的深入见解。运用多媒体工具增强可视化效果，设计互动环节促进学生参与，提升讲座的吸引力和学生的理解度。

（2）召开座谈会。组织规模较小、互动性强的座谈会，使学生与嘉宾能够有更多的直接交流机会。座谈会可以采用圆桌讨论的形式，确保每个学生都有机会参与对话。通过这种形式，学生能够更深入地了解嘉宾的经验，并提出个性化的问题。座谈会应围绕学生关注的实际问题展开，如行业挑战、职业选择、岗位技能等。主持人应提前准备引导性问题，确保讨论围绕主题进行，防止话题过于发散。主持人也可以根据学生的兴趣动态调整话题，以保持讨论的活跃性和相关性。提前通知学生座谈会的主题和嘉宾背景，鼓励他们提前准备相关问题。通过这种方式，学生能够在座谈会中更积极地参与讨论，并从中获得针对性的指导。座谈会结束后，学校应组织学生分组讨论，分享他们的收获与感想，并总结嘉宾提供的关键建议。学生可以通过分享和讨论进一步加深理解，并将讨论成果反馈给主办方或嘉宾，形成一个学习与互动的闭环。

（3）设立工作坊。工作坊的主题侧重于技能培训和实际操作，如项目管理、数据分析、简历撰写、面试技巧、创业项目策划等方面。通过明确实践目标，学生能够通过工作坊提升特定的职场技能。工作坊组织学生进行小组合作，通过分配实际任务或项目，模拟真实的职场场景。每个小组可以负责不同的任务，如市场调研、产品设计、财务分析等，学生在合作中不仅可以锻炼技能，还能提升团队合作和沟通能力。邀请行业专家或校内导师在工作坊中进行实时指导，帮助学生解决任务中的问题。在任务完成后，导师应提供详细的反馈与改进建议，确保学生从中学到实际操作的技巧与应对策略。

3. 邀请嘉宾分享实践经验和行业信息

（1）分享自身的职业发展心得。提前确定嘉宾分享职业发展心得的具体方向和期望达成的目标，例如激励学生的职业规划意识、提供职业发展策略等。通过行业协会、校友网络、企业合作伙伴等渠道，寻找在相关领域取得显著成就且有丰富职业发展经历的人士。在邀请函中，详细说明活动的背景、目的、时间、地点，以及对嘉宾分享职业发展心得的具体期望和重点关注内容。为嘉宾提供必要的资料收集协助、演示设备准备等帮助，确保他们能够顺畅地进行分享。在邀请后，与嘉宾进一步沟通分享的框架、时间安排、可能的互动环节等细节，让嘉宾能够有的放矢地准备。

（2）传授行业前沿知识和就业形势。通过行业报告、专业研究、新闻资讯等途径，明确当前行业的热点领域和关键发展趋势，以便精准邀请相关嘉宾。积极与行业内的专家、企业高管、资深从业者建立联系，从中筛选出能够清晰阐述行业前沿知识和就业形势的合适嘉宾。与嘉宾共同规划分享内容，确保涵盖行业最新技术应用、市场需求变化、就业岗位趋势等关键信息。在分享过程中安排提问、小组讨论等互动环节，让学生能够与嘉宾深入交流，解答疑惑。

4. 收集学生的问题和需求，提供针对性指导

（1）事先了解学生关心的问题。通过设计问卷，收集学生关心的问题和需求，以便更好地了解学生的情况。组织学生代表召开座谈会，听取学生的意见和建议，了解学生的问题和需求。坚持问题导向，把倾听师生建议需求作为办实事的"第一步"。通过召开座谈会、问卷调查、走访调研等多种形式，广泛了解学生的需求和问题。同时，也积极倾听学生的意见和建议。

（2）根据学生需求进行指导和咨询。通过学情分析，了解学生的学习需求、认知规律与学习兴趣，着眼于辅助、激发、促进学生的学习。根据学生的需求和特点，提供个性化的学习支持，包括学习计划、学习方法、学习资源等。通过建立有效的沟通渠道，及时了解学生的需求和问题，为学生提供及时的指导和咨询服务。

5. 建立反馈机制，持续改进指导质量

（1）收集学生对活动的评价和建议。在每次活动结束后，使用线上平台（如 Google Forms、问卷星等）向学生发送匿名问卷调查，以便学生可以自由表达他们的真实想法。在活动现场或活动结束后，提供即时反馈表让学生填写，获取他们的第一手感受。选取部分有代表性的学生，组织深度访谈或焦点小组讨论，详细了解他们对活动的看法。建立一个长期开放的意见提交渠道，例如学校的线上学习平台或电子邮件，让学生可以在任何时间提交他们对指导活动的意见和建议。学校可以定期召开内部会议，分析收集到的反馈数据，评估学生的满意度和活动效果。

（2）不断优化指导内容和形式。根据学生的反馈和建议，对未来的指

导活动进行内容上的调整。根据学生的学习偏好和需求，提供多样化的指导形式。通过反馈数据分析，学校可以得出哪些形式（如讲座、座谈会、工作坊）更受欢迎或效果更好。根据学生的课业压力和作息时间安排，适当调整指导活动的时间和模式。为了增强学生的参与度，学校可以引入更多的互动环节和参与机制。

6. 建立长期的指导机制

（1）线上线下相结合的持续指导模式。利用互联网技术，搭建线上指导平台，为学生提供在线咨询、指导和培训服务。定期组织线下指导活动，邀请专家、学者和企业人士为学生提供面对面的指导和培训服务。组建一支由专家、学者和企业人士组成的指导教师团队，为学生提供长期的指导和培训服务。

（2）助力学生的职业规划和发展。通过开展职业生涯规划教育，帮助学生了解自己的兴趣、能力倾向、个性特点与生涯发展的关系，合理规划升学与就业目标。为学生提供职业发展咨询服务，帮助学生了解专业信息与社会职业需求，让他们掌握求职技巧和职业发展策略。与企业合作建立实习就业基地，为学生提供实习和就业机会，帮助学生积累工作经验和职业技能。

（四）完善实践育人的保障机制

1. 健全实践育人的管理制度，为学生参与实践活动提供保障和支持

（1）成立实践育人管理委员会。设立实践育人专项经费，鼓励教师深入开展实践育人的研究和改革，加快实践育人内容和相关教材的更新步伐，提高综合性、设计性实验的比例，建立适应学生能力培养的新型、多元化实践考核方法，推进学生自主学习、合作学习和研究性学习。成立实践育人工作指导委员会，把实践育人工作纳入重要议事日程和年度工作计划，统筹安排，抓好落实。推动校内外各方面力量参与到高校实践育人工作中来，根据不同类型的实践育人形式，制定具体的工作规划、部署，深入推动高校实践育人工作向系统化、规范化、科学化迈进。

（2）提供学生实践活动咨询服务。设立学生实践活动咨询服务中心，为学生提供实践活动咨询服务，解答学生在实践过程中的疑问和困惑。组织开展社会实践活动，让学生在实践中学习和掌握新知识、新技能。例如，

环境类专业可以开展环保项目，设计类专业可以组织文化创意活动。整合实践资源，搭建实践平台。辅导员作为实践活动的策划人，应当利用校内资源，拓展校外资源，为学生提供更多的实践机会。

（3）构建健全的管理制度。健全实践教学规章制度，完善实验室与实践教学基地管理、实践教学队伍管理与考核以及实践教学质量评价等管理制度；采取有力措施，落实好实践教学目标任务设置、过程管理、考核评价等环节；完善实践教学考核评定办法，帮助学生转变学习方式，让他们形成良好的学习习惯。建立健全学生实践活动系列管理制度，规范活动组织工作流程，明确应急管理要求，研究制定社会资源准入条件和考评制度。进一步完善实践育人评价体系，明确评价标准、评价方式、评价主体及结果应用等方面的政策要求。

（4）设立专门的实践指导教师岗位。选派经验丰富、综合素质好、责任心强、安全防范意识高的实习指导教师和专门人员全程指导、共同管理学生实习。要加强实习前培训，使学生、实习指导教师和专门人员熟悉各实习阶段的任务和要求。职业学校安排的实习指导教师和实习单位指定的专人应负责学生实习期间的业务指导和日常巡视工作，定期检查并向职业学校和实习单位报告学生实习情况，及时处理实习中出现的有关问题，并做好记录。

（5）提供实践资源和条件。加强实践教学条件建设，区分不同阶段、不同类型的要求，明确具体的培养目标，不断创新实践育人教学体系，为学生提供优质的实践教学环境，激发学生的实践兴趣，培养他们的实践素质，使他们锻造扎实的专业实践能力和综合实践能力。对实践教学活动中不按实践教学计划执行的院部和个人要实行严格的考核；对在实践教学活动中具有开拓、创新精神的院系和个人要有一定的奖励；对在实践教学工作中表现突出的实践指导教师、实践教学管理人员要给予适应奖励。加强对实践教学的研究和总结，通过对实践教学案例的梳理和分析，不断完善实践教学条件，提高实践教学质量。

2. 建立学生实践表现的评价和激励机制，激发其参与实践的主动性和责任心

高校应当建立科学合理的关于学生实践表现的评价体系，综合考量学生在实践活动中的参与度、实践成果、团队合作等多个方面的表现。制定

详细的评价指标和权重，确保评价的科学性和公正性。教师通过定性与定量相结合的评价方法，对学生的实践表现进行客观、准确的评价。在此基础上，采取丰富多样的激励措施，如奖学金、荣誉称号、优先推荐就业等手段，以激发学生参与实践活动的主动性和积极性。同时，对于在实践中表现突出的学生，学校应给予公开表彰和宣传，从而发挥学生榜样的示范引领作用，营造良好的实践氛围。同时，组织开展优秀实践成果的展示活动，为学生提供自我展示的平台。学校也应建立激励措施的公示和监督机制，确保评价体系得以公平公正地实施。

3. 加强对教师参与实践育人工作的支持，为其提供足够的工作时间和经费保障

加强对教师参与实践育人工作的支持是提升德育效果的重要保障。一方面，学校应为教师合理分配工作任务，使其有充足的时间用于设计、组织和指导实践育人活动，以避免日常教学任务对教师实践育人工作的干扰。另一方面，学校必须在经费上给予教师充分的保障，通过设立专项资金，为教师开展实践活动提供必要的物质支持，如购置教学材料、组织校外实践以及开展专业培训等方面的支持。同时，学校应建立激励机制，将教师参与实践育人工作的成果纳入其绩效评价体系，以增强教师的积极性和成就感，从而确保实践育人工作的顺利推进和持续发展。

第四节　增加思政工作经费投入与优化资源配置

为保障思政建设的顺利开展，高校应在预算中合理分配经费，确保思政工作得到足够的资金支持。尤其是在资源配置上，应优先满足思政课程开发、教师培训、教育活动的需求。同时，政府和教育主管部门应为高校提供更多的政策支持和资金保障，确保思政工作的长期持续发展。

一、经费投入的具体措施

在新时代高校思政工作中，增加经费投入和合理配置资源是提升思政工作质量、增强育人成效的重要基础。充足的资金支持不仅可以改善思政

工作的硬件设施，提升师资力量，还能为开展多样化的教育活动提供保障。因此，科学合理地制定经费投入方案，确保资金的有效使用，成为加强高校思政工作的关键一环。为此，高校需要在资金来源、经费分配、资源优化等方面进行全方位规划，以确保思政工作的顺利推进和可持续发展。

（一）设立专项教学改革资金

思政工作的专项经费是保障思政工作长期发展和顺利实施的重要举措。专项经费的设立不仅能够确保资金来源的稳定性，还能够为思政工作的重点项目和创新实践提供持续的财政支持。

1. 制定专项经费管理办法

明确经费的使用范围、审批程序、监督管理等，以确保经费的合理使用和安全。

2. 设立专项经费预算

根据思政工作的实际需要，制定专项经费预算，包括人员经费、办公经费、活动经费等，以确保经费的充足和稳定。

3. 拓宽专项经费来源渠道

除了学校的常规经费外，可以通过申请政府资助、社会捐赠、企业合作等方式，拓宽专项经费的来源渠道，以增加经费的总量和多样性。

4. 加强专项经费的使用管理

建立专项经费使用台账，定期对经费的使用情况进行审计和监督，确保经费的使用符合规定和要求。

5. 提高专项经费的使用效益

加强对思政工作的评估和考核，根据评估和考核结果，调整专项经费的使用方向和重点，以提高经费的使用效益和思政工作的质量。

（二）经费分配方案

1. 开展全面的需求评估

对教学、科研、实践等各个领域的现有资源、发展需求以及预期成果进行深入调研和分析。

2. 拟定经费分配比例框架

依据评估结果，初步拟定经费分配比例框架，充分考虑各领域的重要性、紧迫性以及长期发展战略。

3. 组成评审小组

邀请相关领域的专家学者组成评审小组，对初步拟定的分配比例进行论证和审议，确保其科学性和合理性。

4. 教学经费分配中的基础保障

在制定分配比例时，要为教学领域提供稳定的基础保障，以支持日常教学活动的正常开展和教学质量的提升。

5. 科研资助额度设置与创新研究激励

为科研领域设置有竞争力的项目资助额度，鼓励创新性研究和高水平科研成果的产出。

6. 实践领域的设备与活动经费保障

针对实践领域，要保障必要的设备购置、场地建设以及实践活动的组织经费，以促进学生实践能力的培养。

7. 建立动态调整机制

根据各领域的实际发展情况和绩效表现，定期对经费分配比例进行调整和优化。

8. 设立专门的监督机构

对经费的分配和使用进行全程监督，确保经费按照预定比例准确落实到各个领域。

9. 定期公开经费分配情况

接受师生和社会的监督，提高经费分配的透明度和公信力。

（三）优先资金保障领域

在优先资金保障领域中，明确资金投放方向对于教育发展至关重要，尤其是在教师培训、教材开发和学术研究等核心领域。为了确保资金使用的效率和效果，我们需要设计一套科学合理的方法和措施，以确保资金的有效配置。

1. 教师培训的资金保障方法与措施

（1）资金投放计划的精准化

为了确保教师培训项目的有效性，资金分配应依据区域和学科需求进行精准化投放。首先，应进行详细的教师现状调研，了解各地区、各学科教师的培训需求。资金投放应侧重于师资薄弱的地区和学科，特别是偏远地区和教育资源相对匮乏的领域。政府部门和教育机构须共同制定教师培训计划，明确培训内容、目标和预期成果，确保资金投入的针对性和有效性。

（2）培训项目评估与资金监管

为确保资金使用的透明度和效果，应建立健全的培训项目评估机制。通过对培训项目的实施情况、教师反馈、学习成果等方面进行定期评估，及时调整资金投入方向。同时，建立专门的资金监管机构，对资金的使用情况进行跟踪和审计，确保每一笔资金都用在实处，杜绝资金浪费和挪用现象。

（3）多元化的培训形式与内容支持

为了提高教师培训的覆盖面和培训效果，应采用多元化的培训形式，包括线上与线下结合、跨学科交流与国际合作等。同时，鼓励资金支持教师参加国内外的学术会议和交流，拓宽教师视野。资金还可用于开发更具实践性的培训课程，如教育技术应用、创新教学法等，确保教师能够将所学内容转化为实际教学能力。

2. 教材开发的资金保障方法与措施

（1）教材开发的专项资金支持

政府和教育主管部门应设立专项资金用于教材开发，确保资金持续性和专项性。资金应优先用于支持基础教育阶段的教材编写和教材体系完善，通过政策性资金支持，确保教材开发工作不受市场波动的影响，特别是针对一些偏远地区的教材开发，应给予更多的资金倾斜。

（2）教材编写的质量保障机制

在教材开发过程中，资金的使用应当集中于提升教材的编写质量，邀请一线优秀教师、教育专家和学科领军人物参与教材编写工作。设立教材编写的专家委员会，负责审核和把关教材的内容质量，确保教材内容的科学性、时代性和适用性。资金还可用于教材开发后的反馈和修订工作，通过教师和学生的实际使用反馈，不断完善教材内容和形式。

（3）数字化教材开发的资金投入

现代教育的发展趋势要求教材逐步向数字化转型。为此，政府应加大对数字化教材开发的资金投入，支持教材的多媒体化、互动性设计和数字版权保护。资金可用于建设数字教材平台，为全国各地的教师和学生提供优质的数字教材资源，从而使偏远地区和资源相对匮乏的学校大大受益于这些数字化的资源共享。

3. 学术研究的资金保障方法与措施

（1）学术研究资金的多元化来源

学术研究的资金保障不仅需要政府财政的直接支持，还应探索多元化的资金来源。政府可通过政策引导，鼓励社会资本、企业资金参与到教育学术研究中来。设置专项资金用于支持教育理论研究、创新教育实践研究以及教育政策研究等领域，尤其是对有重大意义的科研项目应该给予重点支持。

（2）研究项目的立项与资金评估机制

学术研究资金的分配应基于严格的项目评估机制。通过专家评审、同行评议等方式，确保资金投放到有创新性和实用性的研究项目中。同时，设立学术研究的定期汇报制度，要求资金使用方定期提交研究进展报告，以便对项目的实施效果进行评估。对于优秀的科研成果，应当给予继续资助，推动研究成果转化为实际应用。

（3）国际化研究合作与资金支持

在全球化背景下，教育研究的国际化合作尤为重要。政府应设立专项资金，以支持国内高校和研究机构与国外知名院校进行合作研究，推动国际化的学术交流与合作。资金还可用于资助国内学者参与国际学术会议，以提升国内学术研究的国际影响力。同时，通过国际合作平台，吸引更多的国际研究资金进入国内教育领域，推动国内教育研究水平的提升。

二、资源配置优化

资源配置优化不仅涉及教育经费的合理分配，还包括师资力量、教学设施、教育技术、教材资源等多方面的要素。在教育改革的背景下，教育资源的配置需要更多地考虑到区域间的发展平衡、个性化教育需求的满足以及新技术应用对教育模式的改变。这要求在政策制定、资金投放、资源分配和管理模式等方面进行全方位的优化调整，以确保教育资源能够最大化地发挥其效用，推动教育质量的整体提升和教育公平的实现。

（一）人力资源配置

在优化教育资源配置的过程中，人力资源配置是核心要素之一。增加思政教师数量、改善教师工作条件和提升教师待遇不仅有助于提高教育质量，还能增强教师的职业认同感和工作积极性。

1. 增加思政教师数量的措施

（1）加大政策引导力度。政府和教育部门应出台针对思政教师队伍建设的专项政策，加大对思政学科的重视和投入。设立思政教师编制，通过政策引导逐步增加思政教师的数量。此外，还可设立相关目标，如每年增加一定比例的思政教师岗位，以确保思政教师队伍的持续扩大。

（2）扩大思政专业人才培养规模。加强高校思政教育专业的建设与发展，扩大招生规模，增加学科方向设置，尤其是注重培养具有实践能力的思政教师。政府可鼓励高水平院校设立思政教师培养基地，提供专项资金支持，以提升思政专业学生的培养质量。与此相关的高校可以通过产学研合作，加强与中小学和职业院校的联系，为学生提供实习和实践机会，提升其未来从教的实践能力。

（3）实施教师转岗培训计划。对于其他学科中有意愿从事思政教学的教师，可以通过转岗培训计划实现转岗以增加思政教师的数量。教育部门可以组织专项培训项目，帮助非思政专业背景的教师完成转岗。培训内容可涵盖思政课程的教学理论、教学方法、课程设计等，确保这些转岗教师具备必要的专业知识和教学技能，从而顺利进入思政教学岗位。

（4）优化招聘流程，拓宽招聘渠道。学校和教育主管部门应进一步优化思政教师的招聘流程，通过公开招聘、校园招聘等多种方式吸引优秀人才加入思政教师队伍。特别是在偏远和基层的学校，招聘渠道应更加灵活，允许采取定向招聘、专场招聘等方式，提高招聘效率。同时，可通过增加思政教师的编制和岗位，吸引更多的专业人才参与竞争，以确保思政教师队伍的质量。

2. 优化教师工作条件的措施

（1）改善教学环境和基础设施。提供优质的教学环境是改善思政教师工作条件的重要举措。学校应加大对思政课程教学环境的投入，确保教室设备完善、教学工具齐全。尤其是在偏远和农村地区，政府应给予专项资金支持，改善当地思政教师的教学环境，确保这些地区的思政课程也能得到高质量的教学保障。

（2）建立工作负荷合理化机制。当前，许多思政教师面临较高的教学负荷和繁重的行政工作，这不利于其专注于教学和科研工作。为此，学校应制定合理的教师工作负荷标准，减少教师的非教学事务负担。例如，可以设立专门的行政支持人员，分担思政教师的行政工作量，使教师能够更多地专注于教学和学生辅导。同时，学校可以通过灵活排课、团队协作教学等方式，缓解教师的工作压力。

（3）促进职业发展和增多进修机会。为了帮助思政教师不断提升专业素养和教学水平，学校应为其提供更多的职业发展机会和进修渠道。可以定期组织思政教师参加国内外的学术会议、教学研讨会等，或通过政府或校级资助计划，支持教师攻读高学位以进行深造。教师的职业发展通道应更加多元化，帮助教师在学术研究、教学创新等领域得到提升。

（4）关注教师的心理健康和职业满意度。教师的心理健康和职业满意度直接影响其工作效率和教学质量。为此，学校应建立专门的心理辅导和支持系统，为教师提供心理健康咨询服务。学校可以通过定期组织团队建设活动、减压课程等方式，营造更加积极健康的工作氛围，增强思政教师的工作满意度和归属感。

3. 提升教师待遇的措施

（1）提高工资水平与福利待遇。提高思政教师的工资水平是提升教师待遇的核心手段。各级政府应通过财政支持、绩效奖励等措施，逐步提高思政教师的基本工资水平，确保其薪酬水平能够匹配其工作的重要性和工作强度。同时，提升教师的福利待遇，也包括提供带薪休假、健康保险、住房补贴等，确保教师能够在良好的生活条件下专心从事教学工作。

（2）设立绩效考核与奖励机制。思政教师的薪资应与其工作表现挂钩。学校和教育部门可以建立合理的绩效考核机制，对教学质量、学生反馈、科研成果等方面表现优秀的教师进行奖励。绩效奖励不仅可以是经济上的激励，还可以包括职称晋升、荣誉称号、外出进修机会等。通过这种方式，不仅提升了教师的经济收入，还激励其不断追求教学创新和职业发展。

（3）落实教师职称评审优惠政策。思政教师的职称评审应有适当的倾斜政策，特别是在职称评定中应考虑其学科特点和实际工作表现。政府和学校可以为优秀思政教师设置绿色通道，加快其职称晋升的速度。对长期在偏远地区工作的思政教师，应给予职称评审的特别照顾，以鼓励教师在基层扎根。

（4）增加特殊岗位津贴和补贴。针对在偏远地区或教育资源相对匮乏地区工作的思政教师，政府可以提供额外的岗位津贴和生活补贴。通过这种差异化的待遇政策，既能吸引优秀教师前往教育薄弱地区任教，也能提升这些地区思政教师的工作积极性。

（二）物质资源保障

物质资源的保障是教育质量提升的重要基础，尤其是在思政课程的建设中，物质资源的合理投入和配置对教学效果产生着深远的影响。通过资金投入完善教学设施和技术支持，如建设专用的思政教室、搭建数字化教学平台等，可以提升思政课程的教学质量和效果。

1. 建设思政专用教室的措施

（1）专项资金支持思政教室建设。政府和教育部门应设立专项资金，用于思政专用教室的建设和改造。此资金应优先分配给思政课程需求量大、教学条件相对不足的学校，特别是处于基础教育阶段的学校和职业院校。资金可用于专用教室的设计、基础设施建设、教学设备的采购等，确保思政教室能够具备现代化的教学条件。

（2）思政教室的标准化设计。在建设思政专用教室时，应制定标准化设计方案，确保各校建设的教室符合教学需求并达到一定的统一标准。标准化设计应包括教室的布局、照明、声学设计以及多媒体设备配置，特别要考虑适合思政课讨论、互动、实践活动的空间安排。教室应配备投影设备、电子白板、互动屏幕、音响系统等，提供多样化的教学模式支持，以增强思政课的互动性和参与感。

（3）现代化多功能思政教室。教室应具备多功能性，不仅能满足日常教学需求，还应支持情景模拟、案例分析、视频播放、分组讨论等多种教学活动。可以建设带有视频会议功能的教室，方便远程教学和国内外的思政交流。教室还应提供智能化管理系统，教师可以通过数字化手段控制课件展示、音视频设备等，提升课堂效率。

（4）定期维护与更新。思政教室的设施需要定期维护和更新，以确保设备的良好运行和教学环境的整洁舒适。学校应设立专门的维护人员和定期检查机制，及时更新老旧或损坏的设备，确保教室始终处于最佳使用状态。同时，制定设备使用的管理制度，规范教室资源的使用，避免资源浪费。

2. 搭建数字化平台的措施

（1）建立思政数字化教学平台。各级教育部门应投入资金建设和维护思政数字化教学平台，为教师和学生提供优质的在线教学资源。该平台应包括在线课程、教学资料库、案例分析库、学习测评系统等，确保教师可以便捷地获取最新的教学资源、学生能够随时随地开展自主学习。平台的内容应结合思政课程特点，注重时代性、趣味性和互动性。

（2）开发优质数字化教学资源。学校可以联合高校、教育技术公司，共同开发优质的数字化教学资源，包括多媒体课件、虚拟现实（VR）教学案例、动画视频等。特别是在思政课教学中，可以通过数字化的方式呈现重要的历史事件、政策理论和案例分析，使抽象的理论更具象化和生动化，从而帮助学生更好地理解课程内容。

（3）线上线下教学的无缝对接。数字化平台不仅应支持线上教学，还应与线下课堂教学进行无缝对接。教师可以通过平台设计线上讨论、作业提交和成绩反馈等环节，实现线上线下教学的融合。特别是在混合式学习模式中，数字化平台可以为学生提供课前预习、课后复习的资源，并通过数据分析技术帮助教师跟踪学生的学习进度，以便更好地提供个性化的指导。

（4）保障平台的稳定运行与安全。数字化教学平台的稳定性和安全性是保障教学顺利进行的基础。教育部门和学校应投资建设高性能的服务器和网络设施，确保平台能够支持大量用户同时在线使用，防止平台崩溃。同时，应重视平台的数据安全和隐私保护，通过定期备份、网络防护、权限控制等手段，防止教学数据泄露或丢失。

3. 技术支持措施

（1）提升技术设备的配备水平。在思政课程中，技术设备的使用能够大大增强教学效果。学校应为思政课程配置现代化的教学设备，如交互式电子白板、投影仪、平板电脑、视频播放设备等。特别是对于涉及多媒体内容、视频教学的思政课，良好的技术设备可以使教学过程更加直观、生动。对于资金有限的学校，政府应给予资金支持，确保每所学校都有基本的多媒体教学设备。

（2）建立技术支持团队。学校应成立专门的技术支持团队，负责维护和管理教学设备、数字平台的正常运行。技术支持团队不仅应具备设备维护能力，还应协助教师熟悉和掌握设备的使用，提供日常技术培训和帮助。对于大规模的思政课程，如视频直播或线上公开课，技术团队应提前做好设备调试和测试工作，确保教学活动顺利进行。

（3）推动虚拟现实（VR）与增强现实（AR）技术的应用。虚拟现实和增强现实技术在思政课程中的应用可以为学生提供沉浸式的学习体验。例如，学生可以通过 VR 技术"走进"历史事件的虚拟场景中，参与革命场景的模拟，深刻理解历史背景和意义。学校可以与技术公司合作开发适合思政教学的 VR/AR 课程，政府则应提供专项资金支持这一创新技术的普及和推广。

（4）教师技术培训。教师的技术能力是数字化教学和技术设备使用的关键保障。学校应为思政教师提供技术培训，帮助他们熟练掌握数字化平台的使用、教学设备的操作以及多媒体课件的制作。通过定期的技术工作坊、培训课程等形式，帮助教师跟上教育技术的更新速度，并将之有效应用于课堂教学中。

（三）实践活动资源配置

实践活动是思政教育的重要组成部分，能够帮助学生将理论知识转化为实际行动，深化对思政课程内容的理解。然而，当前许多学校在实践活动的资源配置上存在场地不足、设备匮乏等问题，严重制约了实践教学的有效开展。因此，增加对实践活动场地、设备等的投入，确保学生实践活动的顺利开展，是提升思政课程实效性的重要举措。

1. 增加实践活动场地的措施

（1）建设专用实践活动场地。政府和教育部门应投入专项资金，在学校内部建设专门用于思政实践活动的场地。这些场地可以包括模拟法庭、辩论室、社会调研室、历史文化展示厅等，供学生进行思政课程相关的实践活动。特别是在中学和大学，建设具有互动性、可操作性的实践场地，能够帮助学生通过模拟情景更好地理解和掌握课程内容。

（2）与社会资源合作共建实践基地。学校可以通过与当地政府机关、企事业单位、社区等合作，建立思政实践基地。例如，学校可以与博物馆、纪念馆、党史教育基地、法律机构、环保组织等建立长期合作，定期组织学生前往参观和参与实践活动。政府可以提供政策支持和资金帮助，鼓励和推动校外实践基地的建设和维护，使这些场地能够更好地服务于学生的思政实践需求。

（3）共享校际资源，扩大场地使用范围。通过校际合作共享资源是解决实践活动场地不足问题的有效途径。学校之间可以建立区域合作机制，共同建设和使用实践活动场地，避免重复建设，节省资金。例如，地区内的几所学校可以联合建立一个实践基地，轮流组织学生前往使用，从而最大化地利用资源。这种共享模式既能扩大场地使用的覆盖面，又能促进学校之间的合作与交流。

（4）开放社会公共设施。除了专门建设的思政实践场地，学校还可以通过协调，借用或租用社会上的公共设施，如社区活动中心、文化广场、会议厅等，作为学生的临时实践场地。尤其是在城市化较高的地区，社会资源丰富，学校可以利用这些现有资源，为学生提供实践活动场所。政府和社区应给予政策支持和协调，保障这些公共设施能够定期向学生开放使用。

2. 增加实践活动设备的措施

（1）配备多功能实践设备。学校应根据不同类型的思政实践活动，配备多功能的实践设备。例如，在模拟法庭或模拟联合国等实践活动中，学校应提供完善的音响系统、会议设备、视频记录设备等。在社会调研和户外考察等实践活动中，学校应配备专业的调研设备，如录音笔、相机、数据记录仪等，确保学生能够顺利完成调研任务。对于历史模拟、社会服务等活动，学校还可以提供 VR 设备、投影设备、展示设备等，增强活动的沉浸感和互动性。

（2）建立实践设备租赁机制。为了合理利用资源，学校可以建立实践设备的租赁机制。特别是对于一些使用频率较低或价格较高的设备，如无人机、3D 打印机、VR 设备等，学校可以通过租赁的方式满足短期的实践活动需求。租赁机制不仅可以节约学校的资金投入，还可以通过社会化服务机构，确保设备的维护与升级，提升设备使用的效率和质量。

（3）建设设备管理与维护系统。学校应建立完善的设备管理和维护系统，确保实践活动设备的正常使用和长期保存。设立专门的设备管理部门或人员，负责设备的采购、登记、保养和维修工作。同时，建立设备使用申请制度和预约系统，确保设备的合理调度与高效使用，避免设备浪费和损坏。对于大型或复杂设备，学校还应为教师和学生提供培训，确保其能够正确使用设备。

（4）技术设备的更新与升级。思政实践活动所需设备应跟随时代发展而不断升级。政府和学校应定期投入资金，对现有设备进行更新换代，确保学生使用的设备处于技术前沿。例如，近年来，VR、AR技术、智能化数据采集设备等逐渐应用于思政实践教学中，学校应投入资金采购这些新型设备，使学生能够通过现代技术手段更好地进行实践探索。

3. 加强资金保障和支持

（1）设立专项实践活动资金。政府应设立专项实践活动资金，用于支持学校开展思政实践活动，特别是在设备采购、场地建设和活动组织等方面提供资金保障。资金使用应向资源较为匮乏的学校和地区倾斜，确保城乡之间、区域之间的资源配置相对均衡。专项资金还可以用于奖励优秀的实践活动项目，激励学校创新实践活动的形式和内容，提升实践教学的质量和水平。

（2）引入社会资本参与共建。在实践活动资源配置中，政府和学校可以引入社会资本，通过合作模式共同建设和维护实践场地与设备。例如，可以鼓励企业赞助思政实践基地的建设，或通过公私合作方式，由企业提供设备，学校使用并负责管理。此类合作模式不仅可以减轻学校的资金压力，还能够让企业参与到人才培养中，建立更紧密的产学合作关系。

（3）鼓励校友捐赠和社会捐助。校友和社会捐赠是学校获取额外资金的有效途径之一。学校可以设立专项实践活动捐赠基金，吸引校友和社会各界捐资，用于建设实践场地、采购设备和支持实践活动的开展。同时，学校应公开、透明地管理这些资金，确保资金能够切实用于提升学生的实践活动条件和资源配置。

三、经费使用与监督机制

在学术研究与教育发展的进程中，经费的合理使用与严格监督至关重要。有效的经费使用与监督机制不仅能够确保资源的优化配置，提高经费的使用效益，还能够保障学术活动的公正性、透明度和可持续性，促进学术研究的深入开展以及教育质量的稳步提升。

（一）透明化管理

1. 透明化管理的措施

建立经费使用的透明化管理制度是确保资金合理配置和有效利用的关键环节。通过公开制度，资金流向透明，能够提升经费使用的公信力，防止资金滥用或浪费。

（1）建立公开化的经费管理平台。政府和教育主管部门应建立在线的经费管理和公开平台，使得资金使用的各个环节都能够被追踪和监督。学校可以通过平台公开每笔经费的来源、用途和执行情况，涵盖资金申请、审批、拨付、使用和呈现最终效果的全过程。平台应确保数据实时更新，并定期向公众发布资金使用情况报告。各级政府部门应提供技术支持，确保平台的稳定运行。

（2）分类细化经费公开内容。经费公开内容应分类细化，以便利益相关方能够清晰地了解每一笔资金的具体去向。例如，思政课程相关的经费可进一步划分为教师培训、教材开发、教学设备购置、实践活动支持等子项目，每个子项目的具体支出都应详细列出，包括采购合同、支付凭证等。公开的信息应包括金额、时间、具体用途、经手人等信息，以确保资金流向的可追溯性。

（3）制定公开制度的法律保障。为了确保资金使用的公开透明性，应通过立法或政策文件确立经费公开制度。政府和教育主管部门应出台相关法律或政策文件，明确规定各类经费的公开要求、时限和形式，明确责任主体。对于未按规定公开资金使用情况的学校或单位，应设立惩罚机制，以保障制度的有效执行。

（4）公开经费使用反馈机制。除了公开资金的使用情况，学校还应设置公开的反馈渠道，允许师生、家长、社区等利益相关方对资金使用提出意见和建议。例如，设立专门的电子邮箱或热线电话，为公众提供反映问题及提出意见的渠道。学校应建立回应机制，及时处理反馈，改进资金使用方式，确保资金使用更符合实际需求。

2. 监督评估机制的措施

监督评估机制是确保经费使用效果的重要手段，通过定期检查和评估，可以及时发现问题，调整资源配置方案，确保资金的高效使用。

（1）设立独立的监督评估委员会。各级教育主管部门或学校应设立独立的监督评估委员会，由专业的财务人员、教育专家、学生代表、家长代表等多方组成，负责对经费使用情况进行定期检查和评估。独立评估委员会应具备权威性和独立性，不受经费使用单位的直接控制，以确保评估结果的公正性。委员会的职责包括审查资金的使用流程、评估资金的使用效果，并提出改进建议。

（2）定期审计与财务检查。每年应定期对经费的使用情况进行审计和财务检查，确保资金流向符合预定计划。审计工作应包括对资金拨付、支出明细、合同签订、资金实际使用效果等方面的详细审查。审计报告应向上级主管部门和公众公开发布，确保资金使用的合法性和合规性。此外，对于规模较大的资金项目，还应安排中期检查，确保资金在项目执行过程中得到合理有效的使用。

（3）建立资金使用绩效评估体系。为了更好地评估经费的使用效果，学校应建立资金使用的绩效评估体系。评估指标应根据项目的具体目标制定，涵盖资金使用效率、产出效益、社会效应等维度。例如，在思政课程相关经费的评估中，可以包括教师培训的参与人数、课程质量的提升情况、实践活动的参与度和学生反馈等数据。绩效评估报告应定期发布，并作为未来资金分配和政策调整的参考依据。

（4）风险预警与调整机制。监督评估体系中应建立风险预警机制，一旦发现资金使用过程中存在偏离计划或可能导致浪费、滥用等风险的情况，应及时启动预警并采取相应措施。评估委员会或财务审计团队应对资金使用中的风险因素进行监控，例如资金流动异常、执行进度滞后、合同纠纷等问题。一旦发现问题，应及时通知有关部门或负责人进行调整，确保资源配置的灵活性。

（二）落实责任

落实责任是确保教育经费合理有效使用的重要环节。在资金的分配、使用和监督过程中，明确责任人和部门，不仅可以提高资金管理的效率，还能有效防范资金滥用或浪费的风险。

1. 明确资金管理的责任主体

（1）设立专门的经费管理部门。各级学校或教育机构应设立专门的经费管理部门，负责所有经费的使用规划、执行和监督。这一部门应拥有明确的职责分工，并配备专业的财务人员和项目管理人员，以确保资金能够按照预定计划进行合理配置和使用。该部门应直接向学校领导或教育主管部门报告，以确保管理的独立性和透明度。

（2）指定具体的责任人。对于每一笔经费的使用，应明确具体的责任人，确保责任人对资金的管理和使用负有直接责任。责任人可以是校级领导、项目负责人或财务管理人员。在项目经费的分配过程中，每个项目应指定一名主要责任人，负责资金的申请、预算编制、实施和报告。责任人需承担起资金使用的最终责任，确保资金使用的合规性、合理性和有效性。

（3）建立责任制和问责机制。学校应建立严格的责任制和问责机制，确保每个涉及资金管理的人员都有明确的职责范围。责任制可以通过签署责任书或承诺书的形式来确立，规定资金使用中的具体责任人及其应承担的责任内容。对于资金使用中的失职、违规操作或资金浪费等情况，应通过明确的问责机制追究相关人员的责任，包括给予行政处分、经济处罚或让其承担其他相应的法律责任。

2. 制定资金使用的标准流程

（1）建立资金使用审批流程。资金使用前，必须经过严格的审批流程，以确保每一笔资金的使用计划符合学校或教育部门的整体发展目标和经费预算要求。审批流程应包括多级审核，如项目负责人、财务部门、经费管理部门和校级领导层的共同审核，确保决策的科学性和合理性。审批结果应明确记录，便于后续检查和责任追究。

（2）资金使用的预算管理。在资金使用前，应制定详细的预算计划，明确每一项支出的具体金额、用途和时间安排。责任部门应确保预算的合理性，并进行严格的预算控制，避免超预算或无计划支出。预算编制完成后，必须获得审批通过后方可执行。同时，责任人和财务人员应定期对预算执行情况进行检查，确保资金使用与预算相符，避免资金滥用或浪费。

（3）实施资金使用追踪和反馈。学校应建立资金使用的追踪机制，通过定期的财务检查、使用情况报告和项目进展汇报，确保资金按计划投入具体项目中。项目责任人和相关部门应按时提交资金使用报告，详细说明经费的实际支出情况、项目进展以及取得的成果。这些报告应作为后续审计和监督的依据，并为资金使用的效果评估提供数据支持。

3. 加强资金使用的监督和审计

（1）建立内部审计机制。学校应设立独立的内部审计部门，专门负责经费使用的内部监督和检查。审计部门应定期对资金使用情况进行审计，包括资金的流向、支出合规性、项目执行效果等。审计结果应提交给学校管理层和教育主管部门，并对资金使用过程中发现的问题及时提出整改建议。审计报告应作为资金使用责任落实的重要依据。

（2）引入外部监督机制。为了进一步提高资金管理的透明度和公正性，学校应邀请第三方机构进行定期的外部审计和评估。这些机构应独立于学校或教育主管部门，具有较强的财务管理和审计能力，能够为资金使用的合理性、合规性和效果提供独立的专业评估。外部监督机制可以有效防止内部审计可能存在的疏漏和偏见，确保资金管理的公平性。

（3）建立资金使用监督委员会。在学校内部，设立资金使用监督委员会，成员可由校领导、教师代表、学生代表、家长代表和外部专家共同组成。监督委员会定期审查经费的使用情况，对资金流向和使用效果进行评估，并参与审计结果的审议。监督委员会的意见应被纳入资金使用调整的决策过程，以确保资金使用的透明化和科学性。

4. 提升责任人和相关人员的专业能力

（1）定期开展财务管理培训。学校应定期为项目负责人、财务人员和其他相关责任人提供财务管理培训，提升他们的资金管理能力。培训内容应涵盖财务预算编制、资金使用合规性、财务审计规范等，帮助责任人了解并遵守资金使用的相关法律法规和政策要求。这些培训有助于确保资金管理人员具备足够的专业知识和能力，防止资金管理中的失误或违规操作。

（2）加强财务制度的宣传与教育。学校应加强对所有教职工和管理人员的财务制度宣传和教育，使每一位参与资金管理和使用的人员都能了解相关的规定、程序和责任。通过定期的制度学习和考试，确保财务相关规定能够在实践中得到落实。责任人和财务管理人员应被鼓励积极参与财务管理的政策讨论和制度更新，以便更好地适应不断变化的管理环境。

5. 强化责任落实的奖惩机制

（1）设立奖励机制。为鼓励责任人和相关部门积极、合规地使用资金，学校可以设立资金管理奖励机制。对于资金使用高效、效果显著的项目和人员，应给予表彰和奖励，激励其他责任人借鉴成功经验，提升资金管理能力。这种奖励机制可以包括资金支持、荣誉称号、晋升机会等，鼓励更多的教师和管理者参与到资金使用的规范化管理中。

（2）实施惩戒机制。对于不合理或违规使用资金的责任人和部门，学校应建立严格的惩戒机制。根据违规行为的严重程度，可以采取口头警告、经济处罚、停职调查甚至法律追责等措施。对于造成严重资金损失或滥用的责任人，学校应依据法律法规追究其法律责任，确保责任落实不流于形式，真正起到监督和约束作用。

（三）多渠道资金筹措

为确保教育经费的充足和持续性，学校需要采取多元化的资金筹措策略。通过整合政府资助、校企合作、社会捐赠等多种渠道，可以有效解决资金短缺问题，支持教育事业的全面发展。

1. 争取政府资助

（1）申请专项财政拨款。学校应积极争取政府的专项财政拨款，尤其是与思政课程、教师培训、教材开发、教学设备更新、实践活动等相关的项目。各级政府通常会设立用于支持教育发展的专项资金，学校应根据具体政策，提出详细的资金申请报告。报告中应包括资金用途、预期效果、项目计划和资金预算等内容，确保申请项目的合理性和可行性。政府资助的争取应与学校的长期发展规划和教育政策相契合，以确保资金能够有效支持教育事业的发展。

（2）参与政府的教育基金项目。各级政府经常设立用于支持教育改革与创新的基金，学校可以通过申报项目的形式，获得这些资金的支持。学校应紧跟政府政策导向，特别是针对重点学科建设、教育信息化、教师发展等方面的专项基金，提出创新性和社会效益显著的项目申请。此外，政府通常会设立用于支持农村或欠发达地区教育的专项扶贫资金，符合条件的学校可以积极争取这些资源，以改善基础教育条件。

（3）建立教育财政资助平台。为了进一步提升政府资助的透明性和有效性，学校应与政府部门合作，建立教育财政资助平台。该平台不仅可以用来申请资金，还可以进行资助项目的监督和跟踪，确保资金使用的效率和透明度。通过该平台，学校能够清晰了解政府的资助政策和申请流程，并能够及时获得最新的资金支持信息。

2. 推动校企合作

（1）与企业建立长期合作伙伴关系。学校应与本地或全国知名企业建立长期的合作伙伴关系，共同推动教育事业的发展。通过合作，企业可以为学校提供资金支持，用于基础设施建设、实验室设备更新、奖学金设立、教师培训等。同时，企业还可以通过参与学校的职业教育和人才培养，获得人才储备的机会，从而实现双赢。例如，企业可以通过捐赠实验设备、提供实习机会或举办联合科研项目，帮助学校提升科研能力和教学水平。

（2）设立校企联合研究项目。学校与企业可以通过设立联合研究项目，吸引企业投资，用于支持创新型教育和科研项目。这类项目不仅可以为学校带来资金，还能提升学校的科研实力和创新能力。企业可以根据自身的发展需求，资助与其业务相关的研究项目，推动科学技术创新。例如，科技企业可以资助学校进行教育信息化、人工智能教学工具开发等方面的研究，而学校可以通过项目为企业提供专业的研究成果，促进产业升级。

（3）建立校企合作基金。学校和企业可以共同设立校企合作基金，专门用于支持教育发展和创新项目。该基金可以由企业、学校、政府共同出资，运作模式类似于风险投资基金，支持具有创新性和前瞻性的教育项目。学校可以通过该基金获得长期、持续的资金支持，而企业则可以通过基金参与教育创新项目，获得良好的社会影响和回报。基金管理应由校企双方共同参与，确保资金的有效使用。

（4）企业冠名与赞助。学校可以通过吸引企业冠名和赞助获得资金支持。例如，企业可以冠名某个实验室、教学楼或奖学金项目，以提升企业的社会形象，同时为学校提供建设和发展资金。这种合作模式不仅可以缓解学校的资金压力，还能通过企业的品牌影响力，提升学校的知名度和吸引力。学校应制定清晰的合作协议，明确双方的权利与义务，确保合作的长期稳定。

3. 吸引社会捐赠

（1）建立校友捐赠体系。校友捐赠是学校筹集资金的重要渠道之一。学校应建立校友捐赠体系，制定长期的校友联络和捐赠计划。通过校友会、定期校友活动、荣誉制度等方式，加强与校友的联系，激发他们回馈母校的热情。学校可以设立专门的校友捐赠基金，用于支持特定领域的发展，如奖学金、科研资助、基础设施建设等。学校还可以通过设立校友荣誉墙、命名奖项等形式，表彰对学校做出重大贡献的校友，进一步激励捐赠行为。

（2）创建教育基金会。学校可以创建教育基金会，吸引社会各界的捐赠和资金支持。教育基金会可以作为独立的法人实体，专门用于筹集和管理捐赠资金，用以支持学校的发展计划。基金会的资金来源可以包括校友捐赠、企业赞助、慈善机构捐赠、社会公众的个人捐赠等。基金会应设立明确的资金管理制度，确保资金使用的公开透明，并向捐赠者定期汇报资金使用情况和成果，增强捐赠者的信任感。

（3）开展公益募捐活动。学校可以定期举办公益募捐活动，吸引社会公众参与支持教育发展。例如，学校可以通过举办慈善晚宴、义卖活动、马拉松募捐等形式，募集资金用于教育项目。学校还可以与地方媒体、企业和慈善机构合作，开展大型募捐活动，扩大募捐范围和影响力。在这些活动中，学校应加强与社区的互动，增强公众对学校的认同感，促进社会各界的积极参与。

（4）搭建捐赠平台。随着数字化的发展，学校可以通过搭建线上捐赠平台，简化捐赠流程，吸引更多的社会捐赠者。通过网站或手机应用，社会各界可以便捷地为学校的教育项目、奖学金、科研项目等进行捐赠。学校应确保平台的安全性和透明度，提供详细的资金使用说明，并为捐赠者提供反馈和感谢机制，增强公众的捐赠意愿。

4. 加强与慈善机构的合作

（1）与慈善基金会建立合作关系。学校可以与各类慈善基金会建立长期的合作关系，争取慈善机构的资金支持。许多基金会专注于教育领域，提供教育资助、奖学金、科研资助等资金支持。学校应根据这些基金会的资助方向，提出符合要求的项目申请，确保资金能够用于特定的教育发展项目。通过与基金会的合作，学校不仅可以获得资金支持，还能借助基金会的影响力推动更多社会资源的流入。

（2）参与全球性慈善项目。一些国际慈善机构和组织会为全球教育事业提供资金支持，尤其是在教育公平、贫困地区教育发展等领域。学校可以积极参与这些全球性慈善项目，争取国际机构的资金和技术支持。例如，联合国教科文组织（UNESCO）、比尔及梅琳达·盖茨基金会等组织提供的教育项目支持，能够为学校带来大量资金和资源。此外，参与国际慈善项目还能够提升学校的国际知名度，扩大其影响力。

本章小结

在高质量发展的新时代背景下，优化立德育人工作需要全面发力，包括理念创新、师资培养、实践载体建设、资源保障等方面。理念创新是加强思政建设的关键先导，而将创新理念切实落实到位则是推动思政建设取得实效的重要保障。思政课教师在高校思想政治教育中发挥着关键作用，因此加强思政课教师的培养，提升其理论素养和实践能力至关重要。主要措施是增强对思政课教师的培训力度、提升教师理论水平和鼓励教师积极参与前沿学术研究。实践育人是提高教育成效的关键。高校应积极拓展和优化实践育人平台，为学生搭建更加丰富多彩的实践载体，帮助他们将所学理论知识与现实生活紧密结合，从而利于学生培养创新实践能力和增强社会责任感。为保障思政建设的顺利开展，高校应在预算中合理分配经费，确保思政工作得到足够的资金支持。尤其是在资源配置上，应优先满足思政课程开发、教师培训、教育活动的需求。同时，政府和教育主管部门应为高校提供更多的政策支持和资金保障，确保思政工作的长期持续发展。

只有这样，才能推动思政工作水平全面提升，为培养德智体美劳全面发展的社会主义事业接班人贡献应有的力量。

结　语

　　本专著以高质量发展为背景，系统研究了高校立德育人的历史渊源、理论依据、实践经验，并对其进行了现实审视。通过梳理立德育人的历史演变和理论基础，我们深入理解了其内涵与时代价值，并进一步明确在新时代背景下，如何结合高质量发展的要求，促进高校在培养德智体美劳全面发展的社会主义建设者和接班人方面发挥更为积极的作用。同时，本研究还揭示了立德育人不仅仅是教育的基本任务，更是国家发展战略的一部分，从而体现了教育服务于社会发展的重要使命。

　　通过对高校落实立德育人的客观要求和实践经验的分析，我们总结了当前高校在立德育人方面的成功经验，提出了涵盖学校教育、家庭教育、社会教育等多维度的实践路径。特别是在全球化背景下，我们从古今中外的经验中借鉴了许多有效的教育方法，进一步完善了我国当下高校立德育人的理论框架与实践模式。同时，本书也对高校立德育人工作现状进行了现实审视，深入剖析了其取得的成绩以及存在的不足，特别是在政策执行、教师队伍建设和资源配置等方面存在的问题。

　　然而，本研究仍然存在一定的局限性和不足之处：首先，尽管本书对立德育人的理论和实践进行了较为全面的探讨，但在数据调研和实证分析方面仍有进一步深化的空间，尤其是对高校具体落实措施的实效性研究较为有限。其次，随着社会和技术的快速发展，高校立德育人的相关策略和路径需要不断更新，以应对时代变化带来的新挑战。本书的分析未能充分考虑到技术进步对立德育人的潜在影响，如人工智能和大数据技术在教学中的应用，这方面的研究有待进一步扩展。

　　未来的研究与实践应聚焦于以下几个方向：首先，需进一步创新思政建设理念，提升思政课教师的专业素质和教学水平，确保立德育人的各项工作能够落地生根。其次，应着重拓展和优化实践育人平台，使学生在实践中接受德育熏陶。此外，增加思政工作经费投入与优化资源配置，改善政策执行的环境与条件，确保立德育人工作能够在高校的各个层面有效开展。通过这些举措，高校立德育人工作将能够在高质量发展背景下，更好地承担起培养全面发展的社会主义建设者和接班人的历史重任。

　　总之，立德育人是一个长期、复杂且不断发展的系统工程，未来我们需要在理论创新与实践优化中持续探索，以适应新时代高质量发展背景下教育改革与社会发展的要求。

参考文献

一、著作类

[1] 檀传宝. 德育原理 [M]. 北京：北京师范大学出版社，2007.

[2] 鲁洁. 道德教育的当代论域 [M]. 北京：人民出版社，2005.

[3] 班华. 现代德育论 [M]. 合肥：安徽人民出版社，2001.

[4] 朱小蔓. 情感教育论纲 [M]. 北京：人民出版社，2007.

[5] 高德胜. 生活德育论 [M]. 北京：人民出版社，2005.

[6] 黄向阳. 德育原理 [M]. 上海：华东师范大学出版社，2000.

[7] 戚万学. 道德教育新视野 [M]. 济南：山东教育出版社，2004.

[8] 郑永廷. 现代思想道德教育理论与方法 [M]. 广州：广东高等教育出版社，2000.

[9] 吴康宁. 教育社会学 [M]. 北京：人民教育出版社，1998.

[10] 傅维利. 教育问题案例研究 [M]. 北京：人民教育出版社，2004.

[11] 叶澜. 教育概论 [M]. 北京：人民教育出版社，1991.

[12] 陈桂生. 教育原理 [M]. 上海：华东师范大学出版社，2000.

二、论文类

[1] 虞志坚. 伟大建党精神融入高校思想政治教育的价值意蕴和实践进路 [J]. 湖北社会科学，2022（3）.

[2] 刘向军，石丽萍. 思政课高质量发展助力教育强国建设的价值意蕴、时代任务与实践要求 [J]. 教育科学，2024（4）.

[3] 李红革，黄家康. 数字化转型赋能思想政治教育高质量发展略探 [J]. 学校党建与思想教育，2023（23）.

［4］黄蓉生，刘云彬．"第二个结合"与思想政治教育高质量发展论略［J］．思想教育研究，2023（11）．

［5］张国启，汪丹丹．思想政治教育高质量发展的时代意涵与价值理路［J］．思想理论教育，2024（9）．

［6］王哲．新时代高校思想政治教育高质量发展与形态进阶［J］．黑龙江高教研究，2023（5）．

［7］王学俭，冯瑞芝．数字技术与思想政治教育高质量发展的耦合逻辑及风险防范［J］．北京工业大学学报（社会科学版），2023（3）．

［8］冯刚．推动新时代思想政治教育学科高质量发展［J］．学校党建与思想教育，2022（7）．

［9］冯刚．以百年党史丰厚底蕴引领思想政治教育学科高质量发展［J］．思想理论教育导刊，2021（10）．

［10］胡忠浩．高校辅导员队伍高质量发展的时代意蕴、内涵特征及实践路径［J］．学校党建与思想教育，2021（19）．

［11］孙其昂．论思想政治教育基础理论的"体系"研究［J］．马克思主义与现实，2021（5）．

［12］王燕．系统观念视域下思想政治教育高质量发展的动力优化［J］．上海理工大学学报（社会科学版），2024（2）．

［13］刘建军，邱安琪．论新时代思想政治教育的高质量发展［J］．思想理论教育，2021（4）．

［14］沈壮海，刘灿．论新时代思想政治教育的高质量发展［J］．思想理论教育，2021（3）．

［15］寇创．新时代高校青年教师思想政治工作高质量发展探析［J］．中共福建省委党校（福建行政学院）学报，2020（4）．

［16］刘欢欢，林琼，蔡钰萍，等．红色资源融入高校思想政治教育的时代内蕴与路径探析［J］．江苏高教，2024（10）．

［17］汪长明．科学家精神融入大学生思想政治教育的价值意蕴与实践进路［J］．上海交通大学学报（哲学社会科学版），2024（9）．

［18］郭明凯．将立德贯穿于新时代高校育人全过程［J］．大学，2024（12）．

［19］于浩然，胡俐．博学良医，立德育人［J］．中国研究生，2023（5）．

［20］金玥，段俊杰．立德育人理念融入高职行政法实训课程的教学实践［J］．

现代职业教育，2023（11）.

［21］赵美艳. 世界百年未有之大变局视域下对高校思想政治教育的思考［J］. 思想理论教育导刊，2024（8）.

［22］包丽颖，任宝龙. 政治认同：思想政治教育的根本价值取向［J］. 思想教育研究，2024（7）.

［23］陈思，朱琳，陈翔. 高校党建与思想政治教育协同育人略探［J］. 学校党建与思想教育，2024（5）.

［24］党慧敏，李金娥，吴喜利，等. 西医院校中医课程思政教学探索与实践［J］. 中国医药科学，2022（3）.

［25］张淑红."三措并举"，促进学校高品质发展［J］. 教育家，2022（4）.

［26］周临军. 创新培训立德育人新做法［J］. 农银学刊，2021（6）.

［27］谢旭波，赵凡. 高校创新创业课程中思政元素的融入研究［J］. 就业与保障，2021（21）.

［28］张粉荣. 深入开展"四史"教育，助力人才培养［J］. 就业与保障，2021（14）.

［29］高国希. 着力构建落实立德树人根本任务新生态新格局［J］. 人民教育，2024（5）.

［30］黄志斌，赵燕飞，魏荣. 数字技术赋能思想政治教育方法创新的指向、特质及进路［J］. 思想教育研究，2024（2）.

［31］项久雨. 思想政治教育现代化要素的解释之维［J］. 思想理论教育，2024（2）.

［32］骆郁廷，靳文静. 深化高校思想政治教育质量评价的思考［J］. 思想理论教育，2024（1）.

［33］张善喜. 习近平关于立德树人重要论述的理论来源与创新发展［J］. 思想教育研究，2023（11）.

［34］侯勇，邹小娟. 新时代大中小学思想政治教育一体化建设的四维探赜［J］. 江苏大学学报（社会科学版），2023（6）.

［35］汪小义，赵丽娜. 高职院校成教学生思想政治教育工作创新路径探究［J］. 佳木斯职业学院学报，2024（3）.

［36］赵伟成. 以志愿服务推动青少年劳动教育优化创新的逻辑理路［J］. 思想政治教育研究，2023（5）.

［37］周春芳．以数字技术推动中华优秀传统文化融入思想政治教育［J］．社会科学家，2023（8）．

［38］刘周霞．时代精神融入高校思想政治教育工作的教学研究：以创新创业精神为例［J］．科学咨询（教育科研），2024（3）．

［39］虞花荣．新时代思想政治教育的守正创新［J］．思想理论教育导刊，2023（9）．

［40］胡华．智能时代高校思想政治教育的理论内涵、实践困囿与纾解路径［J］．思想政治教育研究，2023（4）．

［41］束永睿，胡秋梅．在加快建设教育强国新征程中落实好立德树人根本任务［J］．思想教育研究，2023（7）．

［42］于红艳，唐晓勇．中国共产党人精神谱系融入高校立德树人探究［J］．学校党建与思想教育，2023（12）．

［43］陈海瑾，汪力．增强高校思想政治教育协同效应的逻辑基点与实践方略［J］．思想理论教育，2023（6）．

［44］翟幸娟．高职劳动教育与思想政治教育的协同融合育人研究［J］．大学，2023（31）．

［45］曲建武，张晓丹．着力建设好高校思想政治教育教师队伍［J］．中国大学教学，2022（4）．

［46］张敏．协同视域下高校劳动教育思政功能的实践方略［J］．高校教育管理，2023（2）．

［47］蔡英谦．劳动教育有机融入思政课教学的历史经验与现实路径［J］．教育学术月刊，2022（12）．

［48］余俊丽，周俊武．大学生思想政治教育共同体的建构研究［J］．湖南师范大学教育科学学报，2022（6）．

［49］骆郁廷．论思想政治教育的普遍贯通［J］．马克思主义研究，2022（9）．

［50］黄鹤．论多维视域下新时代思想政治教育创新发展的新态势［J］．河南大学学报（社会科学版），2022（5）．

［51］闫研，陈凡．网络媒介技术与新时代高校思想政治教育的融合创新［J］．东北大学学报（社会科学版），2022（4）．

后 记

　　在完成这本《高质量发展背景下高校立德育人的理论与实践研究》专著之际，我心中感慨万千。

　　回顾整个创作过程，从最初的选题构思到资料收集，从理论框架的搭建到案例的细致分析，再到最后的反复修改与完善，每一个环节都倾注了我大量的心血和努力。

　　在研究与撰写的道路上，我遇到了诸多的困难与挑战。学术资料的浩如烟海，让我在筛选和整合时倍感压力；实践案例的复杂和多样，也使我常常陷入思考和分析的困境。然而，正是这些困难激发了我不断探索和求知的欲望，促使我更加深入地钻研和思考。

　　在此，我要衷心感谢众多的学术前辈和同仁，他们的研究成果为我的著作提供了丰富的养分和宝贵的启示。本书是在本人主持完成的湖南省教育厅科学研究重点课题（党的二十大精神专项研究）"育人的根本在于立德的理论和实践研究"（编号：23A0769）研究成果的基础上修改而成的。感谢湖南省教育厅教育科学研究办和湖南信息学院马克思主义学院对本书出版的资助；感谢学院领导对课题研究的支持；感谢中南林业科技大学马克思主义学院书记邓集文教授对我的精心指导；感谢学院老师对本人教学、科研及生活方面的关心；感谢课题组成员唐一帆、张伟、曾丽君、邓明丽、朱红莉等人的共同努力；感谢湖南师范大学出版社编辑部主任李阳博士为本书出版所做出的辛勤工作；也要感谢我的家人和朋友，在我埋头创作的日子里，给予我理解、支持和鼓励，让我能够心无旁骛地专注于工作。特别要感谢那些在立德育人一线工作的教育者们，他们无私地分享自己的经验和见解，为我提供了大量生动而真实的素材，让本书的内容更加充实和具有实践指导意义。同时，我也希望本书能够为广大教育工作者的立德育人工作提供一些有益的参考和借鉴。由于个人能力和研究时间的限制，书中难免存在不足之处，恳请读者朋友们批评指正，这将是我未来继续研究和改进的动力。本书的出版也是这些年在研究高校思想政治教育研究领域开展科学研究的阶段性总结，不足之处，还请不吝赐教。

最后，愿我们共同为高质量发展背景下的高校立德育人事业贡献力量，一起为培养出更多有理想、有道德、有文化、有纪律的社会主义建设者和接班人而努力。

李社云

2025 年 1 月于湖南信息学院